교육학 키위 한달에 입문하기

키위한입

교육학 점수를
키우기 위한 책

교육학박사 김현 편저

학원/동영상강의 [희소/쌤플러스]
www.ssamplus.com

제1편 교육행정

- 제1장 Herzberg의 동기-위생이론(Motivation-Hygiene theory) ········ 6
- 제2장 상황적 지도성론(contingency theory, 1970~) ········ 9
- 제3장 변혁적 지도성(transformational leadership) ········ 13
- 제4장 Carlson의 봉사조직 유형 ········ 15
- 제5장 학교조직의 특성 ········ 16
- 제6장 약식장학(일상장학) ········ 18
- 제7장 학교 컨설팅 ········ 18
- 제8장 의사결정모형 ········ 21
- 제9장 Vroom의 기대이론(Expectancy Theory) ········ 24

제2편 교수학습

- 제1장 오수벨(Ausubel)의 유의미적 수용학습 이론 ········ 33
- 제2장 가네(Gagné)의 수업이론 ········ 42
- 제3장 구성주의(constructivism) 교수이론 ········ 50
- 제4장 교수학습 방법 ········ 67
- 제5장 Dick & Carey의 체제적 교수설계모형 ········ 77
- 제6장 하인니히의 ASSURE 모델 ········ 83

제3편 교육과정

- 제1장 교육과정의 유형 ········ 100
- 제2장 Tyler의 합리적 모형 ········ 108
- 제3장 Eisner의 교육과정 개발의 예술적 접근 ········ 111

교육학 점수를 키우기 위한 책

제4장 Pinar의 모형 : 재개념화 이론의 교육과정 모형 ·· 121
제5장 스킬벡(M. Skilbeck)의
       학교중심 교육과정 개발(School-Based Curriculum Development) ········ 126
제6장 교육내용 조직의 방법 ··· 128

제4편 교육평가

제1장 Stufflebeam의 CIPP 모형(의사결정촉진모형) ·· 139
제2장 Scriven의 탈목표 평가(goal-free evaluation)모형(가치판단모형) ············ 140
제3장 수행평가 ··· 141
제4장 Bloom의 교수목표 이원분류 ·· 142
제5장 문항의 유형 및 장단점 ·· 145
제6장 타당도(validity) ·· 149
제7장 신뢰도(reliability) ··· 153
제8장 문항분석 이론 ·· 162
제9장 변산도 ·· 173
제10장 원점수와 표준점수 ·· 175

제5편 형성평가 정답

01. 교육행정 ·· 187
02. 교수학습 ·· 191
03. 교육과정 ·· 197
04. 교육평가 ·· 201

키 위 한 입
교육학 점수를 키우기 위한 책

교육학 키위
한달에 입문하기

PART CONTENTS

Chapter 1 　교육행정
Chapter 2 　교수학습
Chapter 3 　교육과정
Chapter 4 　교육평가
Chapter 5 　형성평가 정답

CHAPTER 1 교육행정

01 Herzberg의 동기 – 위생이론(Motivation-Hygiene theory)

(94. 중등 : 99. 초등추가 : 99. 서울 초등 : 00. 초등 : 01. 중등 : 02. 중등 : 06. 중등 : 09. 초등)

(1) 기본입장
① Herzberg는 Maslow의 욕구이론에 근거를 두고 동기를 유발하는 요인을 탐색하고자 하였다.
② 그러나 허즈버그는 개인 내부에 있는 욕구에너지에 관심을 두기보다는 사람들에게 일에 대하여 긍정적 혹은 부정적 태도를 유발시키는 요인을 탐색하기 위하여 작업환경에 초점을 두었다.
③ 이 연구에서 Herzberg는 직무만족에 기여하는 요인과 직무불만족에 기여하는 요인이 별개로 존재한다는 결론을 내렸다.
④ 만족요인이 충족될 경우 만족하겠지만 충족되지 않는다고 해서 불만족이 생기는 것은 아니며, 불만족 요인이 있을 경우 불만을 갖게 되겠지만 이것이 제거된다고 해서 만족하지는 않는다는 것이다. 즉, 직무 만족과 불만족은 1차원의 연속선상의 개념이 아니다.

(2) 동기요인과 위생요인
① 동기요인(만족요인, satisfiers)
  ㉠ 만족요인은 작업 자체로부터 도출되는 것으로 성장에 대한 개인적 욕구를 충족시켜 주므로 동기요인이라고 한다.
  ㉡ 성취감, 일에 대한 인정, 작업 자체, 책임감, 개인의 발전 등이 이에 해당한다.
  ㉢ 허즈버그는 동기요인이 주어지면 조직의 구성원들이 자신의 능력을 100% 이상 발휘한다고 보았다.
② 위생요인(불만족요인, dissatisfiers)
  ㉠ 직무에 불만족을 주는 요인은 작업환경에서 생기는 외적·물리적인 것들로, 제거했을 경우 불만족을 없애주므로 위생요인이라고도 한다.
  ㉡ 급여, 인간관계, 지위, 근무조건, 직업적 안정, 정책과 행정, 감독 등이 이에 해당된다.

ⓒ 허즈버그는 위생요인이 충족되면 종업원은 90%까지 능력을 발휘하나 충족되지 못하면 60%밖에 발휘하지 못한다고 보았다.

 동기 - 위생요인

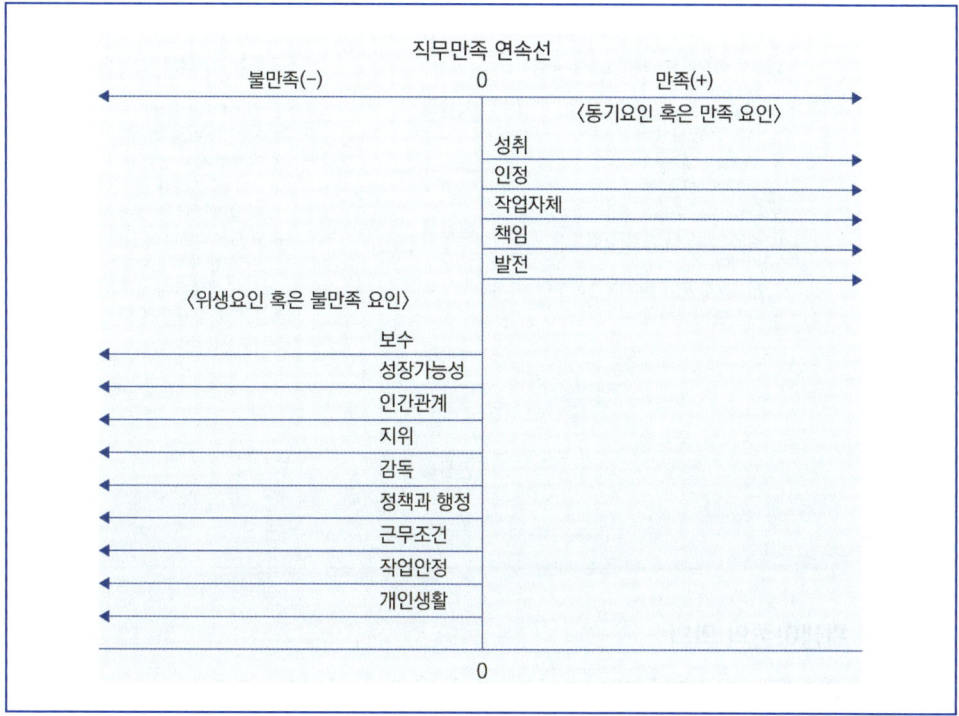

(3) 동기추구자와 위생추구자

① 허즈버그는 사람들이 작업에서 나타내는 태도와 행동의 경향을 가지고 동기추구자와 위생추구자로 구분하였다.

② **동기추구자**(motivation seekers) : 그들의 직업을 주로 성취, 인정, 책임, 발전 등의 측면에서 생각하며 매슬로우의 욕구체제에서 상위욕구에 관심의 초점을 두고 있다.

③ **위생추구자**(hygiene seekers) : 그들의 직업을 주로 보수, 근무조건, 감독, 지위, 직업안정, 사회적 관계 등의 측면에서 생각하는 사람들로 매슬로우의 욕구체제에서 하위욕구에 관심의 초점을 둔다.

🔍 **동기추구자와 위생추구자의 특성 비교**

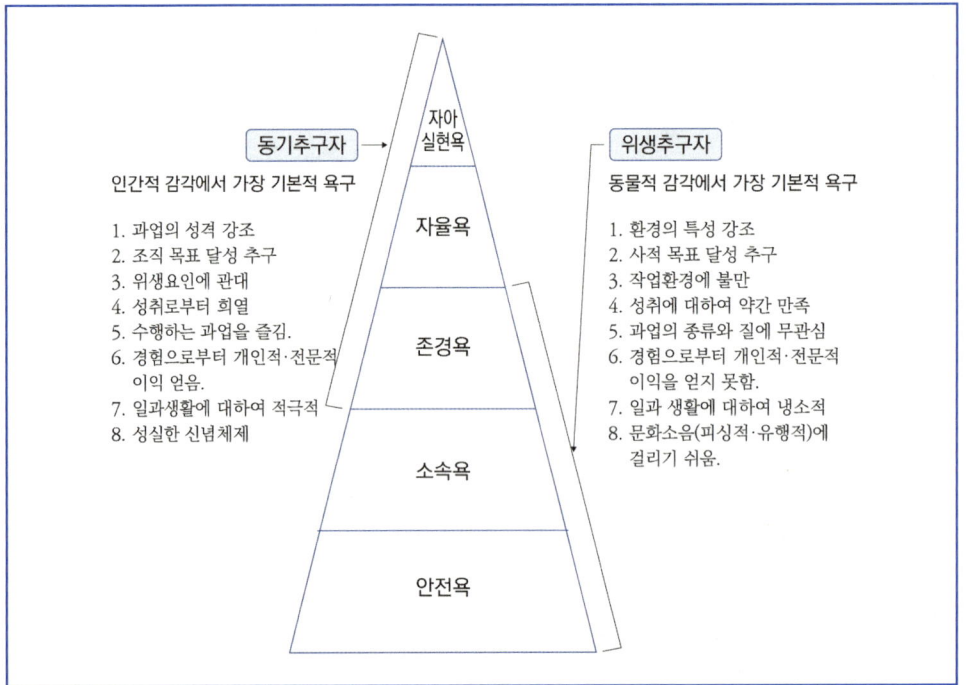

(4) 동기 – 위생이론의 의의
① 동기를 다루는 이론적 체계로서 관련된 연구의 기반을 제공하였다.
② 동기와 관련된 변인들과 구별하여 다룰 수 있는 계기를 마련하였다.
③ 직무를 직원의 욕구와 연관 지음으로써, 과업 자체의 특성에서 얻을 수 있는 내적보상의 중요성을 강조하였다.
④ 과업 성취동기에 대한 새로운 관점을 제시하였다. 전통적으로 학교 경영자들은 보수, 직업안정, 과업환경 등 위생요인에만 관심을 두었고 동기요인들을 경시하였으나, 이 이론을 계기로 학교에서 과업성취를 위한 동기화하는 데 동기요인의 중요성을 깨닫게 했다.

(5) 동기 – 위생이론의 단점
① 인간의 욕구를 여러 요인으로 분류하였으나, 그 분류의 기준이 논리적으로 일관성이 없다.
② 연구에서 만족 및 불만족의 원인을 이야기할 때 개인 간의 차이가 존재한다는 사실이 무시되었다. 개인에 따라서는 오히려 위생요인에 의하여 동기가 부여될 수도 있다.

(6) 매슬로우와 허즈버그의 비교
① 매슬로우의 이론은 인간의 일반적이고 심리적인 욕구에 초점을 두고, 모든 욕구를 잠재적 동기자로 보았다.

② 그러나 허즈버그의 이론은 직업이 기본적 욕구에 미치는 방법에 초점을 두고, 욕구계층에서 높은 계층의 욕구만이 동기자가 된다고 보았다.

🔍 매슬로우 이론과 허즈버그 이론의 비교

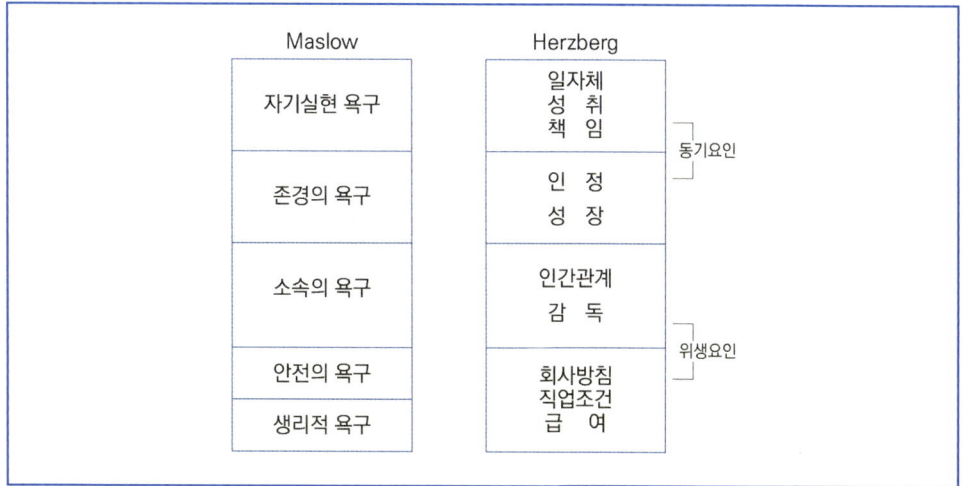

02 상황적 지도성론(contingency theory, 1970~)

(99. 초등보수 : 01. 중등 : 14. 중등)

(1) 개요

① 모든 상황에 적용될 수 있는 최선의 지도자 특성과 최선의 지도자 행위를 발견하려는 노력은 실패하였다. 상황론은 효과적인 지도성은 상황에 따라 달라질 수 있다고 보고, 어떤 상황에 어떤 지도성이 효과적인가를 탐색한다.

② 상황론은 지도성의 효과는 하나의 단일 요인에 의해서가 아니라 지도자의 성격특성, 행위, 과업구조, 직위권력, 부하의 기능 및 태도 등과 같은 상황변인들 사이의 적합성 정도에 의하여 결정된다고 본다.

(2) Fiedler의 상황이론 (07. 초등 : 12. 중등)

① Fiedler의 리더십 상황론(contingency theory)에 의하면, 높은 집단 성취를 달성하는 데 있어서 지도자의 효과는 지도자의 동기 체제와 지도자가 상황을 통제하고 영향을 주는 정도에 달려 있다.

② 상황에는 지도자와 구성원의 관계, 과업구조, 지도자의 지위 권력의 세 가지 요소가 포함되어 있다. 이 변인 간의 관계를 도식화하면 그림과 같다.

Fiedler의 상황이론의 주요변인

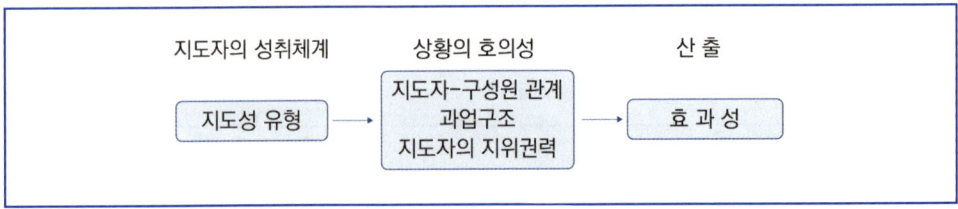

③ 상황의 호의성(situational favorableness)이란 상황이 지도자로 하여금 집단에 대하여 영향력을 발휘할 수 있도록 하는 정도를 의미한다.

④ Fielder는 리더십 유형을 측정하기 위한 독특한 방법을 개발하였다. 그는 지도자의 '가장 싫어하는 동료 척도(least preferred co-worker scale : LPC)'를 개발하였는데, 이 척도는 16개의 의미 분석(semantic differential) 척도로서 각각 8단계 평정척으로 되어 있다. 여기서 LPC 점수가 높은 지도자는 과업수행을 위하여 인간관계를 중시하는 관계 지향성(relationship-motivated)이며, LPC 점수가 낮은 지도자는 과업 지향형(task-motivated)이라고 하였다.

⑤ 그의 상황론의 기본 전제는 어떤 상황에서는 관계 지향 지도자가 보다 효과적이며, 다른 상황에서는 과업 지향형 지도자가 보다 효과적이라는 것이다.

⑥ 즉, 리더십 유형과 효과성의 관계는 상황적 요소인 지도자−구성원 관계, 과업구조, 지위권력의 세 가지에 따라 달라진다는 것이다.

  ㉠ **지도자−구성원 관계** : 지도자와 구성원 간 관계의 질을 말한다. 이는 지도자가 가지고 있는 구성원에 대한 신뢰, 지도자에 대한 구성원의 존경도 등에 의하여 평가된다.

  ㉡ **과업구조** : 과업의 특성을 말하는데, 과업이 명확하게 규정되고 수행 방법이 체계화되어 있으면 구조화되었다고 하며, 그렇지 않은 경우에는 비구조화되었다고 한다. 과업의 구조성은 ㉠ 목표의 명료도, ㉡ 목표 달성의 복잡성, ㉢ 수행에 대한 평가의 용이도, ㉣ 해결책의 다양성에 따라 구분된다.

  ㉢ **지위 권력** : 지도자가 합법적·보상적·강압적 권력을 가지고 구성원의 행위에 영향을 줄 수 있는 능력을 소유한 정도를 말한다.

⑦ 이상의 여러 요소를 가지고 Fiedler는 그림과 같은 여덟 가지 조합을 구성하였다. 이 그림은 과업 지향형 지도자는 지도자의 영향력이 대단히 크거나 작은 극단적인 상황(Ⅰ, Ⅱ, Ⅲ, Ⅷ) 하에서 가장 효과적이며, 관계지향적 지도자는 지도자의 권력과 영향력이 중간 정도인 상황(Ⅳ, Ⅴ, Ⅵ, Ⅶ) 하에서 가장 효과적임을 나타낸다.

상황	직위권력	과업구조	지도자와 구성원의 관계	상황의 호의적임	통제수준	효과적인 지도성 유형
1	강함	구조적임	좋음	호의적임	매우높음	과업지향성
2	약함	구조적임	좋음	호의적임	높음	과업지향성
3	강함	비구조적임	좋음	호의적임	높음	과업지향성
4	약함	비구조적임	좋음	호의적임	보통	관계지향성
5	강함	구조적임	나쁨	중간	보통	관계지향성
6	약함	구조적임	나쁨	중간	보통	관계지향성
7	강함	비구조적임	나쁨	중간	낮음	관계지향성
8	약함	비구조적임	나쁨	비호의적	낮음	과업지향성

🔍 Fiedler의 효과적인 지도성 모형

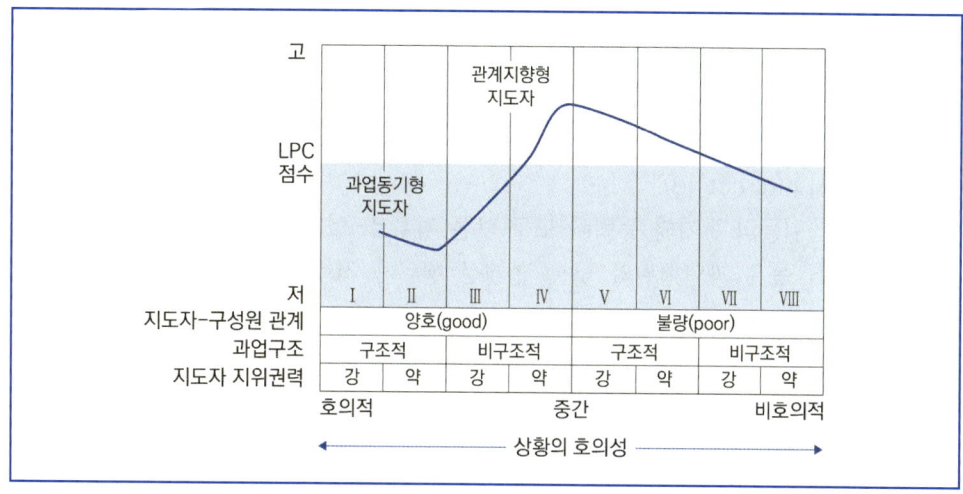

⑧ Fiedler의 상황론의 의의와 한계

　㉠ Fiedler의 상황론에 대한 메타 분석 연구들은 이 모형의 일부를 지지하지 않으나 대체로는 많은 상황에서 지지를 얻고 있다는 결론을 제시하고 있다. 특히, 학교조직 상황에서는 이 이론이 학교자의 리더십을 설명하는 효과적인 모형임이 확인되었다.

　㉡ 그러나 LPC 척도에 대해서는 여전히 의문시된다는 견해가 많으며, 전체적으로 부정확하다는 견해도 많다.

　㉢ 그러나 이 이론은 특정한 상황에 부합하는 특정한 리더십 스타일이 무엇인가에 대한 최초의 야심찬 시도였으며, 아직도 큰 영향을 주고 있다는 점에는 모두 동의하고 있다.

(2) Hersey와 Blanchard의 상황적 지도성 유형 (93. 초등 : 97. 중등 : 08. 초등 : 08. 중등)

① 이론의 개요
  ㉠ 허시와 브랜차드는 여러 상황이론을 확장하여 상황적 지도성 모형을 개발하였다.
  ㉡ 그는 구성원의 성숙도를 중요한 상황요인으로 보고 이에 맞는 지도성 모형을 구분하여 제안했다.
  ㉢ 지도성 행위를 과업행위와 관계성 행위 두 가지로 구분하였다.
    (ㄱ) 과업행위 : 지도자가 부하직원에게 무슨 과업을 언제, 어떻게 수행해야할 것인가를 일방적으로 설명하는 것이다.
    (ㄴ) 관계성 행위 : 지도자가 심리적 위로를 제공하고 일을 촉진할 수 있도록 여건을 조성해 주는 것을 의미한다.
  ㉣ 구성원의 성숙도는 직무 성숙도와 심리적 성숙도 두 가지를 들고 있다.
  (ㄱ) 직무 성숙도 : 교육과 경험에 의해 영향을 받게 되는 개인적 직무수행능력을 말한다.
  (ㄴ) 심리적 성숙도 : 책임을 수용하려는 의지가 반영된 개인적 동기수준을 의미한다.

② 지도성 유형
  ㉠ 지시형(directing)
     구성원들의 동기와 능력이 모두 낮은 경우로, 일방적인 과업설명이 요구되는 상황이어서 높은 과업행위와 낮은 관계성 행위가 적합하다.
  ㉡ 지도형(coaching)
     구성원들의 동기는 높으나 능력이 낮은 경우로, 능력을 높여 주기 위한 높은 과업행위와 고양된 동기를 계속 유지하기 위한 높은 관계성 행위가 요구된다.
  ㉢ 지원형(supporting)
     구성원들이 높은 능력은 갖고 있으되 동기가 낮은 경우, 동기를 높여 줄 수 있는 높은 관계성 행위가 요구되며 일방적 지시인 과업행위는 낮추어야 한다.
  ㉣ 위임형(delegating)
     구성원들의 능력과 동기 모두 높은 경우로, 과업과 관계성 행위 모두 줄이고 권한을 대폭 위임하는 것이 바람직하다.

③ 효과적인 지도성
  ㉠ 구성원의 성숙도에 따라 효과적인 지도성 유형이 결정된다.
  ㉡ 집단이 미성숙할 때는 지시형이 효과적이고, 집단이 적절히 성숙할 때는 코치형이 효과적이며, 집단이 좀 더 성숙할 때는 지원형이 효과적이고, 집단이 매우 성숙한 경우에는 위임형이 효과적일 수 있다.

Hersey와 Blandchard의 상황적 지도성 모델

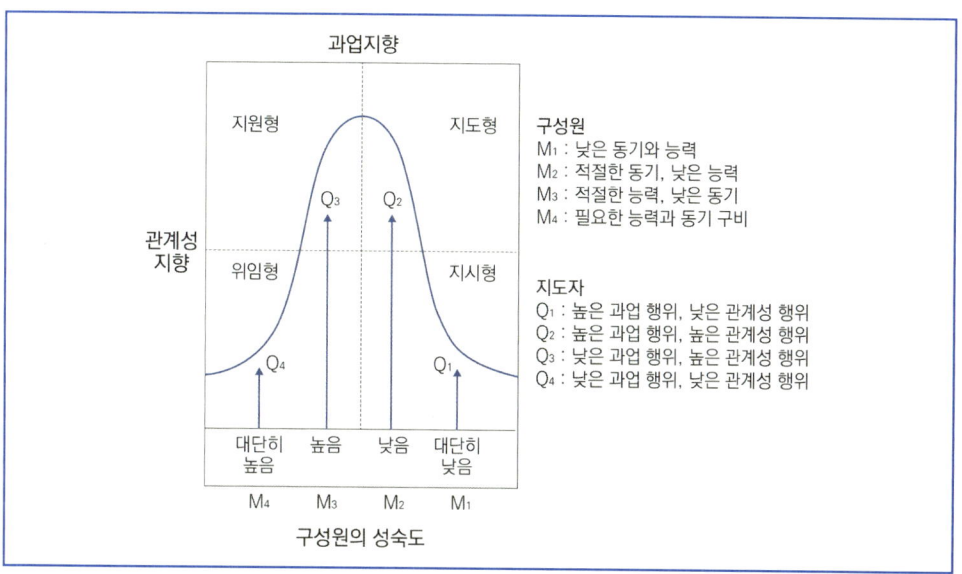

03 변혁적 지도성(transformational leadership)

(99. 초등보수 : 02. 초등 : 03. 초등 : 05. 초등 : 05. 중등 : 10. 초등)

① 이론의 등장
   ㉠ 최근 미국에서 실시된 '효과적인 학교' 연구는 교장의 적극적인 지도성이 효과적인 학교가 되게 하는 데 중요한 요인이었음을 밝히고 있다.
   ㉡ 이러한 시각에서 종래의 지도성이 구성원들이 제공하는 과업행위에 보상을 줌으로써 얻게 된 거래적 지도성이어서 보다 높은 목표를 달성할 수 없었다고 주장하고 새로운 지도성을 찾고자 하는 노력이 시작되었다. 여기서 제시된 것이 변혁적 지도성이다.

② 거래적 지도성
   ㉠ 종래의 지도성으로 구성원들이 원하는 보상을 주고 그 대가로 구성원들로부터 지도자가 원하는 과업 성과를 제공받는 것을 의미한다.
   ㉡ 이러한 관계는 상호 보상적이기 때문에 계획된 것 이상의 높은 성과를 기대하기 어렵다.

③ 변혁적 지도성
   ㉠ 변혁적 지도성은 지도자에 대한 구성원들의 신념에 기초한다.
   ㉡ 이러한 신념은 지도자의 윤리적이고 도덕적인 행동과 헌신에서 비롯되어 구성원들에게 큰 영향력을 미치게 된다.
   ㉢ 지도자는 새로운 비전을 창출하고 구성원들이 이에 헌신하게 하며, 그들의 직무를 새로운 관점에서 생각하도록 자극한다.

② 구성원에 대한 진지한 관심을 갖고 있는 지도자는 구성원들의 능력과 잠재력을 증진시켜 동기를 유발한다.
⑩ 이런 과정을 통해 변혁적 지도자들은 더욱 진취적인 목표를 세우고 더욱 높은 성과를 얻게 된다.
⑪ 변혁적 지도자가 구성원들에게 많은 영향을 줄 수 있다는 점에서 카리스마적 지도성과 유사하다.

관 점	변혁지향적 지도성	거래적 지도성
권위의 원천	지도자의 도덕성에 대한 구성원의 신념에 기초 → 카리스마적 권위	지위에 근거 → 합법적 권위
구성원에 대한 동기 부여	• 비전과 높은 가치의 제시 • 구성원의 발전에 대한 진정한 관심 • 조직에의 헌신	과업에 대한 보상과 이윤
주된 관심	• 조직의 보다 높은 가치, 즉 비전의 실현 • 조직 구성원의 능력 개발 • 조직 구성원의 신념, 가치, 욕구의 변화	거래를 통한 과업의 달성
요구되는 능력	미래에 대한 통찰력, 자신감, 헌신적인 노력, 정열적인 자세	합리적인 사고와 행동
시간경향성	장기적, 미래지향적	단기적, 현실지향적
의사소통	다방향적	수직적, 하향적

④ 변혁적 리더십의 4가지 개념
㉠ 변혁적 리더십 이론은 Bass에 의해 발전되었다.
㉡ 그는 거래적 정치지도자와 변혁적 정치지도자에 대한 Brun의 아이디어를 토대로 이 이론을 발전시켰는데, 전자는 봉사와 그 대가로서 보상을 상호 교환함으로써 구성원을 동기화하는 반면, 후자는 단순히 수행의 대가로 어떤 인센티브를 교환하는 것을 넘어 구성원으로 하여금 조직 목적에 헌신하도록 하고, 의식과 능력 향상을 격려함으로써 자신과 타인의 발전에 보다 큰 책임을 가지고 조직을 변혁하고 높은 성취를 이루도록 유도한다.
㉢ 이 이론은 네 개의 'I'를 조합한 네 가지 개념을 토대로 이루어져 있다.
  (ㄱ) 이상적인 완전한 영향력(idealized influence) : 이는 지도자가 ⓐ 높은 기준의 윤리적·도덕적 행위를 보이고, ⓑ 목표 수행 과정에서 발생하는 위험을 구성원과 함께 분담하며, ⓒ 자신보다는 타인의 욕구를 배려하고, ⓓ 개인의 이익이 아니라 조직의 이익을 위해 행동하는 것을 토대로 구성원의 존경과 신뢰를 받고 칭송을 얻는다.
  (ㄴ) 감화력(inspirational motivation) : 이는 조직의 미래와 비전을 창출하는 데 사람들을 참여시키고, 구성원이 바라는 기대를 분명하게 전달함으로써 조직의 문제를 해결할 수 있고, 조직이 발전할 수 있다고 믿도록 구성원의 동기를 변화시켜 단체정신,

낙관주의, 열성과 헌신 등을 이끌어 낸다.
ⓒ 지적인 자극(intellectual stimulation) : 이는 일상적인 생각에 대해 의문을 제기하고 문제들을 재구조화하며 종래의 상황을 새로운 방식으로 접근함으로써 구성원들이 혁신적이고 창의적이 되도록 유도한다.
ⓔ 개별적인 배려(individualized consideration) : 이는 성취하고 성장하려는 개개인의 욕구에 특별한 관심을 보임으로써 새로운 학습 기회를 만들어 구성원이 잠재력을 계발하고 자신의 개인적 발전을 모색하며, 그에 대해 책임을 지도록 한다.

04 Carlson의 봉사조직 유형

(03. 중등 : 05. 초등 : 11. 중등)

Carlson은 조직과 고객이 서로를 선택할 수 있는 정도에 따라 봉사조직을 네 가지 유형으로 분류하였다.

(1) 유형Ⅰ : 야생조직
① 조직과 고객이 독자적인 선택권을 갖고 있는 조직이다.
② 사립학교와 대학교, 개인병원, 공공복지기관 등이 여기에 속한다.
③ 이 조직은 살아남기 위하여 경쟁을 하지 않으면 안 되기 때문에 야생조직(wild organization) 이라고도 한다.

(2) 유형Ⅱ
① 조직이 고객을 선발할 권리는 없고 고객이 조직을 선택할 권리만 있는 조직이다.
② 미국의 주립대학이 여기에 속한다.

(3) 유형Ⅲ
① 조직은 고객선발권을 가지나 고객이 조직선택권을 갖고 있지 않는 조직은 봉사조직으로 존재하기 어렵기 때문에, 이 유형은 이론적으로는 가능하나 실제로는 존재하지 않는다.
② 군대조직 같은 경우가 예가 될 수 있지만, 군대조직은 기본적으로 봉사조직이라 하기 힘들다.

(4) 유형Ⅳ : 사육조직
① 조직이나 고객이 선택권을 갖지 못하는 조직으로 공립학교, 정신병원, 형무소 등이 여기에 속한다.
② 이 조직은 법적으로 존립을 보장받고 있어 사육조직(domesticated organization)이라고도 한다.

05 학교조직의 특성

1. Minzberg의 전문적 관료제 (96. 초등 : 99. 초등보수 : 02. 중등 : 03. 중등 : 04. 초등 : 07. 초등)

(1) 개 요

① 관료제는 현대 행정조직의 가장 일반적인 조직 형태다.
② 학자에 따라서는 관료제가 행정관리를 위한 가장 이상적인 도구라고도 하며, 인간의 기본적 자유를 해치는 권위적·독선적인 도구라고도 한다. 하지만 거의 대부분의 현대 행정조직이 관료제적 성격을 가지고 있다.
③ 학교도 우선적으로는 관료제적인 특성을 갖는다고 할 수 있다.
④ 그러나 학교조직의 관료제는 구성원인 교사가 고도의 교육을 받은 전문가라는 점에서 다른 일반적인 관료제와 구별된다. 교사들은 독립적인 한정된 교실에서 각기 다른 배경의 학생을 가르치면서 상당한 자유 재량권을 행사한다. 다른 관료조직의 구성원과는 달리 교사는 감독이나 직무수행의 통일된 표준을 갖기 어렵다. 학교의 교육목표가 상당히 모호하고 학교 외의 요인이 학생의 학습에 매우 큰 영향을 미치고 있다는 점을 고려하면 이는 더욱 복잡해진다.
⑤ 또한 학교는 다른 관료제 조직과는 달리 엄격한 감독을 받지 않고 있기 때문에 교사들이 조직의 상위층에 있는 사람들의 기대에 부응하고 있는가를 확인하기 위해 다른 수단을 활용한다. ⊙ 자질을 나타내는 지표로서 교사자격증 요구, ⓒ 표준화된 교육과정과 교과서 사용, ⓒ 정해진 코스를 따르고 있는지를 알기 위한 학교 학습평가 등이 그것이다.
⑥ 따라서 학교에서는 교사들이 전문가임을 인정하고, 의사결정에서 교사들의 보다 많은 참여를 보장하고 있다. 그러나 학교에는 항상 교사들에게 어떤 규칙을 적용해야 하며 누가 그러한 규칙을 제정하느냐와 같은 논쟁적 문제 등 관료적 가치와 전문적 가치 사이의 갈등을 일으키는 많은 논쟁점이 존재한다.
⑦ 그렇기 때문에 학교조직의 특성은 단순한 관료제만으로는 설명이 불가능하며, 관료제와 전문직제의 혼합적인 조직 형태로 전문적 관료제라고 설명하는 것이 바람직하다.

(2) 관료적 특성

① **교무분장조직(계층화)** : 학교에서는 업무의 분화에 따라 이를 조정하기 위하여 교장−교감−부장교사−교사로 구성원들의 업무를 수직적으로 분화시키고, 이러한 상하의 위계에 따라 권한과 직위를 배분하고 있다.
② **교사자격증제도(분업과 전문화)** : 자신이 맡은 업무를 엄격하게 구분하는 교사자격증제도를 도입하고 있다. 이는 관료제의 전문적 분업화에 해당된다.
③ **규정을 통한 행동 규제(규칙과 규정)** : 업무의 수행 및 운영절차에 있어서 통일성을 보장하기 위하여 복무지침, 내규, 업무편람 등을 규정하여 교직원들의 행동을 규제한다.

④ 연공서열 중심의 승진제도(경력의 중시) : 승진에 있어 연공서열 중심으로 승진이 이루어진다.
⑤ 신분과 정년의 보장 : 엄격한 자격요건을 내세우고 경쟁을 통해 선발하는 대신 신분과 정년을 보장해 주는 것은 관료조직의 특성이다.

(3) 전문적인 특성

① 교사는 교실에서의 교수-학습활동에 있어 자율성을 보장받는다.
② 초중등교육법에서도 "교사는 법령이 정하는 바에 의하여 학생을 지도한다."라고 하여 학생지도에 있어 교장의 지시를 받지 않는다는 것을 규정하고 있다.
③ 학교행정가는 학습지도안과 같은 계획서를 통한 감독권한만 있을 뿐 교사들의 수업활동에 한해서는 직접적인 권한을 갖고 있지 못하다.
④ 다른 관료조직의 구성원과는 달리 교사들은 감독이나 직무수행의 통일된 표준을 갖기 어렵다.
⑤ 학교에서는 교사들이 전문가임을 인정하고, 의사결정에서 교사들의 보다 많은 참여를 보장하고 있다.

2. 조직화된 무질서 조직 (03. 중등 : 06. 초등 : 10. 중등)

(1) 개 요

① Cohen과 Olsen은 교육조직이 다음과 같은 특성을 지니고 있다고 하여 이를 '조직화된 무질서(organized anarchy) 조직'으로 규정했다.
② 교육조직은 명료한 목표와 그 목표를 실천하도록 하는 기술이 무엇인가를 찾아내기가 어렵고 구성원의 유동적인 참여를 특징으로 한다는 점에서 그러한 조직 특성을 보여 주고 있다.

(2) 특 징

① 불분명한 목표
  ㉠ 교육조직의 목표는 구체적이지 못하고 분명하지 않다.
  ㉡ 교육조직의 목표는 수시로 변하며, 대립적인 목표들이 상존하며, 구성원들마다 다르게 규정한다.
  ㉢ 따라서 구체적인 프로그램으로 만들어질 수 없다.
② 불확실한 기술
  ㉠ 교육목표를 달성하는 데 이용할 수 있는 기술도 분명치가 않다.
  ㉡ 특히 어떤 방법과 자료를 활용해야 학습자들로 하여금 요구된 목표에 도달하게 할 수 있는지에 대해 교사와 행정가, 장학담당자들의 합의된 견해가 없다.

③ 유동적 참여

교사와 행정가, 학생들은 수시로 이동하며, 학부모와 지역사회 관계자도 필요시에만 참여한다.

06 약식장학(일상장학)

(94. 초등 : 05. 초등 : 07. 중등)

㉠ 개념
  (ㄱ) 단위학교 교장이나 교감이 간헐적으로 짧은 시간(5~10분) 동안 비공식적으로 학급순시나 수업참관을 통하여 교사들의 수업 및 학급경영 활동을 관찰하고 이에 대해 교사들에게 지도와 조언을 제공하는 과정을 의미한다.
  (ㄴ) 약식장학은 단위학교에서 일상적으로 빈번하게 수행되기 때문에 일상장학이라고도 부른다.
  (ㄷ) 약식장학은 ⓐ 약식장학의 계획 수립, ⓑ 약식장학의 실행, ⓒ 약식장학의 결과 활용의 3단계로 이루어진다.

㉡ 특징
  (ㄱ) 원칙적으로 학교행정가인 교장이나 교감의 계획과 주도하에 전개된다.
  (ㄴ) 약식장학은 교장이나 교감이 교사들의 수업활동과 학급경영활동을 포함하여 학교교육 및 경영 전반의 개선을 위한 적극적인 의지와 노력의 표현이 될 수 있다.
  (ㄷ) 약식장학은 미리 준비한 수업활동이나 학급 경영활동이 아닌 평상시의 자연스러운 수업활동이나 학급경영활동을 관찰할 수 있다.
  (ㄹ) 교장이나 교감이 학교교육 전반의 정보를 파악하는 데 도움을 준다.
  (ㅁ) 다른 장학형태에 대하여 보완적이고 대안적인 성격을 갖는다.

㉢ 유의점
  (ㄱ) 공개적이어야 하며 교장이나 교감이 담당한다.
  (ㄴ) 계획적으로 정해진 일정에 의해 이루어져야 한다.
  (ㄷ) 학습 중심적이어야 한다.
  (ㄹ) 교사와 행정가의 상호작용이 잘 이루어질 때 효과적이다.

07 학교 컨설팅

(08. 초등)

(1) 배경

① 미국의 경우 학교 컨설팅이라는 용어는 1950년대부터 사용되고 있다. 그러나 그것은 학

교를 지원하는 다양한 형태의 활동을 지칭하면서, 아직 그 개념이 뚜렷하게 정립되지 않은 상태다.

② 즉, 학교 컨설팅은 '동등한 관계에 기초하여 학교구성원에게 제공된 모든 형태의 지원활동'을 의미하기도 하고, '학생들의 학습과 적응을 증진하기 위해서 전문가들이 교직원에게 협력적인 방식으로 제공하는 심리적 · 교육적 서비스'로 정의되기도 하며, '학교경영을 포함하여 학교교육과 관련된 제 영역에 대해서 전문적 · 기술적 조언과 의견을 제공하는 활동'을 지칭하기도 한다.

③ 학교평가의 일환으로 학교 컨설팅에 관심을 갖게 된 한국교육개발원은 학교 컨설팅을 '학교의 요청으로 특별한 훈련을 통해 전문적 자격을 갖춘 사람들이 학교운영 책임자와의 계약에 따라 독립적이고 객관적인 태도로 학교의 교육활동과 교육지원활동 상황을 진단하여 강점과 문제점을 확인 · 분석하고, 문제에 대한 해결안을 추천해 주며, 해결안의 실행에 대한 도움이 요청될 때 도움을 제공하는 활동'이라고 정의하였다.

(2) 정 의

학교 컨설팅은 학교교육을 개선하기 위해서 일정한 전문성을 갖춘 사람들이 학교와 학교구성원의 요청에 따라 제공하는 독립적인 자문활동으로서, 경영과 교육의 문제를 진단하고, 대안을 마련하며, 문제해결 과정을 지원하고, 교육훈련을 실시하며, 문제해결에 필요한 인적·물적 자원을 발굴하여 조직화하는 일이다.

 학교 컨설팅의 구성요인

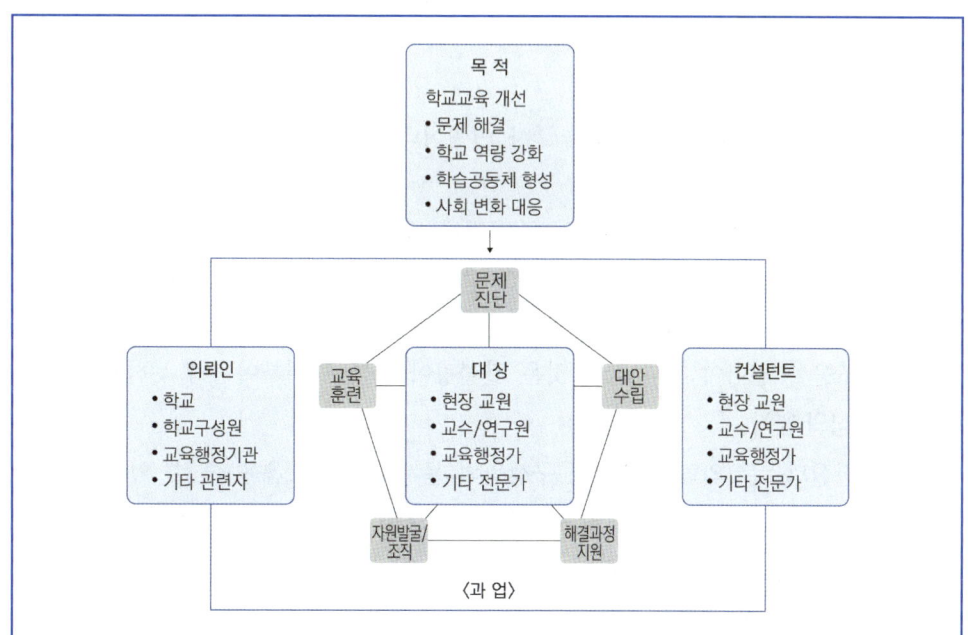

(3) 학교 컨설팅의 원리

① 전문성의 원리
  ㉠ 전문성은 컨설턴트가 가지고 있는 자격증이나 직위 또는 소속된 기관의 위상에 수반하는 형식적인 전문성이 아니라 실제적으로 학교의 문제를 해결할 수 있는 전문성이다.
  ㉡ 학교현장의 유능한 교원은 물론, 교육 관련 분야의 교수나 연구원을 활용하면 교육의 이론과 실제가 유리되는 것을 막을 수 있다.

② 독립성의 원리
  ㉠ 컨설턴트가 의뢰인과 상급자-하급자 관계로 되지 않아야 한다는 것을 의미한다.
  ㉡ 컨설턴트는 학교의 행정체계로부터 자유롭게 활동하면서 성과를 보여 주어야 한다.
  ㉢ 학교 컨설팅의 성과는 컨설턴트가 의뢰인과의 관계에서 얼마나 독립성과 객관성을 유지할 수 있느냐에 달려 있으며, 이러한 독립성의 측면에서 보면 학교 조직의 내부인보다는 외부인이 컨설턴트로 활동하는 데 좋은 위치에 있다.

③ 자문성의 원리
  ㉠ 컨설턴트는 변화에 관한 결정을 내리거나 그것을 집행하는 직접적 권한을 가지고 있지 않으며, 단지 컨설팅의 질적 우수성에 대한 책임을 지고 있다.
  ㉡ 반면에 그 컨설팅을 선택함으로써 발생하는 최종적인 책임은 원칙적으로 의뢰인에게 있으며, 의뢰인은 컨설팅 관계의 시작과 종결을 결정할 수 있는 권한을 가지고 있다.
  ㉢ 이러한 의뢰인과 컨설턴트의 권한과 책임 관계는 학교 컨설팅을 여타 지원 활동과 구별 짓는 하나의 특징이다.

④ 일시성의 원리
  ㉠ 학교는 기술적 전문성이 부족한 영역이나 일시적으로 전문인력이 필요한 영역에서 컨설팅을 필요로 한다.
  ㉡ 일단 의뢰한 문제가 해결되면 컨설팅 관계는 종료되어야 한다.
  ㉢ 컨설팅의 목적은 의뢰인이 컨설턴트의 도움을 더 이상 필요로 하지 않도록 만드는 것이므로, 컨설팅이 종료된 이후에도 의뢰인이 컨설턴트에게 동일한 문제에 관해 계속 도움을 받아야 한다면, 그것은 컨설팅이 제대로 이루어지지 못하였음을 의미한다.

⑤ 교육성의 원리
  ㉠ 컨설턴트는 의뢰인이 학교 구성원의 문제해결에 도움을 줄 수 있는 정보를 제공하고, 기술 습득과 능력 함양을 위한 교육훈련을 실시한다.
  ㉡ 의뢰인은 컨설턴트와 함께 문제를 해결하는 과정에서, 컨설팅이 어떻게 진행되는지, 컨설턴트의 역할과 태도와 윤리는 어떠해야 하는지 등에 대해서 학습하게 된다.

⑥ 자발성의 원리
  ㉠ 학교 컨설팅 관계를 맺기 위한 최초의 접촉은 컨설턴트와 의뢰인 어느 쪽에서도 먼저 시작할 수 있다.
  ㉡ 학교 컨설팅에 대한 요청을 하는 경우든 받는 경우든, 어느 경우든지 학교 컨설팅은 의뢰인이 자발적으로 나서서 컨설턴트의 도움을 요구함으로써 시작되며, 공식적 컨설팅 관계는 컨설턴트와 의뢰인의 상호 합의와 계약에 의해 성립된다.
  ㉢ 이것은 학교 컨설팅을 학교와 관련된 다른 모든 지원 활동, 예를 들면 장학이나 연수와 같은 것과 구분 짓는 핵심적 특징이다.

08 의사결정모형

(04. 중등 : 06. 초등)

(1) 합리성 모형(rational-comprehensive model) (99. 초등 보수 : 09. 초등)

① 내용
  ㉠ 이 모형은 인간과 조직의 합리성 및 지식과 정보의 가용성을 전제한 가정과 선택원리를 바탕으로 한다.
  ㉡ 즉, 의사결정 시 의사결정자가 제기된 문제의 성격을 완벽하게 파악할 수 있다고 본다.
  ㉢ 의사결정자는 해결을 위한 모든 대안을 검토하며, 대안 선택의 기준이 명확히 존재한다고 생각한다.
  ㉣ 의사결정자는 수많은 문제에 직면하지만 완전한 정보를 가지고 상호 비교하여 분석할 수 있다.
  ㉤ 의사결정자의 전지전능, 최적 대안의 합리적 선택, 목표의 극대화, 합리적 경제인을 전제로 전개되는 이상론적, 낙관론적 모형이다.

② 합리성 모형의 한계점
  이 모형은 인간의 완전한 합리성을 전제하고 있으나, 실제로 인간과 조직은 합리성이 제한되어 있기 때문에 비현실적이다.

(2) 만족 모형(satisfying model)

① 내용
  ㉠ 만족 모형은 March와 Simon이 주장한 것으로 합리성의 한계를 어느 정도 수용한 제한적인 합리성을 전제하고 제시한 이론 모형이다.
  ㉡ 즉, 최선의 결정은 절대적 의미에서의 최고가 아니라 만족스러운 상태의 것이라는 생각을 반영하는 이론 모형이다.

ⓒ 따라서 이 모형은 의사결정에 있어 객관적인 상황적 조건보다는 정책결정자의 행동에 더 많은 주의를 기울인다.

② 의의와 한계점
ⓐ 이 모형은 최적의 대안보다는 만족스러운 대안을 선택할 수밖에 없다는 점을 밝힘으로써 합리성 모형이 지닌 현실적인 한계를 극복할 수 있는 가능성을 제시했다는 점에서는 긍정적인 평가를 받고 있다.
ⓑ 그러나 만족할만한 상태를 결정하는 기준이 무엇이며, 그 기준을 구성하는 변수들이 무엇인지를 제시하지 못하고 있다는 약점을 지니고 있다.
ⓒ 또한, 이 모형은 정책결정자의 개인적 차원이 강조됨으로써 개인의 의사결정을 설명하는 데는 설득력이 있지만, 조직차원의 거시적 정책결정의 문제를 설명하는 데는 무리가 있다는 비판을 받는다.

(3) 점증주의 모형(incremental model) (02. 초등 : 07. 초등)

① 내용
ⓐ Lindblom에 의해 제안된 이 모형은 정책결정에서 선택되는 대안들이 대체로 기존 정책들의 문제점을 개선해 나가는 것이라고 전제한다.
ⓑ 이러한 과정에서 의사결정은 현재 추진되고 있는 기존의 정책대안과 경험을 기초로 약간의 점진적인 개선을 도모할 수 있는 제한된 수의 대안만을 검토하여 현실성 있는 정책을 선택하려 한다는 것이다.

② 장점과 단점
ⓐ 장점 : 첨예한 갈등이나 문제를 야기하지 않고 안정적인 정책결정과 집행을 할 수 있으며 정책에 대한 폭넓은 지지를 받기 쉽고 실현 가능성이 높은 대안을 선택할 수 있다.
ⓑ 단점 : 그러나 적극적인 새로운 목표 추구보다는 드러난 문제나 불만의 해소에만 주력하고, 장기적인 계획적 변화를 거부하고 점진적인 개선을 도모하기 때문에 지나치게 보수적이고 대중적인 모형이라는 비판을 받고 있다.

(4) 혼합 모형(mixed-scanning model)

① 내용
ⓐ 이 모형은 Etzioni에 의해 제시된 것으로 합리성 모형의 이상주의와 점증주의 모형의 보수주의를 비판하고, 이 두 모형의 장점을 결합시킨 모형이다.
ⓑ 즉, 기본방향의 설정에는 합리성 모형을 적용하고 방향설정 후 특정한 문제해결은 점증주의 모형을 적용하는 것이 바람직하다는 입장이다.
ⓒ 기본적인 방향과 관련된 부분은 광범위하게 포괄적으로 검토하되, 그 가운데 특별한

주의를 기울여야 하는 특정 부분에 대해서는 기존의 정책을 토대로 점진적인 개선책을 찾는다는 것이다.

② 의의와 한계
  ⊙ 합리성 모형과 점증주의 모형의 장점을 혼합하여 나름대로 현실적이고 바람직한 방향을 제시했다는 평가를 받는다.
  ⓒ 또한 이 모형은 인간의 의사결정 형태에 대한 설명뿐 아니라 사회체제에 대한 조직원칙으로까지 발전해서 합리성 모형은 전체주의 체제에, 점증주의 모형은 다원적이고 합의지향적인 민주주의 체제에, 혼합모형은 활동적 사회 체제에 적합하다는 전략적 원칙까지 제시하고 있다.
  ⓒ 그러나 이 모형은 새로운 것이 아니라 절충한 모형에 불과하기에 이론모형으로서의 가치는 떨어지는 것으로 평가된다.

(5) 최적 모형(optimal model) (99. 초등 추가 : 11. 초등)

① 내용
  ⊙ 이 모형은 Dror가 점증주의 모형의 타성적이고 현실안주적인 성격을 비판하면서 그 대안으로 제안한 것이다. 그는 합리성 모형에 초합리적인 요소를 추가하고자 한다.
  ⓒ 즉, 의사결정이 합리적인 고려만으로 이루어지는 것이 아니라, 의사결정 과정에는 초합리적인 것, 즉 직관적 판단, 통찰, 상상력, 창의력 등과 같은 잠재의식이 개입된다는 것이다. 따라서 초합리적인 과정을 정책결정에서 불가결한 역할로 파악하는 비정형적 의사결정 유형이다.
  ⓒ 최적치란 '모든 것이 고려된' 것이라는 의미에서 최선의 것이지만, 그것은 '지고지선' 그 자체가 아니라 주어진 목표에 도움이 되는 가장 바람직한 상태를 의미한다.
  ② 그래서 이 모형은 의사결정에 있어서 비록 비현실적인 것이라 해도 항상 가능성을 찾아 합리적인 측면을 발견하고 그것이 최적인 것인지를 확인하게 된다.

② 의의와 한계
  ⊙ 최적 모형은 초합리성의 개념을 도입하여 합리성 모형을 한층 더 체계적으로 발전시켰다는 평가를 받고 있다.
  ⓒ 특히 그동안 비합리성으로 배제해왔던 요인들도 노력여하에 따라서는 최적의 정책결정을 위한 핵심요소가 될 수 있음을 확인해줌으로써 창의적이고 혁신적인 정책결정을 정당화하는 이론적 근거를 마련하였다.
  ⓒ 그러나 이 모형은 달성방법과 개념이 불명확한 초합리성이라는 개념에 의존하고 있어 비현실적인 모형이라는 비판을 받는다.
  ② 또한 정책결정에서 비합리적 요소를 고려해야 한다는 점 외에는 합리성 모형의 범위를 크게 벗어나지 못하고 있다는 비판도 받는다.

(6) 연합 모형

① 내용
- ㉠ Cyert와 March가 제시한 것으로, 회사모형이라고도 불린다.
- ㉡ 이 모형의 특징은 조직을 유기체로 보지 않고 상이한 목표를 가진 하위조직들간의 연합체로 파악하고, 그러한 하위조직들이 느슨하게 결합되어 있기 때문에 각자의 활동에 어느 정도 독자성이 인정된다고 본다.
- ㉢ 따라서 이 모형에서는 목표가 충돌함으로써 비롯되는 단위조직들 간의 갈등을 해결하는 것이 정책결정이라고 본다.
- ㉣ 조직은 무슨 문제거리가 없나 항상 탐색하는 것이 아니라, 문제가 발생한 경우에 비로소 탐색을 시작하고 그 문제에 적합한 해결방법을 찾으려 한다. 탐색조차도 완벽하게 이루어지기 보다는 어느 정도 만족할만한 수준에서 이루어지게 된다.

② 의의
개인적 차원의 만족모형으로 설명할 수 있는 설명의 범위를 넓혔다는 의의가 있다.

(7) 쓰레기통 모형(비합리적 의사결정) (99. 초등)

① 교육조직을 '조직화된 무질서 조직'으로 보는 Cohen과 Olsen 등이 주장한 모형이다.
② 교육의 목표, 목표를 달성하는 기술 등이 분명치 않고, 구성원들의 이동이 많은 조직에서 문제, 해결책, 선택기회, 참여자의 네 가지 요소가 독자적으로 움직이다가 우연히 마주치게 될 때 의사결정이 이루어진다는 것이다.
③ 의사결정이 합리적이고 체계적으로 이루어지는 것이 아니라 주먹구구식으로 이루어진다는 것을 나타내기 위해 쓰레기통이라는 명칭을 사용하고 있다.

09 Vroom의 기대이론(Expectancy Theory)

(1) 개 요

① 브룸은 모든 인간은 동기 수준을 형성하는 공통적인 인지 과정이 있다고 본다.
② 인간의 행위는 개인 내부의 힘과 환경의 힘에 의하여 결정된다.
③ 인간은 조직에서 자신의 행위를 결정하는데, 바라는 산출을 갖게 하는 정도에 대한 지각에 근거하여 여러 행동 중 하나를 선택한다.
④ 인간은 서로 다른 욕구, 지각, 소망을 가지고 있기에 하나의 환경은 어떤 이에게는 보상으로서의 가치를 가지나, 어떤 이에게는 그렇지 못하다. 따라서 브룸은 모든 이에게 공통적으로 작용하는 동기요소는 없다고 본다.
⑤ 유인가, 기대치, 수단, 이 3가지 요소가 긍정적일수록 동기는 더욱 강력해진다. 이 중 어느 하나라도 감소된다면, 과업성취를 위한 동기는 나타나기가 힘들다.

(2) 주요개념

① 기대(성과기대치, expectancy)
  ㉠ 개인의 노력과 성취를 연계하며, 어떤 행동이 추구하는 결과를 초래할 것이라는 주관적인 확률이다.
  ㉡ 예를 들어, 교사가 자신의 노력을 증가시켜 학생의 성적을 향상시킬 확률이 높다고 생각한다면, 그는 높은 기대를 갖고 있다고 볼 수 있다.
  ㉢ 기대의 확률치는 0(가능성이 전혀 없음)에서 1(고도의 확신이 있음)까지의 값으로 표시된다.

② 유인가(valence)
  ㉠ 목표가 갖는 매력의 정도이고, 어떤 가능한 결과에 대하여 개인이 갖고 있는 선호의 정도이며, 긍정적(바람직한 것)일 수도 있고 부정적(바람직하지 않은 것)일 수도 있다.
  ㉡ 따라서 유인가의 값은 −1에서 +1의 범위를 가진다.
  ㉢ 사람마다 보수, 작업조건, 승진, 안정성 등에 각기 다른 유인가를 부여한다.

③ 수단성(보상기대치, instrumentality)
  ㉠ 성과와 보상의 연계로서, 성취를 위한 노력의 일차적인 결과와 이차적인 결과의 상관관계의 정도이다.
  ㉡ 즉, 공부를 열심히 하여 성적을 향상시키는 일은(1차 결과) 좋은 직장(2차 결과)을 얻기 위한 수단으로 표현된다.
  ㉢ −1에서 +1까지의 일정점을 값으로 표시한다. 두 결과의 관계가 매우 높으면 +1, 관계가 없으면 0, 부정적인 관계가 높으면 −1로 나타낸다.

④ 결과의 산출(outcomes)
  ㉠ 과업행동의 결과를 나타낸다.
  ㉡ 1차적 산출과 2차적 산출로 나눌 수 있는데, 1차적 산출은 개인이 어떤 행동을 한 직접적인 결과를 말하고 2차적 산출은 1차적 산출에 의해 나타나는 성과나 결과를 말한다.
  ㉢ 예를 들어, 회사에서 인정받기 위해 열심히 일을 하니(1차적 산출), 그 공로를 인정받아 승진(2차적 산출)을 하게 된다. 승진, 봉급인상, 동료의 수용, 감독자의 인정, 성취감 등이 모두 2차적 산출이다.

🔍 기대모델

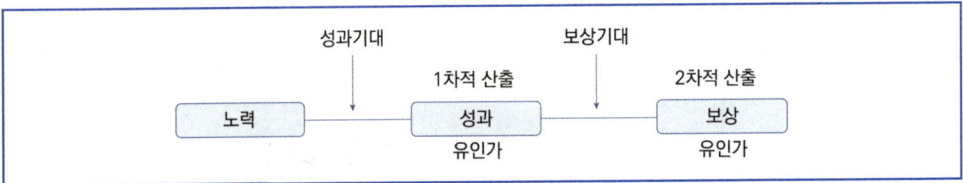

(3) 기대이론의 시사점

① 기대이론은 인간의 동기유발과 과업성취의 관계를 가시적으로 표현하였다.
② 그러나 기대이론은 수단성, 가치, 기대치의 복잡한 관계를 수리적으로 함축시키려는 의도 때문에 인간심리의 복잡한 역학관계를 지나치게 단순한 직선관계로 나타내고 있다.
③ 동기를 세 가지 변인으로만 나타내는 데 문제가 있으며, 세 요소 간의 상호작용의 관련성을 언급하지 않은 부분에 한계점이 있다.
④ 학교조직에서는 보상기대, 즉 성취와 보상의 연결정도를 구체화하고, 교사들이 생각하는 보상에 대한 매력의 정도를 증진시켜야 한다.

[형성평가] 교육행정

01 동기요인(만족요인, satisfiers)의 개념

02 위생요인(불만족요인, dissatisfiers)의 개념

03 피들러(Fiedler)의 리더십 상황론(contingency theory)에서 상황을 구성하는 변인 3가지와 상황의 호의성 개념
   1) 상황의 호의성

2) 지도자 - 구성원 관계

3) 과업구조

4) 지위 권력

04 허쉬와 블랜차드(Hersey & Blanchard)의 상황적 지도성에서 제시하는 지도성 유형 4가지

1) 지시형(directing)

2) 지도형(coaching)

3) 지원형(supporting)

4) 위임형(delegating)

05 변혁적 지도성

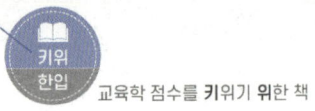

06 야생조직과 사육조직

1) 야생조직

2) 사육조직

07 전문적 관료제

08 조직화된 무질서 조직의 특징 3가지

1) 불분명한 목표

2) 불확실한 기술

3) 유동적 참여

09 약식장학

10 학교 컨설팅(컨설팅 장학)

11 의사결정 모형

1) 합리성 모형

2) 점증주의 모형

3) 최적 모형

4) 쓰레기통 모형(비합리적 의사결정)

CHAPTER 2 교수학습

01 오수벨(Ausubel)의 유의미적 수용학습 이론

1. 개요
① 오수벨은 다른 교육이론가들이 발견학습, 개방교육, 경험에 근거한 학습을 주장하는 것과는 반대로 설명식 수업방식의 개선을 주장하였다.
② 그는 지식이 어떻게 조직화되는지, 정신이 새로운 정보를 어떻게 처리하는지, 교사가 학생들에게 새로운 자료를 제시할 때 이 생각을 교육과정과 학습에 대해서 어떻게 적용할 수 있는지의 문제를 다룬다.
③ 오수벨은 교사가 많은 양의 정보를 가능한 한 의미 있고 효과적으로 조직화하고 전달하도록 돕는 데 주로 관심이 있었다. 그는 학교교육의 목표에서 정보의 습득이 가장 타당하며 본질적이라고 생각했고, 교사는 학생들에게 지식을 전달할 수 있다고 믿었다.

2. 유의미학습 (03. 초등 : 04. 중등 : 05. 초등 : 06. 중등 : 10. 중등)
① 의미
  ㉠ 유의미적 수용학습이란 언어적 매개에 의하여 의미 있는 학습재료를 수용함으로써 학습하는 것을 말한다. 이러한 학습과정에 적용되는 교수방법을 설명적 교수 또는 언어적 교수라 한다.
  ㉡ 오수벨의 교수-학습이론은 유의미 언어학습과 설명적 학습원리로 특징 지울 수 있다. 설명학습은 그의 선행조직자라는 개념에서 그 근거를 찾을 수 있는데 이것은 새로운 정보나 지식을 포섭할 수 있도록 하는 기능을 가지고 있다.
  ㉢ 여기에서 선행조직자란 수업의 도입단계에 주어지는 언어적 설명을 말하는 것으로, 새로운 과제를 공부할 때 인지구조의 기능을 확대하기 위해 미리 제공하는 것이라 할 수 있다.
② 교수이론의 구성변인들의 관계
  ㉠ 독립변인 : 유의미 아이디어의 집합체(유의미 학습과제)
    (ㄱ) 유의미한 아이디어의 결합체란 논리적 유의미가를 가진 학습과제를 말하는데, 이는 실사성과 구속성이 있는 과제를 말한다.
    (ㄴ) 실사성은 그 명제를 어떻게 표현하더라도 그 명제의 의미가 변하지 않는 것을

말한다. 예를 들어 "삼각형의 내각의 합은 180도이다."라는 명제는 "세 내각의 합이 180도인 것은 삼각형이다."라고 표현해도 그 근본적인 의미에 있어서는 큰 차이가 없다.
- ㉢ 구속성은 인위적으로 맺어진 관계가 굳어져 그 관계를 변경할 수 없는 것을 말한다. 사람, 책상, 의자 등은 사물과 연결이 되어 굳어진 것으로, 그 관계를 변경할 수 없는 것이다.
- ㉣ 유의미 학습과제는 주로, 명제로 구성된다는 점에서 명제학습이라 한다.

ⓒ **매개변인** : 인지구조와 인지과정

- ㉠ 인지구조
  - ⓐ 인지구조는 학습자의 의식내부에 존재하고 있는 조직화된 개념이나 아이디어의 집합으로, 논리적 유의미 학습과제를 포섭하는 매개 기능을 한다.
  - ⓑ 이는 가장 포괄적인 개념이 상층에 있고, 아래로 갈수록 특수한 개념이 놓이는 일종의 분류체계와 같은 것이다.
  - ⓒ 이러한 인지구조가 외부로부터 투입되는 논리적 유의미 학습과제를 포섭한다. 그러므로 새로운 학습과제를 포섭할 수 있는 인지구조가 학습자의 내부에 없을 경우 유의미한 학습이 일어나지 않게 된다.
- ㉡ 인지과정 : 포섭과 동화
  - ⓐ 인지과정은 포섭과 동화의 과정으로 포섭이란 미리 조직된 인지구조 속으로 동화 또는 일체화 되는 과정을 의미한다. 따라서 포섭한다는 것은 곧 학습한다는 말과 같다. 포섭은 파생적 포섭과 상관적 포섭으로 나누어진다.
  - ⓑ **파생적 포섭** : 학습자료가 이전에 학습한 일반적 명제를 지지하거나 예시해주는 관계에 있을 때 생기는 포섭을 말한다.
  - ⓒ **상관적 포섭** : 새로운 학습자료가 기왕에 학습된 명제에 대하여 연장, 정교화, 교정 등의 성격을 지니면서 일어나는 포섭을 말한다.

ⓒ **종속변인** : 명제의 재생, 파지, 적용
유의미 학습을 통해 얻어지는 산물은 개념, 명제, 정보 등의 학습 또는 재생, 파지, 전이이다.

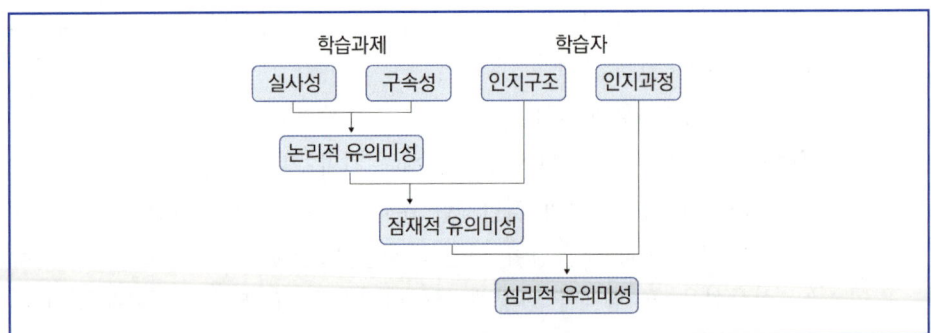

3. 선행조직자가 수업에 주는 의미

(1) 선행조직자의 개념

① 학습 효과를 높이기 위해 벌이는 행위로서 예습과 복습이 있다. 선행조직자는 앞으로 배울 내용을 미리 다루는 예습도 아니고, 과거에 배운 학습을 다시 한 번 반복하는 것도 아니다(일견 모든 면을 포함하는 것이기도 하다). 선행조직자는 인지구조 속에 자리 잡고 있는 아이디어의 기억과 회상, 그리고 자극과 활성화의 수단이다.

② 오수벨은 선행조직자를 학습 전에 미리 주어지는 추상적·일반적·포괄적으로 제시된 선수자료로 정의하면서, 그것은 인지구조 내에 있는 관련정착지식(relevant anchoring idea)이 관련을 맺도록 제공하기 때문에 효과적이라고 하였다.

③ 정착지식이란 학습자의 인지구조 안에서 새로운 정보와 연결하기 위해 출발점을 제공하는, 상세하고 적절하게 위계적으로 조직된 관련 개념이다. 그리고 이는 선행조직자를 통해 활성화되어 새로운 개념을 학습할 수 있도록 도와준다.

④ 메이어(Mayer, 1979)는 선행조직자가 학습을 촉진하는 이유로 첫째, 새로운 학습과제가 주어졌을 때 그 학습과제에 내포되어 있는 개념과 기존의 인지구조의 개념을 연결시켜 주는 유의미한 맥락을 제공해 주기 때문이며, 둘째, 후속적인 학습과제의 구체적인 정보에 대한 개요를 제공해 줌으로써 성취동기를 증가시키고 활발한 부호화맥락을 촉진시켜 주기 때문이라고 설명하였다.

⑤ 이것은 학습이 이루어지는 과정에서 발생하는 기존 지식과 새로운 지식 간의 간격이나 틈을 메우는 역할을 한다고 볼 수 있다.

⑥ 피아제의 동화와 조절 개념과 선행조직자의 개념 차이는 다음과 같다.

⑦ 선행조직자는 정착지식 또는 인지구조에 자리 잡은 아이디어를 인지처리할 수 있도록 자극과 활성화를 통해 드러내게 하는 수단으로 작용하는 데 비해, 동화나 조절은 인지구조 안으로 스며들게 하는 역할을 하는 것으로 그 역할의 차이가 있다.

⑧ 또한 선행조직자를 이용하는 수용학습과 발견학습의 차이는 학습자가 스스로 주어진 정보를 재조직하고 기존의 인지구조와 통합하는 방식의 학습이 발견학습인 데 비해, 수용학습은 학습자에게 완성된 최종 형태의 과제를 제공하여 학습하고 난 후에 학습자에게 내면화 및 포섭을 요구한다는 점에서 다르다.

⑨ 오수벨은 유의미한 학습이 일어나는 현상을 포섭이라는 개념으로 설명하였다.

⑩ 여기서 포섭이란 기존에 가지고 있는 정착지식이나 이미 학습한 명제, 개념표상 안에 새롭게 제시된 학습내용을 포함시키는 것을 말한다.

⑪ 이렇게 포섭되는 방식에는 종속적 포섭으로서 파생적 포섭과 상관적 포섭 두 가지 유형이 있다.

⑫ 파생적 포섭(derivative subsumption)은 기존에 가지고 있는 개념이나 아이디어에 새로

운 개념이나 아이디어를 단순하게 추가하는 종류의 포섭이며, 상관적 포섭(correlative subsumption)은 기존의 개념이나 아이디어를 수정, 확대, 정교화하는 방식의 포섭을 말한다.

 포섭의 유형 (08. 초등)

포섭의 종류	의 미	예 시
종속적 포섭	포괄성이 낮은 과제가 포괄성이 높은 인지구조 속으로 포섭되는 것으로서 여기에는 파생적 포섭과 상관적 포섭이 있음	
	파생적 포섭 : 앞서 학습한 명제나 개념에 대해 구체적 예를 들어 주면서 새로운 예나 사례를 포섭/학습하는 것	파생적 포섭 : 지중해성 과일의 종류를 배우고 난 후, 과일의 예를 학습하는 것
	상관적 포섭 : 새로운 아이디어의 포섭을 통해 이전 학습 개념이나 명제를 수정, 확대, 정교화하는 것	상관적 포섭 : 지중해성 과일의 종류를 배우고 난 후, 지중해성 과일의 특징을 배우는 것
상위적 포섭	이미 가진 아이디어를 종합하면서 새롭고 포괄적인 명제나 개념을 학습하는 것	지중해성 과일의 종류와 특징을 배운 후, 이 둘을 종합하여 지중해성 과일에 대한 종합적인 개념을 형성하는 것
병렬적 포섭	새로운 과제와 인지구조 속에 이와 관련된 정착 개념이 특별한 의미적 연관은 없지만, 이들이 갖는 광범위한 배경이 서로 연관되었을 때 일어나는 학습	새로 학습한 지중해성 과일의 특징과 이전에 학습한 열대성 과일의 특징이 동일한 수준에서 의미있게 연결되는 것

⑬ 인지학습 이론가들은 유의미한 학습이 일어나려면 포섭이 되어야 하고, 이를 위해 세 가지 조건이 필요하다고 보았는데, 그것은 지각, 이용 가능성, 그리고 활성화이다. 여기서 지각과 이용 가능성의 조건은 교사가 학생들에게 주어진 문제에 대하여 주의를 집중하도록 하여 그들에게 예상되는 상황이나 어떤 단서를 제공해 줌으로써 일어난다.

⑭ 특히 폭넓고 복잡한 내용을 가진 수업에서는 내용이 제시되기 전에 내용을 의미 있게 조직할 수 있는 구조 또는 뼈대가 소개되어야 지각의 활성화가 가능하다. 이런 뼈대를 제공하는 하나의 방식이 선행조직자를 활용하는 것이다. 즉 선행조직자는 학생에게 배울 내용에 대한 개념적 개관을 제공하여 배울 내용에 관련된 지식을 인출, 활용(use), 저장(storage)하는 발판 구실을 할 수 있게 해 준다.

⑮ 어떤 의미에서 선행조직자는 나무와 같은 구조를 가지고 있어서 지지대의 역할을 하는 줄기에서 가지가 자랄 수 있도록 만들어 준다. 그렇기 때문에 내용을 받쳐 주는 지지대가 없다면 중요한 특징이 쉽게 퇴색되거나 소멸된다.

(2) 선행조직자의 특징

① 선행조직자는 학습자가 학습내용을 이해하는 데 필요한 선수지식을 자극하고 활성화시키는 역할을 하게 된다.
② 다음은 선행조직자가 갖춰야 할 특징들이다.
　㉠ 짧고 개괄적인 산문형 문장으로 이루어진다.
　㉡ 학생이 이미 아는 것과 새로운 정보를 연결하는 다리와 같다.
　㉢ 새로이 학습할 주제, 단원, 과의 도입부 성격을 갖는다.
　㉣ 학생들에게 새로운 정보의 구조를 제공한다.
　㉤ 학생이 아는 것을 적용하거나 전이하도록 지원한다.
　㉥ 일상적인 지식 이상의 자료와 상당한 지적 실체를 지닌 내용이 된다.
③ 여기서 선행조직자는 문장으로 구성하기도 하지만, 그림으로 제시할 수도 있다. 또 문서 형태로 나타낼 수도 있지만 구두로 설명하면서 대신할 수도 있다.

(3) 선행조직자의 목적 (01. 초등)

① 선행조직자를 제시하는 목적은 과거에 학습한 자료로 학습과제에서의 자료를 설명하고 통합시키며 상호 관련시키는 것이다.
② 그리고 학습자가 새로운 정보와 과거에 학습한 자료를 구분하도록 돕는 것이다.
③ 이는 학습자의 인지구조(스키마)의 활성화, 유의미 학습의 촉진, 관련 지식을 구축하려는 목적을 달성하고자 하는 것이지, 단순히 용어를 알려주는 행위는 아니다.
④ 특히 수업에서는 행동의 복잡성을 요구하는 고차원적인 수준의 선행조직자를 단지 말로만 제시해서는 학생에게 깨우쳐 줄 수 없다. 그 대신 그것은 수업이라는 직물로 짜인 개념들로서 그날 배울 내용에 대한 윤곽을 제공하고 나중에 제시되는 모든 주제들을 관련시킨다.
⑤ 이러한 선행조직자를 사용하는 목적은 다음의 세 가지가 있다. 첫째, 앞으로 제시하는 자료에서 중요한 부분에 주의를 기울이게 한다. 둘째, 앞으로 제시될 개념들 간의 관계를 부각시킨다. 셋째, 이미 가지고 있는 정보 중에서 적절한 정보를 일깨워 준다.
⑥ 특히 선행조직자에 관한 연구들은 자료가 친숙하지 않고, 복잡하고 난해할 때 선행조직자가 학생의 학습에 특히 도움이 된다고 보고 있다.
⑦ 물론 선행조직자는 조직자의 질과 그것을 어떻게 사용하는지의 여부에 달려 있다.
　㉠ 첫째, 선행조직자가 효과 있기 위해서는 학생들이 그것을 처리하고 이해해야 한다. 딘넬과 글로버(Dinnel & Glover, 1985)의 연구는 이 점을 분명하게 보여 주고 있다. 딘넬과 글로버는 학생에게 선행조직자를 부연 설명하도록 지시했더니 조직자의 효과가 증가한다는 것을 발견하였다.

ⓒ 둘째, 조직자는 실제로 조직하는 기능을 해야 한다. 즉, 앞으로 사용될 기초적인 개념들과 용어들 간의 관계를 나타나게 해 주어야 한다. 진정한 조직자는 단순히 역사적인 정보나 배경이 되는 정보를 진술하는 것이 아니라 좋은 조직자를 만드는 것이다. 이런 의미에서 모델이나 그림은 좋은 조직자의 역할을 할 것으로 보인다.

(4) 선행조직자를 제작할 때 검토해야 할 사항
① 선행조직자는 학습하는 데 도움이 되는 중요한 단서며 자료다.
② 따라서 선행조직자를 제작하였다면 다음의 몇 가지 점에서 검토하는 것이 필요하다(Mayer, 1979).
　　㉠ 조직자가 이전에 학습한 자료와 앞으로 학습할 자료의 논리적 관계의 전부 또는 일부를 생성할 수 있게 만드는가?
　　ⓒ 조직자가 낯설고 생소한 학습내용을 친숙하게 하고, 현존하는 지식과 관계를 형성하게 하는 수단으로서 작용하는가?
　　ⓔ 조직자가 학습을 가능하게 하는 것으로, 특히 교사가 떠올리기 쉬운 것이 아니라 학습자가 학습했던 내용을 떠올리는 데 사용하기 쉬운 조직자인가?
　　ⓓ 학습자는 일상적으로 학습내용을 받아들이는데, 스트레스나 무경험으로 말미암아 실패할 수 있는 자료는 아닌가?
③ 메이어의 검토사항이 소개된 이래로 선행조직자에 대한 연구는 학습자의 선행지식이 보다 강조되는 결과를 가져왔다.
④ 학습자가 선행학습자에 의해 자극을 받기 위해서는 반드시 선행지식이 필수적으로 존재해야 한다. 그리고 선행조직자는 예전 것과 새로운 것 간에 분명한 결속을 만들어야 한다.

(5) 선행조직자를 만들기 위한 절차
① 웨스트(West et al.,1991)는 잘 만들어진 선행조직자가 학습자에게 학습의 단서로 작용하기 위해서 제시하는 절차가 중요하다고 보았다.
② 그 절차는 다음과 같다.
　　㉠ 필요한 사전지식의 목록을 발견하기 위해 새로운 과나 단원을 면밀히 검토한다.
　　ⓒ 선행조직자를 제시하기 전에 필요하면 다시 한 번 복습한다.
　　ⓔ 학습자가 선행조직자를 통해 학습할 수 있는 선행지식을 갖추고 있는지 확인한다.
　　ⓓ 새로운 과나 단원에서 다루어야 할 일반적인 원리나 아이디어를 목록으로 만들거나 요약한다.
　　ⓜ 일반적인 주요 원리를 강조한 선행조직자를 작성한다. 이때 예전 것과 새로운 것 간의 유사성을 확인한다. 또한 교재에서 예로 제시되어있는 것과 유사한 것인지 검토한다.

ⓑ 수업을 구성하고 있는 과와 단원의 주요 하위 주제들은 선행조직자내에서 제시한 것과 동일한 계열성을 갖추도록 해야 한다.
③ 위의 절차에서 보는 바와 같이 선행조직자는 주로 언어나 문장으로 되어 있는 것을 주로 다룬다. 그러나 반드시 문장만이 아니라 그림 형태로 제시될 수도 있다.

(6) 선행조직자의 제시방법

① 선행조직자는 학습을 촉진할 수 있는 것으로 기대할 만한 것들이 되어야 한다. 즉 학습을 촉진하기 위해서는 학습자들에게 선행조직자를 적절하게 제시해야 한다.
② 메이어(Mayer)는 선행조직자에 관해 제기된 효과를 검증하기 위한 일종의 교실 실험을 실시했으며, 그 결과로서 선행조직자의 제시방법을 다음과 같이 소개하였다.
  ㉠ 짧은 문장이거나 시각 및 영상 자료로 제시한다.
  ㉡ 학습하기 직전에 학습할 내용의 상위개념을 제시하는 것이다.
  ㉢ 학습할 내용에 관한 세부 내용을 포함하여 제시하지 않는다.
  ㉣ 학습할 내용의 구성요소들 사이의 논리적 관계를 생성하는 수단으로 제공한다.
  ㉤ 학습자의 부호화 과정에 영향을 주어야 한다.
③ 다양한 교과 내용에서 다루어지는 비유, 이미지, 예 등이 학습자에게 내용을 더 쉽고 분명하게 이해할 수 있도록 해 준다.

(7) 선행조직자의 유형

① 설명적 조직자
  ㉠ 추상성이 가장 높은 수준에서 기본이 되는 개념이다. 이것은 학생들이 새로운 정보에 직면했을 때 여기에 매달리게 하는 지적 골격을 나타낸다.
  ㉡ 설명적 조직자는 익숙치 않은 자료의 관념적 골격을 제공하기 때문에 특히 유용하다.
  ㉢ 따라서 예를 들면, 한 도시의 경제상태를 공부하기 전에 경제학의 기본개념을 제시하게 되는 것이 설명적 조직자가 된다.
② 비교조직자
  ㉠ 비교조직자는 비교적 익숙한 자료에 사용된다. 이것은 과거의 개념과 새로운 개념 사이의 유사성으로 야기되는 혼란을 피하기 위하여 이 둘을 구분하도록 한다.
  ㉡ 예를 들면, 학습자가 13 이상의 수로 나누는 법을 처음 배울 때 비교조직자는 나누기와 곱하기의 유사점과 차이점을 지적할 것이다. 비교조직자는 학습자가 곱하기와 나누기의 관계를 살펴보고 그 둘 사이의 차이점을 분명하게 하도록 도움을 준다. 학습자는 이제 곱하기에 대한 지식을 토대로 나누기를 학습할 때도 차이점으로 인한 혼란에 빠지지 않게 된다.

(8) 선행조직자의 효과

① 선행조직자는 수업 주제에 초점을 맞추는 역할자가 된다.

② 선행조직자는 수업마다 배울 내용이 전혀 생소한 것으로 보이는 것을 막아 준다.

③ 선행조직자는 나중에 더 실제적인 단원 학습목표가 될 더욱더 큰 패턴과 추상화 속으로 관련 개념을 통합시키는 역할을 한다.

④ 선행조직자는 수업의 계열을 이루어 가장 고차원적인 수준의 행동을 명료화시키고 나아가 당일 수업을 학습하는 데 기여하게 된다.

4. 주요 수업원리

(1) 선행조직자의 원리

① 선행조직자란 학습을 촉진하기 위하여 학습 이전에 의도적으로 도입시키는 포섭자, 즉 수업의 도입단계에서 주어지는 언어적 설명이다.

② 따라서 선행조직자는 학습과제보다 포괄성과 추상성의 수준이 높은 자료여야 한다.

(2) 점진적 분화의 원리

① 인지구조는 가장 포괄적인 개념이 구조의 최상단을 차지하고 있고 점차 내려갈수록 분화된 개념이나 구체적 사실이 차지하고 있기 때문에, 인지구조는 포괄적 개념이 먼저 제시되어야 분화된 내용을 쉽게 받아들일 수 있다.

② 따라서 학습내용도 가장 일반적이고 포괄적인 의미를 먼저 제시하고, 점차 세분화되고 특수한 의미로 분화하여 제시해야 한다는 원리이다.

(3) 통합적 조정의 원리

① 새로운 학습과제가 기존의 인지구조와 연관될 때 유의미한 학습이 일어난다.

② 따라서 새로운 개념이나 의미는 이미 학습된 내용과 일치되고, 통합되어야 한다는 원리이다.

(4) 선행학습 요약정리의 원리

① 새 학습에 임할 때 지금까지 학습해 온 내용을 요약정리 해주면 학습이 촉진된다는 원리이다.

② 인지구조 내에 있는 기존의 개념이 명료해져 안정성을 띠게 되면 새 학습과제에 대한 변별력이 증가하기 때문이다.

(5) 내용의 체계적 조직원리

① 학문의 내용을 계열적, 체계적으로 조직하여 학습의 극대화를 시키자는 원리이다.

② 학습과제가 체계적으로 조직되어 있으면 선행과제에 대한 지식은 후행과제에 있어 선행조직자의 역할을 하게 된다.

(6) 학습준비도의 원리
① 오수벨의 준비도의 개념은 학습자의 인지구조를 포함하는 발달수준을 가리킨다.
② 적절한 인지구조의 발달이 이루어져야 학습이 가능하다는 것이다.

5. 선행조직자 교수모형

단계	내용
1단계 선행조직자의 제시	• 수업의 목적을 명료화시킨다. • 조직자를 제시한다(속성을 정의한다, 예를 든다, 맥락을 제공한다, 반복한다). • 학습과제와 학습자와의 관계(지식과 경험)를 즉시 인식한다.
2단계 학습과제 또는 자료의 제시	• 자료를 제시한다. • 관심을 유지한다. • 조직화를 분명히 한다. • 학습의 논리적 순서를 만든다. • 자료를 분명히 한다.
3단계 인지적조직화의 강화	• 통합원리를 사용한다. • 조정 • 능동적인 수용학습을 고무한다. • 주제에 대한 비판적인 접근을 취한다. • 명료화시킨다.

6. 오수벨의 유의미 학습의 의의

(1) 설명식 수업에 대한 재인식
오수벨은 청취, 관찰, 읽기를 통한 학습이 반드시 기계적이고, 수동적이며, 무의미하다는 생각에 반대했다. 학생들의 인지구조와 잘 일치시켜주기만 한다면 기계적 암기학습이 아닌 정보의 능동적 처리가 가능하다고 보았다.

(2) 교사의 역할 강조
오수벨은 개인의 현존하는 인지구조가 새 자료를 어떻게 의미있게 만들지, 그리고 얼마나 잘 습득하고 유지시킬지를 결정하는 첫 번째 요인이라 보았다. 따라서 교사는 새로운 자료를 효과적으로 제시하기 전에 학생들의 인지구조의 안정성과 명확성을 증가시켜야만 한다.

02 가네(Gagné)의 수업이론

1. 가네의 목표별 수업이론의 개요 (02. 초등 : 04. 중등)

① 가네는 학습과제는 학습하려는 목표가 달라짐에 따라 달라진다고 보았다. 따라서 가네 이론의 핵심은 학교학습과제의 분류체계를 만드는데 있었다. 즉, 수업이 추구하는 학습의 결과 유형에 따라서 수업을 설계해야 한다고 보았다.

② 가네는 학습에는 학습영역, 학습사태, 학습의 요인, 이 3가지 요소가 중요하다고 보았다. 또한 학습에 있어 정보처리 학습이론을 많이 반영하고 있다.

2. 학습의 요인(학습 조건) (98. 초등 : 99. 초등)

① 학습의 외적 요인

  ㉠ 강화의 원리 : 새로운 행동의 학습은 그 행동에 대해 보상이 주어질 때 잘 일어난다는 원리이다. 특히 학습자가 좋아하는 행동으로 보상을 해주면 학습이 더 잘 일어난다.

  ㉡ 접근의 원리 : 학습자가 반응해야 할 자극사태와 적절한 반응이 시간적으로 접근되어 있으면 학습이 더 잘 된다는 원리이다. 예를 들어 어린이에게 '가'자를 가르칠 때 '가'자를 미리 보이면서 써보라고 하면 잘 쓰게 된다.

  ㉢ 반복의 원리 : 자극사태나 그에 따른 반응을 되풀이하거나 연습을 하게 되면 학습이 증진되고 파지가 확실해진다는 원리이다.

② 학습의 내적 요인

  ㉠ 선행학습 : 학습이 이루어지기 위해서 이전에 그에 필요한 여러 가지 정보를 학습할 필요가 있다.

  ㉡ 학습동기 : 학습이 성공적이 되기 위해서는 학습 초기에 학습하고자 하는 동기가 있어야 한다.

  ㉢ 자아개념 : 학습에 대한 자신감, 즉 긍정적 자아개념이 있어야 학습이 잘 이루어진다.

3. 5가지 학습영역과 학습방법 (90. 중등 : 92. 초등 : 07. 중등 : 09. 초등 : 11. 중등)

(1) 지적 기능(intellectual skill)

① 인간은 상징을 사용해서 환경과 상호작용하는 방법을 학습한다. 즉, 무엇을 하는 방법을 아는 것으로 기호나 상징을 사용하여 환경과 상호작용하는 능력을 지적 기능이라 한다.

② 예를 들어 "문 열어주세요"라고 말함으로써 문을 열라고 부모에게 요청하거나 또는 부모의 요청에 반응한다. 읽기, 쓰기, 셈하기 등은 초등학교 저학년때 학습하는 기본적인 상징들이다.

③ 이런 종류의 학습된 능력이 지적 기능(intellectual skill)이며, 이를 방법적 지식(knowing

how) 혹은 절차적 지식(procedural knowledge)이라고도 한다.
④ 지적 기능의 학습 : 다음과 같은 8가지 위계학습에 의해 이루어진다.
  ㉠ 신호학습 : 가장 단순한 형태로 고전적 조건형성과정을 통해 수동적으로 행동이 획득되는 것이다. 인간의 감정적 반응은 이 유형의 학습으로 이루어진다.
  ㉡ 자극·반응학습 : 스키너의 작동적 조건형성을 통해 자극과 반응이 연결되는 것을 의미한다. 반응에 대해 강화가 주어지면 학습이 잘 일어난다.
  ㉢ 연쇄학습(운동의 연결) : 이 유형의 학습은 여러 가지 행동을 동시에 할 수 있게 되는 것을 의미한다. 열쇠를 열쇠 구멍에 넣고 이를 돌려 문을 여는 것과 같은 행동을 할 수 있게 된다.
  ㉣ 언어연상학습(언어적 연결) : 이는 언어를 연결하여 사용할 수 있는 능력의 학습을 의미한다. 우리말과 같은 의미의 외국어 단어의 학습이 그 예이다.
  ㉤ 변별학습 : 비슷한 여러 대상을 구별할 수 있는 능력의 학습을 의미한다. 여러 가지 도형들 중에서 사각형을 구별할 수 있는 능력을 말한다.
  ㉥ 개념학습 : 위의 변별학습이 사물의 차이를 아는 것이라면 개념학습은 사물 간의 유사성과 공통성에 대해 안다는 것을 의미한다.
  ㉦ 원리학습 : 원리란 두 개 이상의 개념이 연결된 것이다. 원리를 안다는 것은 개념들을 연결하여 만들어지는 규칙들을 익힌다는 것이다. 사각형, 가로, 세로 등의 개념을 익히게 되면 이를 연결한 "사각형의 넓이를 구하려면 가로와 세로를 곱하면 된다"는 원리를 익히게 된다.
  ㉧ 문제해결학습 : 문제해결이란 위의 원리를 조합하고 간단한 원리를 직접 이용하여 문제를 풀어나가는 것을 의미한다.
⑤ 8가지 위계학습의 의의
  ㉠ 학교교육에서 중요한 학습은 개념학습, 원리학습, 문제해결학습이다.
  ㉡ 어떤 학습과제를 성공적으로 학습하기 위해서는 하위 차원의 전 단계를 거쳐야 한다.
  ㉢ 단순에서 복잡에로, 단편에서 일반적인 것으로 발달되는 지식차원을 분류하였다.
  ㉣ 위계적으로 상이한 수준의 학습된 능력을 필요로 하는 학습과제를 학습하기 위해서는 학습유형이 일치해야 한다.

(2) 언어정보
① 인간은 구두 언어, 문장, 그림 등을 사용해서 일련의 사실이나 사태를 진술하거나 말하는 것을 학습한다.
② 분명히, 사람들은 어떤 사실을 진술하기 위해서는 그것과 관련된 지적 기능들을 가지고 있어야 한다. 그러나 학습자의 행위의 목적은 문장을 구성하는 지적 기능을 단지 보여주

기 위한 것이 아니라 정보에 대하여 말하는 데 있다.
③ 진술하는 방법은 사람마다 차이가 있지만 전달되는 아이디어는 동일하다. 이와 같이 아이디어를 진술할 수 있는 학습된 능력을 언어정보라고 하며 이를 사실적 지식(knowing that)이라고도 한다.
④ 언어정보의 학습방법
  ㉠ 내적 조건 : 언어정보를 학습하기 위한 내적인 조건으로 학습자는 언어규칙(지적 기능)을 활용할 수 있어야 하며, 의미있게 조직된 정보의 인지구조를 학습자가 이용할 수 있어야 한다.
  ㉡ 외적 조건 : 언어정보 학습에 특히 중요한 외적 조건은 두 가지이다. 첫째는 학습자가 인지구조에 쉽게 접근할 수 있게 해주는 선행조직자가 필요하며(유의미 학습의 필요), 둘째로는 학습자에게 학습의 목표를 분명히 알려주는 것이 중요하다.

(3) 인지전략 (07. 초등)

① 학습자들은 그 자신의 학습, 기억 및 사고를 관리하는 기능을 학습한다. 자기 나름대로의 학습된 학습, 기억 및 사고하는 방법을 가지고 있다.
② 예를 들어, 학습자는 교재를 읽을 때 자신만의 독특한 방식을 사용한다. 단어를 외우는 학습을 할 때 나름대로의 방법이 있다.
③ 학습자의 내적 과정을 통제해주는 이러한 기능을 인지전략이라 한다.
④ 인지전략의 학습방법 : 많은 지적 기능의 학습과 연습을 통해 가능해진다.

(4) 태도(attitudes)

① 학습자는 자신의 행동선택에 영향을 주는 정신적 상태를 획득하게 된다. 즉, 학습을 통해 인간의 내적, 정신적 경향성을 획득한다.
② 예를 들어 어떤 사람은 취미로 골프를 선택하려는 경향을 보이고, 또 어떤 사람은 영문학보다 물리학을 선택하려 공부하려는 경향이 있다.
③ 이처럼 특정한 수행이라기보다는 학습자의 선택이라고 할 수 있는 경향성을 태도(attitudes)라 한다.
④ 태도영역의 학습방법
  ㉠ 내적 조건 : 학습자의 행동적인 표현수단을 필요로 한다. 즉, 학습자가 그 행동에 적합한 능력을 이용할 수 있어야 한다.
  ㉡ 외적 조건 : 태도는 관찰학습과 같은 대리강화, 동일시 등을 통해 간접적으로 가르칠 수 있다.

(5) 운동기능(motor skills)

① 학습자는 바느질이나 공 던지기 등과 같은 수많은 조직된 운동행위의 동작수행을 학습한다. 이러한 개별적으로 통합된 행위들은 테니스나 운전 등과 같이 더 포괄적인 활동의 일부를 형성한다.
② 이러한 단위적 행위를 운동기능(motor skills)이라 한다.
③ 운동기능의 학습방법
  ㉠ 내적 조건 : 운동기능은 보통 일련의 계열성을 지닌 동작으로 구성되어 있으므로 운동기능의 절차적 계열이 학습되어야 한다.
  ㉡ 외적 조건 : 운동기능 학습을 위한 가장 중요한 외적 조건은 연습할 시간을 제공하는 것이며 모범적인 시범을 관찰할 기회를 제공하고 말로 설명하면 학습이 촉진된다. 또한 피드백을 제공하는 것과 동시에 계속적인 반복연습이 필요하다.

4. 가네의 9가지 수업사태(instructional event) (00. 중등 : 01. 초등 : 08. 중등 : 09. 중등 : 12. 중등)

(1) 개 요

① 가네는 교수의 목적이 학습의 과정을 도와주는 것이므로 교수를 구성하는 일련의 사태들은 학습자의 내부에서 진행되는 인지과정과 밀접한 관계를 가져야 한다고 본다.
② 즉, 학습자의 학습을 촉진하기 위해서는 학습자 내부에서 발생하는 내적 과정을 이해하고, 이를 촉진하기위한 바람직한 수업사태들을 제공해야 한다는 것이다.
③ 학습과정을 지원하는 수업사태들은 예상되는 학습결과에 관계없이 일반적인 범주에 속하지만, 이러한 사태들을 구성하는 구체적 조작은 다섯 가지 학습영역에 따라 서로 다르다. 지적 기능의 학습에는 언어정보나 운동기능의 학습에 필요한 사태들과는 다른 수업사태가 설계되어야 한다.

(2) 학습자의 내적 과정에 그에 대응하는 수업사태와 행동사례

학습자의 내적 과정	수업사태	행동사례(교통 표지판 학습의 예)
주의집중	1. 주의집중 획득	갑자기 자극을 변화시킨다(자동차사고에 대한 기사 읽어줌).
기 대	2. 학습자에게 목표 제시	학습자에게 학습 후에 수행할 수 있게 되는 것이 무엇인지를 알려준다(학습 목표를 알려준다).
장기기억으로부터 재생	3. 선수학습의 회상	이전에 학습한 지식이나 기능을 회상시킨다(알고 있는 표지판 변별).
선택적 지각	4. 자극 제시	변별적 특성을 갖는 내용을 제시한다(가르칠 표지판과 명칭을 제시).
부호화	5. 학습안내 제공	유의미한 조직을 제시한다(화면을 제시하여 연습).

재생, 반응	6. 학습자 수행 유도	학습자가 수행하도록 요구한다(질문을 통해 반응유도).
강 화	7. 피드백 제공	정보적 피드백을 제공한다(결과에 대한 정보제공).
인출과 강화 (재생을 위한 암시)	8. 수행 평가	피드백과 함께 학습자에게 추가적인 수행을 요구한다(표지판 의미 아는지 평가).
일반화	9. 파지와 전이 증진	다양한 연습과 시간적인 간격을 두고 재검토한다(다양한 표지판을 다양한 상황에서 제공하여 확인하는 연습기회 줌).

(3) 수업사태(instructional event)

① 주의집중 획득
  ㉠ 수업을 시작할 때 우선적으로 이루어져야 하는 일로, 주의집중은 자극을 신속하게 변화시킴으로써 가능하다.
  ㉡ 교사는 몸짓이나 목소리를 급작스럽게 변화시킴으로써 주의집중을 유도할 수 있다. 또한 수업내용과 관련된 시청각 자극에 의해 촉발될 수도 있고, 외국어 수업이라면 외국어로 질문을 하면서 시작할 수 있다. 안전운전에 관한 수업은 충격적인 교통사고 장면을 제시함으로써 시작할 수 있다.
  ㉢ 주의집중은 어떠한 자극의 변화가 선택되든지 간에 그것은 지적 기능, 언어정보 또는 다른 학습결과 모두에 동일하게 효과적으로 작용하는 것 같지만, 그러한 자극을 학습 내용과 연결시키는 것은 수업효과를 확고히 하는 데 약간 도움이 된다.

② 학습자에게 목표제시
  ㉠ 학습자가 수업목표를 이해하게 되면 그들은 일정한 기대를 가지게 되고, 이러한 기대는 학습이 완료되었을 때 제공되는 피드백으로 확인된다.
  ㉡ 즉, 학습이 끝났을 때의 조건이 무엇인지에 대해 기대감을 주어 동기화하는 단계이다.
  ㉢ 예를 들어, 적절한 문장을 만드는 학습은 아나운서가 되기를 원하는 학습자의 욕구와 연합되어 동기화된다.
  ㉣ 학습자에게 다섯 가지 학습결과의 목표를 알려주는 상이한 수업기법을 설명하면 다음과 같다.

다섯 가지 학습결과에 적합한 수업 : 학습자에게 목표를 알려주기

학습결과	수업기법
지적기능	개념, 규칙, 절차 등이 적용되는 활동을 시범 보인다.
인지전략	전략을 기술하거나 시범 보인다.
언어정보	학습자가 진술할 것으로 기대되는 사항을 기술한다.
태 도	(학습자가 차후에 알게 된다)
운동기능	기대되는 수행을 시범 보인다.

③ 선수학습의 회상

　㉠ 이 단계는 학습자가 새로운 정보를 습득하는 데 필요한 기능을 숙달하는 것이다.

　㉡ 새로운 학습은 선수학습에 토대를 두므로 교사는 먼저 새로운 학습과 관련된 선수학습이 무엇인지를 결정해야 하고, 그 다음 그것을 지적해주거나 다시 회상시켜야 한다.

　㉢ 적절한 수업기법은 다음과 같다.

 다섯 가지 학습결과에 적합한 수업 : 선수학습의 회상

학습결과	수업기법
지적기능	선수학습요소인 규칙 개념을 회상시킨다.
인지전략	간단한 선수학습요소인 규칙과 개념을 회상시킨다.
언어정보	잘 조직된 지식체를 회상시킨다.
태 도	개인의 선택에 관련된 상황이나 행동을 회상시킨다. 학습자에게 인간모델과 모델의 특성을 상기시킨다.
운동기능	만약 적절하다면 '집행적 하위절차'와 부분 기능을 회상시킨다.

④ 자극 제시

　㉠ 이 단계는 학습자에게 학습할 내용, 즉 새로운 내용을 제시하는 것이다.

　㉡ 수업사태로 제시되는 자극은 구체적인 학습상황에 따라 다르다. 그림이나 도형의 경우, 중요한 특성을 강조하기 위해 굵은 선으로 표시될 수도 있고, 산문형태의 글이 자극이라면 글자를 진하게 하거나 표제를 사용해서 자극을 강조할 수 있다. 연설을 할 경우에는 연사는 소리의 크기나 음의 높낮이를 변화시킴으로써 자극을 강조한다.

　㉢ 적절한 수업기법은 다음과 같다.

 다섯 가지 학습결과에 적합한 수업 : 자극 제시 (06. 중등)

학습결과	수업기법
지적기능	개념이나 규칙으로 형성될 대상과 상징의 특성을 기술한다.
인지전략	문제를 기술하고 전략이 성취되는 것을 보여준다.
언어정보	변별적 특징과 함께 인쇄되거나 청각적으로 전달되는 언어적 진술을 제시한다.
태 도	인간모델이 보여줄 선택의 일반적 특성을 기술한다.
운동기능	숙달된 수행을 보여준다. 즉 집행적 하위절차를 예시해준다.

⑤ 학습안내 제공

　㉠ 이 단계는 학습할 과제의 모든 요소들을 통합시키는 데 필요한 방법을 제시하는 것이다.

ⓒ 이는 학습자들이 과제를 적절히 수행할 수 있도록 모든 관련된 정보를 사용할 수 있는 규칙이나 모델을 제공하는 것이다.
　　ⓒ 예나 시연, 도표 등은 모두 학습자들이 모든 정보를 통합, 저장, 회상을 돕는 기능을 한다.
　　ⓔ 적절한 수업기법은 다음과 같다.

다섯 가지 학습결과에 적합한 수업 : 학습안내 제공

학습결과	수업기법
지적기능	개념이나 규칙의 여러 가지 구체적인 예를 제공한다.
인지전략	전략을 언어로 기술한 다음 예를 제시한다.
언어정보	더 큰 지식체와 관련시킴으로써 내용을 정교화한다. 즉, 심상이나 기억술을 사용한다.
태 도	인간 모델이 행동선택을 설명하거나 시범을 보여준 다음, 모델의 행동에 대한 강화를 관찰하도록 한다.
운동기능	연습을 계속하도록 한다.

⑥ 학습자 수행유도
　　㉠ 이는 통합된 학습의 요소들이 실제로 학습자에 의해 실행되는 단계이다.
　　㉡ 학습자들이 배운 것을 진술하거나, 질문에 대답하거나, 실습하는 기회를 제공함으로써 유발된다.

⑦ 피드백 제공하기
　　㉠ 이 단계는 수행이 얼마나 성공적이었고 정확했는지에 대한 결과를 알려준다.
　　㉡ 성공적인 수행에는 긍정적인 피드백이 제공되며, 그것은 과제의 수행에 대한 강화의 기능을 한다.
　　㉢ 피드백을 통해서 학생들은 그들이 최초의 목표를 달성할 수 있는지를 알게 되고, 수행의 개선이 필요한 학생들은 얼마나 더 많은 연습이 필요한지 알게 된다.
　　㉣ 적절한 수업기법은 다음과 같다.

다섯가지 학습결과에 적합한 수업 : 피드백 제공 (03. 중등)

학습결과	수업기법
지적기능	규칙이나 개념의 적용에 대한 정확성을 확인한다.
인지전략	문제해결의 독창성을 확인한다.
언어정보	정보진술의 정확성을 확인한다.
태 도	행위 선택에 대한 직접적 혹은 간접적 강화를 제공한다.
운동기능	행위에 대한 강화를 준다.

⑧ 수행 평가

　㉠ 이 단계는 다음 단계의 학습이 가능한지 결정하는 평가를 실시한다.

　㉡ 학습자들에게 배운 것을 시연하도록 한다. 이는 단순한 암기가 아니라 이해가 이루어졌는지를 점검하기 위한 것으로, 이전에 주어진 상황과 유사한 문제사태를 제공해야 한다.

⑨ 파지와 전이 증진

　㉠ 마지막 단계로, 새롭게 배운 학습이 다른 상황으로 일반화되거나 적용할 수 있는 경험을 제공해야 한다.

　㉡ 다양한 상황과 문맥에 적용하여 처음에 학습된 특정 상황을 넘어 사용될 수 있도록 해야 한다.

5. 가네의 학습위계

① 학습의 누가적 특성과 긍정적 전이를 가정하고 있는 이 이론은 특별히 선수학습 요소의 확인 및 처방과 학습위계(learning hierarchy)의 중요성을 강조하고 있다.

② 효과적인 학습을 보장하기 위해서는 후속학습에 반드시 요구되는 필수적 선수학습요소(essential prerequisite)뿐만 아니라 후속학습을 촉진시켜주는 지원적 선수학습요소(supportive prerequisite)의 완전습득이 이루어져야 한다는 것이다.

③ 이들 필수학습요소들의 상호관련성을 도식으로 표현하고 있는 것이 학습위계도로서 최상부에 최종 목표가 위치하고 최하부에는 그 목표를 도달하는 데 필요한 출발점 행동목표가 위치하고 있다.

④ 학습위계의 분석 절차는 최상부부터 하향식으로 이루어져야 하며, 수업의 절차는 최하부부터 상향식으로 이루어져야 한다.

⑤ 학습과제의 위계적인 관계가 가장 분명한 지적 기능 영역의 위계도는 [그림]과 같다.

 지적기능 영역의 위계적 관계

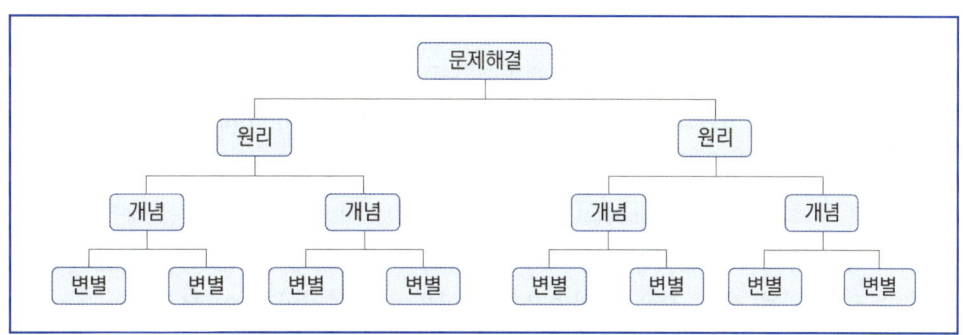

03 구성주의(constructivism) 교수이론

1. 개 관 (99. 중등추가 : 00. 중등 : 00. 초등 : 03. 중등 : 03. 초등 : 05. 초등 : 06. 초등 : 06. 중등)

(1) 구성주의의 관점에서 본 학습현상

① 구성주의는 실재를 개인의 마음속에 존재하는 것으로 설명하면서 인간은 자신의 경험에 따라서 실재를 구성하기 때문에 각 개인이 파악하고 있는 구성된 실재의 모습이나 의미가 달라진다고 본다.

② 즉, 지식은 개인의 경험으로부터 구성되며 객관적으로 존재하지 않는다고 보고 있으므로, 구성주의의 관점에서 본 교육목적은 학습자에게 사실·개념·원리 등을 기억하도록 하는 것이 아니라, 학습자가 실재에 대하여 자신이 어떻게 인지하고 해석하는지를 파악하도록 하려는 데 있다.

③ 개인이 지식을 구성한다는 가정에는 인식 주체의 능동성을 함의하고 있기 때문에 구성주의 교수이론에서는 학습자의 능동적인 참여를 위한 풍부한 학습환경을 조성하고, 어려운 지식을 습득할 수 있도록 인지적 융통성을 허용하는 환경을 강조한다.

④ 다시 말하면, 구성주의적 교수이론은 학습자의 인지과정을 촉진시켜주기 위한 학습환경을 설계하는 일이며, 이러한 환경은 실재와 같은 복합적이고 역동적인 상황과 문제가 제시되어야 하고, 실재에 대하여 이해할 수 있는 관점을 다양하게 개발할 수 있도록 인지적 융통성이 부여되는 환경이어야 한다.

(2) 인지적 구성주의와 사회적 구성주의

① 구성주의 인식론을 성립시키는 데 피아제와 비고츠키가 특히 많은 영향을 미쳤다. 인지적 구성주의(cognitive constructivism)는 피아제의 이론에서 발전된 것으로 개인의 내부에 있는 인지적 처리 과정에 초점을 맞춘다.

② 피아제의 인지이론에 의하면 인지 구조가 발달하는 데는 생득적 요인인 성숙과 더불어 환경적 요인이 크게 작용한다. 이러한 요인은 적합한 방식으로 통합하는 조정, 즉 동화(assimilation)와 조절(accommodation)을 통해 평형화(equilibration)을 이루는데, 이는 자신의 인지 구조를 형성하고 재구성하는 인지 발달의 핵심 기능이다.

③ 다시 말해, 최적화되어 가는 평형 상태(optimizing equilibrium)로의 진행이 발달이라고 보는 피아제의 발생적 인식론은 구성주의 이론의 성립에 매우 중요한 기초를 제공한다.

④ 한편, 사회적 구성주의(social constructivism)는 비고츠키의 이론을 배경으로 하고 지식 구성의 사회적 요인에 초점을 맞춘다. 사회적 구성주의에서는 인간의 인지적 발달과 기능은 사회적 상호 작용의 내면화되어 이루어지는 것이라고 본다.

⑤ 비고츠키는 지적 능력을 ZPD 이론으로 설명한다. 근접발달영역은 아동이 현재 스스로 과제를 해결할 수 있는 실제적 발달 수준(level of actual development)과 자신보다 인지

적으로 유능한 성인이나 또래의 도움을 받아 과제를 해결할 수 있을 것으로 기대되는 잠재적 발달 수준(level of potential development) 간의 격차를 의미한다.

⑥ 비고츠키는 개인의 지적 발달이 사회문화적인 영향을 크게 받는다고 생각한다. 따라서 아동의 지적 발달은 내면화를 가능하게 하는 성인과의 사회적 상호작용을 통해 촉진된다. 이렇게 아동이 지적으로 성장하는 데 도움을 주는 것을 발판화(scaffolding)라 하는데, 이는 아동이 스스로 문제를 해결할 수 있도록 도움을 주는 체제를 말한다.

⑦ 이러한 비고츠키의 ZPD 이론에 바탕을 둔 사회적 구성주의는 지식을 구성하는 데는 사회적 상호작용이 중요함을 강조한다. 더불어 이것은 개별적인 인지 주체가 구성한 지식이 결국은 자신이 속한 사회 속에서 잘 적용되고 유용한 지식이어야 함을 의미한다.

⑧ 인지적 구성주의와 사회적 구성주의는 아래의 표에서 보는 바와 같이 각각 다른 입장을 가지기는 하지만, 인지적 구성주의라고 해서 사회적 요소를 무시하는 것은 아니며 사회적 구성주의라고 해서 인지적 요소를 무시하는 것은 아니다. 따라서 인지적 구성주의와 사회적 구성주의 간에는 적절한 조화와 균형으로 '관점의 조화(coordinating perspectives)'를 이루는 것이 필요하다.

	인지적 구성주의	사회적 구성주의
대표학자	Piaget, Von Glasersfeld, Cobb	Vygotsky, Rorty, Rogoff
특 징	• 지식의 형성과정에서 인간의 개별적인 인지적 작용을 중요한 요인으로 본다. • 현존하는 지식의 도식과 조작은 서로 관련된 지식의 동화와 조절에 의해 이루어진다. • 개인의 다양성 강조	• 지식을 구성하는 데 개인의 인지적 발달뿐만 아니라 사회적 상호관계를 중요한 요인으로 본다. • 지식과 기술은 현재 도식과 관련된 다른 사람의 안내를 받아 획득되는데, 이는 점점 내면화되며 학습자는 자기조절력과 독립심이 증가된다. • 사회공동체의 동일성 강조
학 습	인지적 재구성의 과정	실천 공동체로의 문화적 동화
교육의 적용	• 학습자는 새롭고 더욱 효과적인 도식을 함께 구성하기도 하며 개별적으로 학습하기도 한다. • 발전된 새로운 도식에 의해 개별적으로 의미를 구성하는 것을 강조한다.	• 교사의 안내하에 학습자는 새로운 개념을 구성하기 위해 협동적으로 일을 한다. • 의미를 서로 나누면서 내면화하고 지식을 구성하는 것을 강조한다.

(3) 구성주의의 학습자관

① 구성주의에서는 학습자를 스스로 지식을 구성할 수 있는 능동적인 존재로 본다.
② 따라서 교수-학습의 중심을 학습자에게 주고 지식을 구성할 수 있는 환경을 만들어주는 데 주목한다.

(4) 구성주의의 교사관

① 구성주의에서 교사는 일러주기보다는 학습자를 안내해주는 일을 해야 한다.
② 교사는 강사이기보다는 촉진자의 역할을 하며, 교사와 학생은 교실에서 능동적으로 실험하고 발견하고 창조한다.
③ 구성주의 입장에서 볼 때, 경험 속에서 이해가 구성되는 것이므로 교사가 학습자의 행동을 계획하고 그것을 지시하는 것이 아니라 학습자가 상황의 요구와 기회에 따라 계획을 세울 수 있는 기술을 발달시키는 데 초점을 맞추어야 한다. 또한 개인이 경험하는 환경이 의미 있도록 돕는 맥락을 제공해야 한다.

(5) 구성주의의 학습관

① **학습자의 주관적 의미 구성 과정** : 학습은 감각적, 지각적 경험을 학습자 나름대로 구성해 가는 과정이며, 이러한 경험의 구성과정을 거쳐 가며 지식에 대한 내적 표상을 형성해간다. 이 때 내적 표상으로 형성된 지식은 외부환경에 대한 경험의 개인적 해석이다.
② **상황적 맥락 강조** : 학습은 실제 세계의 상황적 맥락 속에서 발생한다. 즉, 모든 학습은 학습이 이루어지는 실제 환경을 토대로 이루어지는 것이 가장 효과적이다. 그러므로 상황학습은 구성주의 학습의 기초를 이룬다.
③ **인지적 불균형이 학습을 촉진** : 학습자는 실제적 상황 속에서 능동적으로 지식을 구성하고자 하기 때문에 인지적 불균형 상태가 되면 이를 해소하고자 노력하게 된다. 따라서 학습이 촉진될 수 있다.
④ **협동학습 강조** : 실제상황에서의 문제해결을 혼자서 하기보다는 여러 사람의 공동참여와 작업을 통해 수행함으로써 개인에게 주어진 인지적 부담을 던다는 의미뿐만 아니라 사람들마다 얼마나 다양한 생각과 견해를 지니고 있는지를 배우고 다차원의 사고를 길러줄 수 있는 기회가 되기도 한다.

(6) 구성주의의 교수 – 학습의 원리

① **학습자 중심의 학습** : 구성주의의 기본 가정은 '학습은 학습자의 경험에 기초하여 학습자의 머릿속에서 구성된다.'는 것이다. 따라서 인간을 떠난 객관적인 실재는 존재하지 않는다. 다만, 인간의 마음속에 주관적으로 존재하는 것이라고 정의한다. 이러한 구성주의 입장에서 학습자는 학습에 대한 주인 의식을 가지고 인식의 주체로서 능동적이며 적극적으로 학습과정에 참여하여야 한다.
② **구체적 과제와 맥락 강조** : 학습과제는 구체적인 상황을 전제로 실제적인 맥락 속에서 이루어져야 한다. 그동안 학교에서는 지식이 사용되는 맥락이나 상황과는 분리된 추상적이고 순수한 지식 자체를 가르쳐 왔다. 그렇기 때문에 맥락과 독립된 지식은 그 자체의 의미를 잃어버려 이해하기 어렵고 또 배우고 난 후에도 언제, 어떻게 적용되는지 알기

어려웠다. 한마디로 '전이'가 어려웠다. 따라서 학습은 과제를 수행하는 데 필요한 실제적인 맥락 안에서 이루어져야 한다. 이러한 학습 환경은 최근 첨단 매체가 지원하는 다양한 체제로 그 가능성이 현실화되고 있다.

③ **협동학습 강조** : 협동학습은 실제 생황에서 혼자 문제를 해결하기보다는 여러 사람의 공동 참여가 작업을 통해 문제를 해결함으로써 개인에게 주어진 인지적 부담을 던다는 의미뿐만 아니라, 사람마다 얼마나 다양한 생각과 견해를 지니고 있는지를 배우고 다차원적인 사고력을 길러 줄 수 있는 기회가 되기도 한다. 사회적 구성주의를 주장하는 학자들에 의하면 사회적인 상호작용을 통해 인지의 발달이 이루어진다.

④ **교사 역할의 변화** : 인식의 주체로서 학습자를 대하는 교사는 학습자들이 능동적이고 창의적으로 문제를 해결하고 지식을 구성해 나가기 위해 주어진 학습 환경에 최대한 적극적으로 참여하여 스스로 의미를 만들어 나갈 수 있도록 인내를 가지고 도와주어야 한다.

2. 구성주의 교수이론 (09. 초등 : 10. 중등)

(1) 인지적 도제이론 (07. 초등 : 09. 중등 : 11. 초등)

① 개념
  ㉠ 인지적 도제이론은 사회, 문화적 환경과의 상호작용에서 지식이 구성되고 인지발달이 이루어진다는 비고츠키의 이론에 근거한다.
  ㉡ 미술, 의학, 법률 분야에서 예로부터 사용되어 오던 고전적 의미의 도제형태의 기본원칙을 활용한다. 초보자가 실제 장면에서 전문가의 과제수행을 직접 관찰, 모방하여 지식과 기능을 연마하는 방법이다.
  ㉢ 이는 창의력, 반성적 사고, 문제해결과 같은 고등정신기능을 학습하는 데 적합하도록 재구성한 교수-학습방법이다.
  ㉣ '도제'라는 용어에는 '학습이나 지식의 습득은 체험을 통해서 반드시 이루어져야 하며, 또한 특정 사회집단의 문화적 양상이 내재되어 있는 특정상황의 맥락에서 이루어져야 한다'는 특성도 포함된다.

② 도제학습의 절차
  ㉠ **시연단계(modeling)** : 실제 과제의 문제해결 전 과정을 전문가가 시범해 보이는 단계이다.
  ㉡ **코칭(coaching)** : 학습자가 과제를 수행하면 교사는 학습자에게 코멘트를 해주고 피드백을 준다.
  ㉢ **교수적 도움의 단계(scaffolding) 및 점진적 제거(fading, 용암법)** : 문제해결을 위한 인지적 틀을 제시하는 단계이다. 교사는 학습자와 공동으로 과제를 수행하며 학습에 도움을 주는 역할을 한다. 처음에는 모델링, 힌트, 유도 질문, 제안 등을 통해 학습자를 도와준다. 점진적 제거는 학습자들이 다른 사람의 도움을 받지 않고 과제를 수행

할 수 있는 능력을 갖추게 되면 도움을 줄여나가 스스로 문제를 해결하고 학습을 하도록 도움을 주는 방법이다.
- ㉣ 명료화(articulation) : 학습자가 자신이 구성한 지식과 기능을 실행하여 습득한 지식, 기능, 이해 등을 종합적으로 연계하도록 한다.
- ㉤ 반성적 사고(reflection) : 학습자는 자신이 수행하는 문제해결과정을 전문가와 비교하여 반성적으로 검토한다.
- ㉥ 탐구(exploration) : 학습자는 자신의 지식과 기능, 태도를 자유롭게 사용할 수 있는 전략을 탐색한다.

(2) 상황학습 이론(situated learning theory) (07. 중등)
① 상황학습은 실제적인 문제를 학습자에게 제공하는 환경에서 학습이 이루어지는 문화적 응의 과정이다.
② 즉, 실제의 문제상황 속에서 학습자가 능동적으로 실제적인 문제를 해결하는 과정을 통해 자신의 기존의 지식과 새로운 지식을 연결시키며 문제해결력을 증진시켜 나간다는 것이다.
③ 상황학습에서는 지식이나 기능이 고립된 것이 아니므로 그것이 사용되는 상황이나 맥락과 함께 제시하여야 하며, 현실세계에서 사용되는 실제적인 과제를 사실성에 기초를 두고 다루어야 하며, 구체적이고 다양한 사례를 사용할 것을 강조한다. 예를 들어, 수학학습은 은행이나 쇼핑상황에서 이루어지도록 하는 것이다.
④ 상황적 학습모델에서는 한 상황 혹은 일련의 사건들이 있을 때 그것에 대한 학생들의 각기 다양한 해석과 접근방법을 협동적 노력을 통해 접하게 되면서 그들의 개인적 견해와 사고의 틀을 넓히는 결과를 가져오도록 하는 전략으로 본다.
⑤ 따라서 상황적 학습모델에서 실제적 성격의 과제에 대해 스스로 그 의미를 찾아가는 학생 주도적 성격을 강조한다.

(3) 인지적 융통성 이론(Cognitive Flexibility Theory) (03. 중등 : 06. 초등 : 07. 초등 : 09. 중등)
① 인지적 유연성 모델의 기본전제
  - ㉠ 이 모델은 '지식의 재현과 그 과정'에 최대 관심을 둔다.
  - ㉡ 지식은 단순한 일차원적 개념으로 표현될 수 있는 것이 아니고 복잡한 다차원적 개념으로 형성되어 있다.
  - ㉢ 이 복잡하고 다원적인 개념의 지식을 제대로 재현할 수 있도록 하기 위해서는 '상황 의존적인 스키마의 연합체'를 형성해야 한다는 것이다.
② 교수원칙
  - ㉠ 주제중심의 학습(theme-based-search)을 한다.

ⓛ 학생들이 충분히 다룰 수 있는 정도의 복잡성을 지닌 과제로 작게 세분화한다.
　　ⓒ 다양한 소규모의 예들을 제시한다.
　③ 이론의 기대효과
　　㉠ 인지적 유연성은 여러 지식의 범주들을 넘나들고 연결지으면서, 다양한 방법으로 급격하게 변화해가는 상황적 요구에 탄력성 있게 대처하는 능력이라고 할 수 있다.
　　ⓛ 이런 능력은 비정형화된 지식구조를 탐구영역으로 다룸으로써 복잡하고 비규칙성이 깃들어 있는 고급지식들을 접함으로써 형성될 수 있다.
　　ⓒ 실제로 사회의 중요한 문제들은 비정형화되고 매우 독특한 상황에서 독특한 해결책을 기다리는 것들이다.

(4) 문제중심학습(PBL : Problem Based Learning)

(01. 초등 : 02. 중등 : 05. 중등 : 07. 초등 : 11. 초등 : 12. 중등)

　① 개요
　　㉠ 문제중심학습은 종전의 강의법을 지양하고 제기된 문제를 중심으로 해결해 나가는 과정을 통해 학습이 이루어지는 방법이다.
　　ⓛ 즉, 학습자들이 현실에서 당면하고 있거나 당면하게 될 수 있는 맥락적인 문제나 사례들을 개인적인 학습활동보다는 다른 학습자들과 소집단 협동학습을 통해 문제를 해결해 나가는 과정인데, 지식의 습득과 형성이 개인의 사회적 배경을 바탕으로 하는 인지적 활동의 결과라는 구성주의 이론을 바탕으로 하는 교수－학습환경에서의 실천적인 학습방법이다.
　② 배경
　　㉠ 문제중심 학습은 1960년대 캐나다의 한 의과대학에서 개발된 모형이다. 바로우(Barrows)는 의과대학 교수로서 활동하면서 기존의 강의식, 암기식 수업이 의과대학 수업에는 적절하지 못한 비현실적인 교육환경이라는 판단하에 그 대안으로 문제중심의 학습방법을 제시한다.
　　ⓛ 실제적인 문제와 상황을 중심으로 접근하는 문제중심학습은 의과대학뿐만 아니라 경영학, 교육학, 건축학, 법학, 공학, 사회학 등 다양한 분야에서 적용되고 있다.
　　ⓒ 더욱이 오늘날에 와서는 구성주의적 목표와 방향이 일치하므로 웹기반(web based) 문제중심학습의 전개가 활발히 논의되고 있다. 웹이 지니는 기능적인 특성, 즉 하이퍼링크, 멀티미디어, 전 세계와의 연결 가능 등으로 학습자가 손쉽게 관련된 정보를 찾을 수 있고 그들의 인지구조에 따라 보다 능동적으로 학습에 참여할 수 있으므로 학습자 스스로 학습의 주체가 되어 정보를 구성해 나아갈 수 있다. 그러므로 학습자 중심으로 문제를 해결해 가는 데 웹은 아주 좋은 학습 자원이 될 수 있으며, 구성주의의 학습 원리를 실천할 수 있는 좋은 학습 환경을 제공해 주고 있다.

③ 문제중심학습의 특징
　㉠ 자기주도적인 학습
　　(ㄱ) 문제중심학습은 자기주도적인 학습방법이다.
　　(ㄴ) 학습자는 교사에 의해 주도되고 지시받는 학습환경으로부터 벗어나, 학습자 스스로 주어진 문제를 명료화하고 학습자의 인지적 작용에 의해 문제를 해결해 나아가며 스스로 그 결과에 대해 책임진다.
　　(ㄷ) 그러므로 교사의 권위는 학습자에게 위임되고 문제의 규명에서부터 전 과정과 결과에 대한 책임은 전적으로 학습자에게 있으므로 학습결과에 대해서도 논리적으로 설득력 있게 주장할 수 있어야 한다.
　　(ㄹ) 문제중심학습에서의 평가는 자기 자신에 대한 평가, 학습과정에 대한 평가, 반추노트(reflective journal)와 같은 종합적인 평가방법을 주로 실시한다.
　㉡ 협동학습
　　(ㄱ) 문제중심학습은 협동학습의 환경을 강조한다.
　　(ㄴ) 여러 사람이 협동해서 문제를 해결해 나가면, 다양한 사회적 견해의 접근을 통해 사고영역을 확장시키며 다른 사람의 견해를 자신과 비교하고 평가하므로 자신의 결론과 견해에 대해 객관적인 평가를 받을 수 있다.
　　(ㄷ) 문제중심학습에서는 사회적 협동과 상호작용에 의한 지식의 구성, 즉 협동학습의 학습 환경을 강조한다. 이는 타인의 감정을 이해할 수 있고 의사소통 기술과 발표기술도 확장시킬 수 있는 그룹 시너지 효과도 기대할 수 있다.
　㉢ 실제적인 문제
　　(ㄱ) 문제중심학습에서는 실제로 생성된 문제를 기반으로 한다.
　　(ㄴ) 학습자가 당면하고 있는 실제적인 성격을 갖는 과제로 학습자의 일상생활 속에서 접할 수 있는 비구조화된 문제를 그 대상으로 한다.
　　(ㄷ) 비구조화된 문제란 해결안이나 결과가 접근방법에 따라 몇 가지로 나타날 수 있는 것을 의미한다. 여기서의 문제는 학교상황에서만 통하는 인위적이고 비실용적인 문제가 아니라 모든 상황에 있어서 현실성을 바탕으로 하고 있는 문제를 말한다. 학습자들에게 꼭 필요하고 실질적인 도움을 주는 문제며, 학습자의 역할과 기대되는 학습결과에 대한 명시가 분명히 제시된다.
　　(ㄹ) 학습자는 지식을 구성해 나가며 그 과정 속에서 최선의 해결책을 찾고, 그러한 접근이 다른 대안보다 효율적이라는 것을 증명하고 설득할 수 있어야 한다.
④ 문제중심학습의 절차
　㉠ 문제 만나기
　　(ㄱ) 문제는 학습의 동기이자 출발점이며 계속해서 학습을 이끌어 갈만한 충분한 동

인이 되는 것이다. 문제를 통해 학습의 필요성을 느끼게 하고, 그러한 필요성을 문제의 맥락 속에서 지속시키고자 하는 것이 문제중심학습의 특징이다.
- ㉡ 학습자들이 문제에 대해 흥미를 가지고 문제 인식과 발견, 그리고 문제의 의미를 충분히 파악하게 하기 위해서는 동기 유발, 문제 제시, 문제 파악과 같은 하위 단계가 필요하다. 이 과정을 통해 학습자는 문제 발견 능력을 기를 수 있다.

㉡ 문제 해결 계획 세우기
- ㉠ 문제중심학습에서는 배운 지식만을 활용하는 것이 아니라 정보와 지식을 더 알아야 해결할 수 있는 문제를 제공하기 때문에 문제 해결 계획을 세우는 과정이 필요하다.
- ㉡ 그러므로 '알고 있는 것', '알아야 할 것', '알아내는 방법'으로 세분화하여 체계적으로 계획해야 한다. 이러한 과정을 통해 창의적 사고력과 비판적 사고력이 형성된다.

㉢ 탐색 및 재탐구
- ㉠ 문제 해결을 위해서는 필요한 지식이나 정보를 탐색해야 한다.
- ㉡ 이러한 탐색 과정을 통해 학습자가 학교 교육과정에서 의도하고 있는 전문적 지식을 배우게 되고, 적절한 정보를 찾아내면서 비판적 사고력을 기르게 된다.

㉣ 해결책 고안하기
- ㉠ 긴 탐색 과정을 거치고 난 후에는 찾아낸 지식과 정보를 이용하여 문제를 어떻게 해결할지 직접적인 해결책을 만드는 과정이 필요하다.
- ㉡ 이 과정에서는 체계적이고 치밀한 비판적 사고력과 새롭고 다양한 해결책을 고안하는 창의적 사고력이 꽃을 피우게 되어 창의적인 문제 해결력이 길러진다.
- ㉢ 또한 이러한 과정의 소집단 활동을 통해 학습자 상호간에 원활한 의사소통과 협동 능력이 길러진다.

㉤ 발표 및 평가하기
- ㉠ 학생들이 고안한 해결책을 여러 가지 방법으로 발표하고 평가하는 과정은 다양한 해결책을 공유하고 평가하기 위한 마무리단계로 반드시 필요하다.
- ㉡ 문제중심학습은 실제 주변에서 발생하는 문제를 대상으로 하기 때문에 해결책도 실제적으로 이루어질 수 있는 것이 바람직하다. 이러한 과정은 실세계에서 일어나는 의사 결정 과정과 유사하다.

(5) 정황교수이론(Anchored Instruction) (06. 초등 : 07. 초등)
① 이론의 배경 및 맥락
- ㉠ 암기 위주의 시험을 치른 후, 시험장을 빠져나오고 나서 시험을 보기 위해 기억했던

내용과 답안지에 써 놓은 답을 까맣게 잊어버린 경험을 가지고 있지는 않은가? 사선 거리를 측정하기 위해서 피타고라스의 공식을 활용해본 적이 있는가? 우리는 피타고라스의 공식을 배우고 외우고 시험을 보았지만, 실제로 그러한 공식을 활용해본 기억이 거의 없다. 이렇듯 전통적인 수업방식은 실제상황에 적절하게 활용되는 데에 한계점을 안고 있었다. 이러한 활용되지 않는 지식을 Whitehead(화이트헤드)는 비활성 지식(inter knowledge)이라고 명명하였다.

ⓒ 1990년대는 교육공학영역에서 많은 실험적 사조가 활발하게 등장한 시기인데 반더빌트 대학의 CTGV(Cognitive and Technology Group at Vanderbilt)에 의해 제안된 앵커드 교수방법(Anchord Instruction Method)도 그 중의 하나이다.

ⓒ 이 시기에는 급격한 공학적 발달 즉, 컴퓨터 기술의 발달, 커뮤니케이션 기술의 발달, 그리고 멀티미디어 기술의 발달이라는 외부적인 자극이 교육공학의 사고방식을 아날로그적인 수준에서 디지털적 수준으로 바꾸었기 때문인지도 모른다. 이 시기에는 구성주의적 사고방식이 세력을 얻고 그에 따라 상황학습이나 인지적 도제와 같은 실험적 아이디어들이 등장하게 된다.

ⓔ 앵커드 교수방법은 하나의 이론이라기보다는 방법으로 제안된 테크놀러지 기반 교수방법이다. 여기에서 이론이라는 이름으로 소개하는 이유는 이 방법이 갖는 함의를 보다 확대해서 해석함으로써 후속 연구의 폭을 넓혀 볼 수 있겠다는 생각에서이다.

ⓜ 앵커드 수업 이론은 '비활성 지식(inter knowledge)'의 문제를 해결할 목적으로 개발된 이론이다. 비활성 지식은 그 지식이 사용되는 맥락과 분리된 단편적인 지식으로, 수업을 통해서 배우기는 하지만 막상 사용되어야 할 상황에서는 적용하지 못하는 문제를 가지고 있다. CTGV의 연구는 당시 시대적으로 대두되었던 구성주의 인식론을 토대로 한 다양한 수업 이론이나 모형을 개발하기 위한 노력의 하나로 볼 수 있다.

ⓗ 구성주의 인식론이란 절대적인 지식이나 진리는 없으며, 각 개인이 처한 사회적 환경을 토대로 자신에게 의미 있는 지식을 구성해 간다고 보는 것이다. 여기서 중요하게 고려되는 것은 지식이 구성될 수 있는 상황과 맥락에 대한 고려이다. 이렇듯 지식이 구성되는 상황 맥락을 중시한 대표적인 이론 중의 하나가 상황인지 이론이다.

ⓢ 상황인지 이론은 지식을 구성하기 위해 인간은 어떤 상황 하에서 인식을 하게 되는데, 이때 상황에 영향을 받아 구성하게 된다는 것이다. 한 예로 노래를 부른다는 것은 유사한 행동이지만 이때 성악가가 오페라를 부르기 위해 사용하는 발성법과 대중가수가 가요를 부를 때 사용되는 발성법이 다르다. 동일한 기구이지만 목수가 사용하는 방식과 캐비넷을 만드는 사람이 사용하는 방식이 다른 것이다. 이는 우리가 무엇인가를 인식하고 지식으로 구성하는 것에 있어 그것이 활용되는 상황에 중요하게 영향을 받는다. 따라서 우리가 무엇인가를 배우는 데 있어서 그것이 활용되는 환경, 더 나아가 그 전문 분야의 문화를 통해 배우는 것이 중요하다는 점을 강조하고 있다.

◎ 이러한 특정 분야의 전문가들이 공유하는 실제적인 문화적 상황에 참여함으로써 학습하는 것의 중요성을 강조하는 것이 바로 상황적 인지를 기반으로 한 교수모형으로는 인지적 도제(Cognitive Apprenticeship)이다.

ⓒ 이 인지적 도제 이론은 상황적 인지를 기반으로 하여 지식의 습득에 있어 실제적인 맥락을 중요시 한다는 점이 있어서 앵커드 수업과 함께 거론된다. 하지만 자세히 살펴보면 앵커드 수업이 지향하는 실제적 맥락과 인지적 도제 이론에서의 맥락과는 차이가 있다.

ⓒ 인지적 도제 이론의 경우, 특정 분야의 전문가들이 공유하는 문화 그 자체를 실제적인 것으로 보고, 전문분야에서 일상적으로 공유하고 있는 문화에 점진적으로 동참해 가는 것을 기반으로 한 학습을 강조하였다. 반면, 앵커드 수업의 경우, 해결해야 할 문제와 관련된 정보가 우리가 일상에서 사용하는 것과 같이 실제적으로 구성되도록 하였으며, 학습자들이 이러한 정보를 토대로 실제로 문제를 찾아가고 풀어내며 그 적합성을 평가하는 등의 활동 자체의 실제성을 추구하였다. 유사한 듯 서로 다른 실제성에서 오는 특성으로 인해, 두 이론은 수업에 적용됨에 있어, 과제의 성격, 학습자의 역할 및 교사의 역할이 다소 다르게 적용된다.

ⓗ 이러한 상황 맥락의 중요성하게 다루는 상황인지 이론을 적극 수용한 앵커드 수업 이론을 한편에서는 상황인지 이론(Situated Cognition Theory)의 여러 가지 학습 모형의 하나로 보며, 또 다른 한편에서는 상황인지 이론으로부터 실제적인 상황의 중요성에 대한 개념을 적극 수용하되 상황인지 이론과는 독립된 하나의 수업 이론으로 앵커드 수업 이론을 정의하는 견해도 있다.

② 앵커드 수업 이론 개요
  ㉠ 앵커드 수업(anchored instruction)이란 앵커를 활용한 수업을 말한다.
  ㉡ 여기서 앵커(anchor)란 학습자의 인지구조 내에 존재하는 구체적인 지식, 개념, 아이디어로, 새로운 정보와 관련지어질 수 있는 것을 말한다. 학습자는 이러한 인지적 앵커를 활용하여 새로운 지식을 습득하게 된다.
  ㉢ 다시 말해, 앵커드 수업은 이렇게 앵커를 활용하여 지식을 습득할 뿐만 아니라, 습득된 지식이 단편적이고 비활성적인 지식으로 머물지 않고, 새로운 문제 해결 상황에서 앵커로 활용되어 다양한 지식을 받아들이고 문제 해결과 같은 고차원적인 지적활동이 가능하도록 하기 위한 수업 환경을 제공하는 것을 말한다.

③ 유의미학습(meaningful learning)과 앵커(anchor)의 의미
  ㉠ 앵커(Anchor)는 사전적으로 '닻, 닻을 내리고 정박하다'이며, 교육심리학적 의미는 Ausubel(오수벨)의 유의미학습(meaningful learning)에서 찾아볼 수 있다.
  ㉡ 유의미학습이 일어나기 위한 전제조건으로 학습자는 인지구조(cogni- tive structure)와 이 구조 안에 구체적인 맥락 아이디어(specific anchoring ideas)를 가지고 있어야

한다. 학습자가 이러한 구조를 기반으로 하여 새로운 지식을 습득하게 된다. 무엇을 배운다는 것은 인지구조 내에서 존재하는 구체적이면서도 관련지을 수 있는 맥락적 아이디어와 새로운 지식을 연결 짓는 것이다. 다시 말하면, 새로운 지식을 학습한다는 것은 인지구조 내에 존재하는 구체적인 맥락적 지식과 새롭게 배우게 될 지식을 연결짓는 것이다.

ⓒ 이러한 앵커(anchor)로는 다양한 것들이 활용될 수 있다. 한 예로, 초등학교 저학년들에게는 아직 생소한 '비타민 A'라는 영양소의 개념을 설명하기 위해서 학생들이 매일 먹는 '홍당무'를 보여주거나 상기시키면서 '비타민'의 개념과 이미 알고 있었던 구체적인 개념을 연관 짓는 것을 들 수 있다. 여기서 홍당무가 바로 앵커(anchor)가 되는 것이다.

ⓔ 따라서 이러한 앵커를 인지적 앵커(cognitive anchor)라고 부른다. 앵커(Anchor)란 새로운 지식이 학습자의 인지구조에 연결되기 위해서, 인지구조 내에 새로운 지식이 연결지어질 수 있는 관련된 구체적인 아이디어나 개념 등을 의미하는 것이다.

④ 앵커드 수업의 맥락(context)과 실제성(authenticity)

㉠ 앵커드 수업에서 인지적인 앵커를 활용하는 개별적인 행위도 내포하고 있지만, 여기서 anchored의 의미는 교사와 학생이 인지적 앵커를 활용하여 탐구할 수 있는 환경에 놓인다(situated)는 의미로 사용된다고 볼 수 있다.

㉡ 앵커드 수업을 위해 교사와 학생이 놓이게 되는 탐구를 위한 환경적 맥락을 크게 미시적 맥락(micro-context)과 거시적 맥락(macro-context)으로 구분해볼 수 있다.

㉢ 미시적 맥락은 전체적인 문제 상황 내에 보다 세부적이고 구체적인 맥락에 기반하여 다양한 소규모 사례들로 구성하는 경우를 말한다. 이러한 미시적 맥락은 분절된 주제를 다룬 소규모 사례들을 단위로 선택적으로 학습에 활용할 수 있는 특징을 갖는다.

㉣ 반면, 거시적 맥락은 다양한 문제들로 보다 복잡하게 구성된 것을 말하는데, 이러한 거시적인 특성은 문제를 다양한 각도에서 접근이 가능하도록 하며, 맥락을 보다 장기간 탐색할 수 있다는 점이다. 이러한 환경적 특성은 학습자들 간의 협력학습을 가능하게 하고, 교사의 주도적인 역할을 필요로 하는 특성을 가진다.

㉤ 더불어, 이러한 맥락이 얼마나 실제성(authenticity)을 가지고 있느냐를 살펴보게 된다. 앵커드 수업에서 실제성은 먼저 제시된 정보나 자료의 실제성이고 학습자가 수행해야 할 과제의 실제성을 살펴볼 수 있는데, 첫 번째로 정보나 자료의 실제성은 제시된 자료가 실제 일상적인 정보와 얼마나 유사한지를 의미하는 것이다. 보트에서 소모하는 연료를 계산하는 문제에서 실제로 그 모형의 보트가 달릴 때 거리에 따라 소모하는 연료량을 제시하는 것이 그 예이다. 이 경우 일상생활에서 사용되는 실질적인 가치를 지닌 정보를 제공하는 것이 중요하다. 두 번째로는 과제의 실제성인데, 이것은 학습자들에게 수행하도록 요구된 과제의 정도가 실제적인가를 말한다. 세부

적이고 실제적인 정보가 제시되지만, 이것을 풀어야 하는 과제는 학습자 스스로 의미 있는 과제를 찾아 해결하도록 하는 것이 좋다. 그렇게 함으로써 학생들은 자신들이 풀어가야 할 문제가 무엇인지를 밝히고, 이를 위해 해결해야 하는 하부 과제들을 찾고, 이것을 풀어가는 과정이 잘 이루어지는 지에 대하여 평가하는 것에서부터 의미를 찾을 수 있다.

ⓗ 앵커드 수업에서 맥락과 실제성은 앵커드 수업 이론의 가장 중요한 특징이라고 볼 수 있다. 이러한 특징으로부터 앵커드 수업 이론의 교육적 활용 의의를 찾아볼 수 있다.

ⓢ 먼저 맥락과 관련하여 거시적인 맥락을 수업에 활용하게 되는 경우, 학습자들 간의 협동학습을 조장할 수 있는 환경을 만들 수 있다는 점이 있다. 거시적 맥락에서 학습자들은 각기 다른 자신만의 앵커를 활용하게 되며, 이를 토대로 서로 자신의 관점을 공유하고 의견을 나누면서 사고와 간접 경험의 폭을 넓혀갈 뿐 아니라 문제의 원인 및 해결안을 분석하는데 있어서 다양한 접근의 가능성을 갖는다.

ⓞ 두 번째로 앵커드 수업에서 과제의 실제성은 학습자의 주도적 학습과 학습에서 메타인지의 활용의 중요성을 반영하고 있다고 볼 수 있다. 이는 상황인지 이론에 기반한 다른 학습 모형들에 비하여 훨씬 더 학습자 중심적인 접근임을 확인할 수 있다. 학습자 스스로 문제를 찾고, 문제 해결의 세부 단계를 규명하고, 해결안을 제시하되, 제시한 해결안의 타당성을 스스로 평가해볼 수 있도록 구성했다는 점에서 전문가의 기술과 해결방안을 관찰하고 모방하는 인지적 도제 이론과는 확연히 구분되는 특징이라고 볼 수 있다.

⑤ CTGV의 Anchored Instruction 연구 및 개발 사례

㉠ CTGV에서는 앵커드 수업 이론의 실제적 맥락을 반영한 비디오디스크 기반으로 문제해결학습환경에서 수업이 이루어지도록 앵커드 수업의 완성된 사례를 개발하였고 이를 토대로 연구를 진행하였다. 연구를 위해 두 가지 단계적인 프로젝트가 진행되었다.

㉡ 첫 번째 프로젝트는 The Young Sherlock Project로 기존의 영화를 수업에서 앵커로 활용한 것이고 두 번째로 진행된 것이 첫 연구를 토대로 The Jasper Series라는 앵커를 실제로 개발하여 도입한 것이다.

㉢ 이러한 프로젝트를 도입하는 데 있어 CTGV(1990)는 맥락과 제시방법의 선택에서 두 가지 특징을 보이고 있다. 그것은 거시적인 맥락을 도입하고 시각적인 제시방법을 선택했다는 점이다. 거시적 맥락을 도입한 이유는 다양한 각도에서의 접근이 가능하며 보다 장기적으로 활용할 수 있는데, 교실 환경에서 협동학습이 가능하기 때문이었다.

㉣ 또한 시각적 앵커를 활용한 이유로는 시각적 맥락이 학생들에게 패턴 인지 기술

(patter recognition skill)을 향상시킬 수 있도록 도와줄 뿐만 아니라, 문제 상황에 대하여 보다 풍부한 인지적 모델(rich mental model)을 가지도록 하는데 더 효과적이기 때문이었다.

㉲ 여기에 추가적으로 CTGV의 프로그램을 차별화 시킨 점이 바로 비디오디스크의 활용이다. 당시 비디오디스크는 첨단 기술로, 기존의 비디오가 갖지 못한 무선적 접속을 가능하게 해 줌으로써 학교 현장에서 교사와 학생이 몇 번이고 다시 돌려보면서 토론할 수 있게 해주었다. 현장 활용성이 높은 기술의 도입이라고 볼 수 있다.

㉰ The Young Sherlock Project에서는 영화를 앵커로 활용한 실험적 연구로, 초등학교 5학년의 중간 이하 성적을 가진 학생들을 대상으로 한 연구로, 언어와 사회과에 관한 학습을 도와주기 위해 고안되었다. 실험 대상이 된 그룹에게는 앵커로 셜록 영화의 거시적인 맥락을 그대로 제공하고, 통제그룹에는 이야기와 관련된 소규모 사례들을 제시하였다. 이 프로젝트에서는 학생들로 하여금 셜록의 영화의 등장인물이나 이야기 구성을 분석하면서 재미있는 이야기를 쓰도록 하였다. 또한 제시된 내용이 역사적 배경에 비추어보았을 때 정확한지를 분석하도록 한다거나 학생들로 하여금 자신만의 관심 있는 이슈들을 찾아 발전시키도록 하는 등의 관련 활동도 진행하였다. 연구 결과에 따르면, 셜록 영화를 거시적 맥락으로 활용한 그룹의 경우, 글쓰기에서 보다 다양한 요소들을 반영하였고, 보다 탄탄한 구조를 가진 글쓰기를 하였다. 또한 영화의 장면을 보면서 그것의 역사적 사건의 정확성을 추론하고, 새로운 단어를 받아들이고 사용해보려는 보다 적극적인 시도를 보여주었다.

㉅ 이러한 연구를 토대로 볼 때, 앵커드 그룹은 영화를 통해 보다 실제적이고 복합적으로 구성된 앵커를 시각적으로 경험함으로써, 기존에 갖지 못했던 보다 폭넓게 사고를 위한 앵커를 갖게 된 것이다. 이러한 앵커가 학습자들에게 사고의 계기를 마련해 주었다. 학생들이 가지고 있지 않은 앵커를 외부에서 시각적 자극을 통해 실제와 유사하고 복잡하게 구성된 앵커를 제시함으로써 학습자들에게 인지적 사고의 틀을 마련해 주었다고 볼 수 있다.

◎ 이러한 1차 연구를 토대로 2차 연구에서는 앵커드 수업을 위해 고안된 프로그램인 Jasper Woodbury Problem Solving Series를 개발하였다. 초등학교 5~6학년을 대상으로 하여 총 12개의 비디오디스크 기반의 Jasper의 모험을 다룬 프로그램으로, 수학적 문제해결에 중점을 두면서 과학, 사회, 문학, 역사 등과 같은 교과와 연계학습이 가능하도록 구성되어 있다.

㉆ 여기서 중요하게 다룬 것은 정보의 삽입(embedded data design)이다. 주인공이 직면한 큰 문제를 해결하기 위해서는 적어도 15가지의 하위문제를 해결하면서 접근해야 하는데, 이러한 하위 문제를 제시하지 않고 학습자가 직접 찾아가면서 해결해갈 수 있도록 구성한 것이다. 또한 문제를 풀기 위해서 필요한 관련 정보들이 모두 이야기

에 삽입되도록 구성되었다.

ⓐ 이 연구 결과, 기본적인 수학개념에 대한 이해 및 문제 내용에 대한 이해력이 향상된 것으로 나타났다. 수학에 대한 태도 측면에서는 Jasper Series로 공부한 학생들은 수학에 대한 불안을 덜 나타내며, 과제를 일상적이며 유용한 것으로 받아들이고 복잡한 과제를 해결하기 위해 이러한 방식의 접근이 필요하다고 생각하였다. 하지만, 형성적 평가가 제공해야 한다는 것, 교사 역할이 보다 명확하게 정해져야 한다는 것, 이러한 교수방법에 적절한 평가의 방법이 고안되어야 한다는 것 등이 추후 연구과제로 제안되었다.

⑥ 앵커드 수업과 교사의 역할

ⓐ 앵커드 수업에서 교사의 역할이 보다 안내 중심의 탐색적 접근(guided discovery approach)을 하도록 한다. 교사의 멘토링(mentoring) 방식은 크게 두 가지로 대비하여 살펴볼 수 있다.

ⓑ 자전거 수리공의 예를 들어 살펴보자. 초보 수리공이 체인이 느슨해진 문제를 어떻게 해결해야 할지 모르는 상황에서 '갑' 멘토는 어느 부분을 수리해보라고 직접적으로 수리할 부분을 직접 지적해줄 수 있다. 반면, '을' 멘토는 무엇이 문제라고 생각하는지, 왜 그런지에 대하여 초보자가 생각하는 것을 먼저 물어본다. '을' 멘토의 경우, 학습자가 지각한 앵커(Anchor)가 무엇인지와 그 이유에 대하여 학습자의 관점에서 진단하고, 학습자가 놓친 것이 무엇인지를 스스로 생각해볼 수 있도록 질문을 통해 이끌어줄 수 있다.

ⓒ 이것이 바로 안내 중심의 탐색적 접근으로 이러한 방식이 바로 앵커드 수업에서 지향하는 것으로, 학생들이 새로운 생각이나 개념을 접하게 되었을 때, 문제를 찾고 해결하며, 이해하는 과정에서 변화를 경험할 수 있도록 지원하고자 한다.

ⓓ 다시 말해, 앵커드 수업 환경에서 교사는 기존의 지식전달자의 역할이 아닌, 코치(coach)로 그리고 동료학습자로서의 역할을 하게 된다.

⑦ 효과적인 앵커(anchor)의 구성 원리

ⓐ 위에서 제시된 연구를 토대로 효과적인 앵커드 수업을 위한 앵커의 선정 및 구성의 원리를 몇 가지로 정리해볼 수 있다.

(ㄱ) 실제적인 활동이 실제적인 목적 하에서 이루어지도록 구성한다. 실제로 있음직한 과제와 이에 적합한 활동이 연결되도록 구성하는 것이 필요하다.

(ㄴ) 맥락이 복잡하게 구성되어 다양한 관점에서의 탐색이 가능하도록 구성하는 것이 필요하다.

(ㄷ) 이러한 복잡한 거시적인 맥락 내에 중요한 정보가 삽입되어 제시됨으로써, 학습자 스스로 자신이 풀어야 할 과제를 찾고, 이를 해결하기 위해 필요한 정보를 찾을 수 있도록 구성한다.

ⓛ 텍스트기반보다는 시각적이고 역동적인 정보를 제공해주는 비디오기반으로 구성한다. 이러한 시각적인 제시는 학습자들이 정보를 기억하고 활용하는데 효과적이기 때문이다.

ⓒ 이러한 원리를 기반으로 한 효과적인 앵커를 구성함으로써, 교사와 학생이 보다 실제적이고 거시적인 맥락을 토대로 정보를 탐색하고 지식을 구성하는 학습경험의 장을 제공하고자 한다.

ⓒ 이러한 학습 현장은 단지 수업을 통해 배운 지식이 일상생활의 활용에 전이되도록 하는 목적을 반영하고 있다.

⑧ 앵커드 수업 이론의 의의 및 한계점

ⓐ 앵커드 수업 이론은 상황인지 이론의 관점을 적극 수용한 이론으로 이와 유사한 다른 수업모형들과 비교해 볼 때, 학습자의 적극적인 참여를 토대로 주도적으로 학습이 이루어지도록 한다는 점에서 구성주의에 기반한 다른 수업 모형들에 비해 보다 구성주의의 의미가 적극 반영되고 실천된 것이라는데 의의가 있다고 볼 수 있다.

ⓑ 반면, 실제 상황을 다룸에 있어서 실제성이 갖는 있는 그대로의 복잡하고 통제 불가능한 돌발상황 등에 대한 실질적인 고려가 반영되지 않았다는 점을 한계점으로 지적할 수 있다.

ⓒ 특히 앵커드 수업 이론의 과제들은 학습목표를 달성하기 위해 계획된 수업이라는 점에서 앵커드 수업이 갖는 실제성(authenticity)의 한계를 반영한다고 할 수 있다.

(6) 상보적 교수(Reciprocal Teaching) (05. 중등 : 10. 중등 : 11. 초등)

① 개요

ⓐ 상보적 교수란 사회적 구성주의에 기초한 사회적 학습(social learning) 의 하나로 교사와 학생 사이(또는 학생과 학생 사이)의 대화 형태로 학습 과정이 전개되는 수업 형태이다.

ⓑ 주로 독해 능력 향상을 위해 이루어지는 이 대화는 주어진 교재 글에 대해 예측하기(predicting), 명료화하기(clarifying), 질문 만들기(question generating), 요약하기(summarizing)와 같은 네 가지 전략으로 이루어져 있다.

ⓒ 교사와 학생들은 역할을 바꿔가면서 교재를 읽고 이와 같은 대화를 이끌어 나가는 방식을 취한다.

② 목적

ⓐ 상보적 교수의 목적은 교사와 학생 사이뿐만 아니라 학생과 학생 사이의 대화를 촉진함으로써 주어진 교재의 의미를 보다 정확하게 이해하는데 있다.

ⓑ 또한 학생들로 하여금 자신의 학습과 사고를 직접 통제(monitor)할 수 있는 기회를 제공하는 데 있다. 교사들은 학생들의 예측하기, 명료화하기, 질문 만들기, 요약하기

등을 통해 그들의 읽기 수준을 쉽게 파악할 수 있으며, 소그룹들과 공부할 수 있는 기회를 가짐과 동시에 모든 학생들이 독해 능력을 향상시킬 수 있는 이점을 갖고 있다.

③ **목표** : 상보적 학습의 목표는 모든 독해 전략(예측하기, 명료화하기, 질문 만들기, 요약하기)을 다 사용하는 것이다. 그렇게 함으로써 새로운 글이 주어져도 이런 전략을 활용하여 자주적으로 학습할 수 있는 능력을 기르는데 있다. 이 네 가지 전략은 항상 어떤 순서가 정해져 있는 것은 아니다. 하지만, 저학년일수록 예측하기를 먼저 하는 것이 좋은 결과를 초래한다.

㉠ 예측하기
  (ㄱ) 주어진 제재를 읽고 말하는 이가 다음에는 무엇을 논의하고자 하는지 예측하도록 하는 것이다.
  (ㄴ) 정확한 예측을 하기 위해서는 주어진 내용을 정확하게 이해하고 있어야만 가능하다.
  (ㄷ) 더 나아가 글 속에 숨어있는 메시지뿐만 아니라 새롭게 전개될 새로운 지식도 갖고 있어야 예측이 가능하다.
  (ㄹ) 예측하기는 이와 같은 다양한 학습 활동을 촉진시키는 역할을 한다.

㉡ 명료화하기
  (ㄱ) 학생들이 내용의 이해를 못하게 되는 주요 원인은 주어진 어휘의 뜻을 잘못 이해하고 있거나 새롭고 어려운 개념일 때가 많다.
  (ㄴ) 다시 읽어보게 하거나 어휘의 정확한 뜻을 사전이나 질문을 통해 밝혀 낼 수 있도록 해야 한다.

㉢ 질문 만들기
  (ㄱ) 질문 만들기는 학습자들로 하여금 주어진 내용을 확실히 이해하고 있는지를 알 수 있는 전략이다.
  (ㄴ) 질문을 만들려면 우선 질문의 핵심이 되는 가장 중요한 단어를 찾아야 하고, 이를 바탕으로 내용에 맞는 질문을 해야 한다.
  (ㄷ) 질문 만들기에서는 학생들의 독해 수준이 쉽게 드러나는데 단순 사실의 확인부터 이해, 적용, 분석, 종합, 평가에 이르기까지 다양한 수준의 질문을 만들 수 있도록 해야 한다.

㉣ 요약하기
  (ㄱ) 학생들이 이해한 그대로를 자신들의 용어를 써서 표현하도록 한다.
  (ㄴ) 요약하기는 주어진 제재를 읽고 그 안에 들어 있는 가장 중요한 정보를 찾아내고 단어와 단어 사이, 문장과 문장 사이, 문단과 문단 사이의 관계를 정립할 수 있는 기회를 제공한다.

㉢ 요약은 문장으로부터 시작하여 단락으로 발전하고, 이어 전체 제재를 요약하는 방식이 일반적이다.

구성주의 수업모델의 비교

구 분	인지적 도제이론	상황적 학습모델	인지적 유연성 이론
학습의 주도권	주변적 참여에서 시작하여 전반에 대한 완전한 참여와 주도	다룰 문제 자체의 형성에서 시작하여 문제해결안을 제시	거의 언급되지 않는 부분
인지 능력	과제해결 대안들에 대한 탐색, 명료화, 비교 분석 능력	인지적 도제이론과 동일	인지적 도제이론과 동일
협동 학습	동료학생, 교사와의 사회적 관계를 통한 사회적 학습행위	인지적 도제이론과 동일	거의 언급되지 않는 부분
교사 역할	학생들의 학습을 도와주는 촉매자의 역할	촉매자 역할과 동료학습자로서의 역할	인지적 도제이론과 유사한 역할 강조
과제의 성격	학습하려는 과제의 배경과 문화적 동화가 이루어질 수 있도록 실제 상황성이 깃들인 과제	여러 상황이 함축되어 학제 간 지식의 활용을 필요로 하는 복잡한 과제	구조화하거나 정형화하기 힘든 복잡한 과제
학습 환경	특정 사회집단에 필요한 실제적이고, 다양한 상황적 특이성이 포함되어 있고 복잡한 문제 해결 전 과정에 참여, 관찰, 실습	다양한 영역의 지식을 연결해야 해결할 수 있는 복잡하고 실제적인 문제가 하이퍼미디어 프로그램을 통해 서술적 형태로 제시	다양한 각도에서 접근이 가능한 실제적 과제를 단편적으로 나누어서, 여러 차례 다른 각도에서 접근
주안점	교사가 문제해결 전 과정 시연 제시 → 학습자의 완전 독자적 학습 및 문제해결	학생주도적 학습, 협동학습의 활용, 탐구적 학습환경	비순차적이고 다원적 임의적 접근, 한 사례를 여러 관점에서 다양한 목표로 접근
결과	전문성(지식, 기술), 문화적 동화	독자적인 사고능력 협동적인 학습능력	구체적 상황성이 깃들인 스키마의 연합체 구성
제안점	새로운 정체성 확보를 통한 새로운 힘의 구조 재편성 개념의 결여	교사와 학생 간의 힘의 불균형에 대한 인식의 결여	지식구성의 사회성에 대한 인식의 결여, 학생의 인지적 능력에 대한 가치부여 소홀

04 교수학습 방법

1. 자기주도학습(self-directed learning)

(1) 개 념 (01. 중등 ; 05. 중등)

① 자기주도학습이란 학습자가 스스로 자신의 학습요구를 진단하고 학습목표를 설정하고 학습에 필요한 인적, 물적 자원을 파악하고 적절한 학습전략을 선택, 실행하고 학습결과를 평가하는 과정을 말한다.

② 즉, 학습경험을 계획하고 실행하고 학습결과를 평가하는 일차적인 책임을 학습자가 가진다는 의미로, 이는 학습자를 무한한 가능성을 가진 존재로 인식하는 인간주의적인 교육철학에 기본을 두고 있다.

③ 자기주도 학습은 주로 성인교육에서 많이 적용되었으며, 킬패트릭의 프로젝트법이나 문제중심학습(PBL)도 자기주도학습의 한 형태라 할 수 있다.

(2) 자기주도학습의 특징 (99. 중등)

① 자기주도학습의 핵심은 학습의 자기주도성(self-directness)과 학습자의 자기관리(self-direction)에 있다. 이는 자기학습에 대한 독립성과 학습과정 전체에 있어서 주도성, 그리고 자율성을 내포하고 있다. 즉, 학습자가 학습의 전 과정에 대해 학습자의 자유의지와 자율적인 통제가 중요한 요인이 된다.

② 학습자가 수업의 주도권을 가진다.

③ 자기주도적 학습은 학습목표, 학습수준, 학습내용, 학습방법, 학습평가 기준 등이 처음부터 학습자에 의해서 결정되고, 그 결정의 기초는 학습자 개인의 가치, 욕구, 선호 등에 둔다.

④ 학습자의 개인차를 중시한다. 학습자는 자신의 능력에 따라 학습 속도를 조절할 수 있다.

⑤ 학습자의 선행 경험이 중요한 학습 자원이 된다.

⑥ 학습 결과에 대한 책임이 학습자에게 부여된다. 따라서 학습자의 자기 평가가 중시된다.

(3) 자기조절학습 (04. 초등;11. 초등)

① 자기조절학습은 학습자가 자기조절을 하면서 진행해가는 자기주도학습을 말한다.

② 이는 학습을 위해 학습자 스스로 다양한 인지방략과 학습전략들을 사용하면서 진행해가는 학습을 말한다.

③ 자기조절학습은 다양한 심리적 변인들이 작용되는데 이는 인지변인, 동기변인, 행동변인으로 나누어 볼 수 있다.

㉠ 인지변인 : 인지변인은 학습자가 가지고 있는 인지전략과 메타인지 전략을 말한다.

㉠ 인지전략(cognitive strategy) : 인지전략은 학습자가 자료를 기억하고 이해하는 데 사용하는 실제적인 전략으로 시연, 정교화, 조직화 전략이다.

㉡ 메타인지 전략(metacognitive strategy) : 메타인지 전략은 학습자가 학습하면서 자신의 인지과정에 대한 개념을 형성하는 것으로서, 이를 통해 효과적인 인지전략을 선택하고 통제하게 된다. 자기 의문, 자기점검, 자기모니터링, 그리고 분석하는 사고기술이 포함된다.

㉢ 인지전략은 학습내용을 이해하고 기억하는 데, 메타인지 전략은 자신의 인지과정을 조절하고 통제하는 데 적용되는데, 학습자가 메타인지적 활동을 많이 수행하면 학습에 능동적으로 참여하게 되며 학습효과도 커진다.

ⓒ 동기변인 : 동기변인은 자기주도학습을 진행하는 데 있어서 학습목적에 대한 동기유발로 숙달목적 지향성, 자기 효능감, 과제가치 등이다.

㉠ 숙달목적 지향성 : 학습은 기본적으로 목표지향적인 활동인데 숙달목적 지향은 학습의 결과보다는 새로운 지식과 기능을 습득한다는 것에 대한 내재적 가치를 우선으로 한다는 것이다. 숙달목적을 지향하는 학습자는 보다 학습활동에 대한 흥미를 가지며, 과제에 대해 도전적이며, 긍정적인 태도를 가지게 되므로 자기조절적인 활동에 더욱 몰두하게 된다.

㉡ 자기효능감(self-efficacy) : 자기효능감은 반두라(Bandura)에 의해 제시된 개념으로 자기능력에 대한 자신의 평가이다. 반두라는 인간의 행동은 주로 자기조절(self-regulated)된다고 보았는데 이에 자기 효능감이 크게 작용된다.

㉢ 과제가치 : 자기주도학습에서 학습자는 자신의 학습과제가 가치 있다고 생각할 때 자기주도학습은 효율적이 된다.

ⓒ 활동변인(행동변인) : 활동변인은 자기주도학습의 효율적이고 자발적인 학습활동을 의미하는 것으로, 학습자의 행동통제와 도움 구하기, 학업시간의 관리 등이다.

㉠ 행동통제(action control) : 행동통제는 자기주도학습을 하면서 어떤 어려움에 부딪혀서도 포기하지 않고 계속해 나아가는 능력을 말한다.

㉡ 도움 구하기(help seeking) : 자기주도학습을 진행하는 중에 어려운 문제에 부딪혔을 때 자신보다 더 잘 알고 있는 사람들, 즉 선생님이나 동료들에게 도움을 구하는 것이다.

㉢ 학업시간의 관리(academic time management) : 학업시간을 잘 관리하고 조절하는 것도 자기주도학습에서 중요한 변인이다.

(4) 자기주도학습의 절차

① 학습욕구 진단 및 학습과제 선정 : 학습자들은 다양한 이유를 가지고 학습활동에 참가하므로 교사는 학습자의 욕구에 따라 그들이 원하는 학습과제를 찾고 접근해 가는 과정을

관찰해야 한다. 교사는 학습자들이 과제를 선정하는 데 도움을 주고 촉진자로서의 역할도 수행한다.
② **학습목표 설정** : 학습자들의 요구분석을 통해 학습과제에 따른 학습목표가 설정되어야 한다.
③ **학습을 위한 인적, 물적 자원 파악**
  ㉠ 학습과제를 계획하고 수행하는 데 도움이 되는 유용한 자원을 찾아내는 일은 스스로 학습하는 데 있어서 매우 중요하다.
  ㉡ 자기주도학습에서는 학습자의 선행경험을 중요한 학습자원으로 여긴다. 교사, 동료, 자원 인사 등의 인적 자원과 더불어 교재, 참고서적, 멀티미디어 자료 등 다양한 물적 자원이 도움을 줄 수 있다.
④ **적절한 학습전략 선정 및 실행** : 스스로 결정한 학습과제는 다양한 학습전략에 의해 성취될 수 있다. 학습자는 스스로 구체적인 학습전략을 세우며 이에 따라 자신의 학습을 실행한다.
⑤ **학습결과 평가** : 자기주도적 학습에서는 학습자 자신이 스스로 학습 전체의 기획, 실행 및 평가 등의 일차적인 책임을 지는 것이 그 특징이다. 따라서 학습결과에 대한 학습자의 자기평가가 중시된다.

2. 협동학습(Cooperative Learning) (14. 중등)

(1) 협동학습의 개요
① 1970년대 말부터 학습자를 능동적이고 자기규제가 가능한 존재로 인식하면서 학습방법도 개인차를 강조한 개별 교수방법이나 경쟁학습에서 협동학습으로 전환되었다.
② 협동학습은 학습자 간의 협력적인 상호작용을 촉진시키기 위한 집단보상과 협동기술을 강조한다.
③ 협동학습은 학습능력이 각기 다른 학습자들이 동일한 학습목표를 향하여 소집단내에서 함께 활동하는 학습방법이다.

(2) 전통적 소집단 학습의 문제점과 해결책
① **부익부 현상** : 학습능력이 높은 학습자가 더 많은 반응을 보임으로써 학업성취가 향상될 뿐만 아니라 소집단을 장악하는 현상을 말한다.
② **무임승객 효과(free-rider effect)** : 학습능력이 낮은 학습자가 적극적으로 학습에 참여하지 않고도 높은 학습의 성과를 공유할 수 있는 것이다.
③ **봉 효과(sucker effect)** : 학습능력이 높은 학습자가 자기의 노력이 다른 학습자에게 돌아가기 때문에 학습참여에 소극적이 되는 현상이다.
④ 이런 부정적인 측면을 보이는 집단 간 편파를 감소시키기 위해서는 집단 보상방법과 협

동기술의 훈련을 통해 해소할 수 있다.

(3) 협동학습의 특징 (96. 중등 : 00. 초등보수 : 00. 중등)

① 협동학습은 전통적 소집단학습에서 나타나는 부익부 현상, 집단 간의 편파, 학업성적이 낮은 학습자의 자아존중감의 부정적인 측면을 해소하기 위한 방안이다.
② 협동학습에서는 '전체는 개인을 위하여, 개인은 전체를 위하여'라는 태도를 갖게 되어 집단구성원들의 성공적인 학습을 위하여 서로 격려하고 도움으로써 학습부진을 개선할 수 있다.
③ 협동학습에서는 서로 협동하여 과제를 수행하기에 동료에게서 배우는 학습효과 뿐만 아니라 사회응집성과 협동기술을 촉진시킬 수 있다.
④ 협동학습에서는 구성원 사이의 긍정적 상호의존성을 강조하면서도 분명한 개별적인 책무성이 존재한다.

(4) 전통적인 소집단의 학습과 협동학습 비교 (99. 초등)

① 협동학습은 구성원 사이의 긍정적 상호의존성에 기초하지만, 전통적 소집단은 상호의존성이 항상 존재하는 것은 아니다.
② 협동학습은 분명한 개별책무성이 존재한다. 그러나 전통적인 소집단 학습에서는 개별책무성이 없으므로 개인은 다른 구성원들에게 무임승객이 될 수 있다.
③ 협동학습은 구성원의 개인적 특질에 있어서 이질적이지만 전통적 소집단 학습은 동질적인 경우가 많다.
④ 협동학습에서는 구성원 모두가 리더가 될 수 있으나, 전통적 소집단에서는 한 학생이 리더로 지정되고 책임을 지게 된다.
⑤ 협동학습의 구성원은 목표달성을 위해서 모두가 서로 도와주고 격려하며 상호 책임을 지게 되지만 전통적인 소집단에서는 그런 책임이 없다.
⑥ 협동학습의 구성원들은 학습 성취를 최대화하기 위해서 좋은 협력 관계를 유지해야 하지만 전통적인 소집단에서는 과제를 완성하는 데에만 관심을 둔다.
⑦ 협동학습에서는 협동적으로 학습할 때 필요한 리더십·의사소통기술·신뢰·갈등의 조정 등의 조정 등 사회적 기능을 직접 배우지만, 전통적인 소집단 학습은 그런 상호작용 기능은 있는 것으로 가정되거나 무시된다.
⑧ 협동학습의 교사는 집단을 관찰하고 협동하는 과정을 분석하여 집단과제를 조정하는 방식에 대하여 적절한 피드백을 제공하지만, 전통적인 소집단 학습은 이러한 교사의 관찰이나 개입이 거의 없다.
⑨ 협동학습의 교사는 집단이 어떻게 과제를 수행할 것인지에 대해 집단과정을 구조화하지만 전통적인 소집단에서는 교사의 그런 관심이 주어지지 않는다.

(5) 협동학습의 부정적인 효과로 집단 간 편파 현상 (00. 초등)

① 상대집단이나 외집단의 구성원에게 적대감을 가지며 자기가 속한 내집단의 구성원에게 더 호감을 가지는 현상이 있다.
② 외집단의 차별과 내집단의 편애현상을 말한다.
③ 해소방안 : 주기적인 소집단의 재편성이나 초등학교의 경우 과목별 소집단의 편성이 필수적이다.

(6) 효과적인 협동학습방법을 위한 제언

① 집단보상
  ㉠ 협동학습의 효과는 집단보상에 의해 좌우되며, 이는 소집단 구성원들이 미리 설정한 기준을 초과하여 얻은 점수에 따라 주어지는 것이다.
  ㉡ 협동학습에서 집단보상은 자신의 이익 때문에 다른 구성원을 돕게 된다.
② 협동기술훈련은 학업성취에 효과적인 것으로 팀 형성을 강화하는 것을 말한다. 대인관계기술, 사회적 기술, 의사소통기술 등과 같은 의미로 쓰인다.
③ 협동과제를 개발하도록 한다.
④ 소집단을 재편성한다.

(7) 협동학습의 접근방법

① 동기론적 측면
  ㉠ 동기론적 관점에서 전통적인 소집단 학습과 구별되는 협동학습의 주요 요소는 집단보상, 개별책무성, 학습 참여의 균등한 기회 등이다.
  ㉡ 집단보상 : 협동학습의 효과는 특히 집단 보상에 좌우되며, 이는 소집단 구성원들이 미리 설정한 기준을 초과하여 얻는 점수에 따라 주어지는 것이다. 즉, 동기론적 관점에서 다른 구성원을 돕는 이유는 집단 보상이라는 자신의 이익 때문이다.
  ㉢ 개별 책무성 : 소집단 구성원들이 자기 개인의 학습뿐만 아니라 다른 소집단의 구성원을 격려하고 돕는 의무이다.
  ㉣ 학습참여의 균등한 기회 : 미리 설정한 기준 점수를 초과하려고 노력할 때 보장된다.
  ㉤ 즉, 집단 보상이 주어지면 개별 책무성과 학습 참여의 균등한 기회가 촉진된다.

② 사회 응집성의 측면
  ㉠ 사회 응집성의 관점에서는 소집단 구성원들이 집단 내의 다른 구성원을 돕는 이유를 다른 구성원을 걱정하고 그들이 성공하기를 원하기 때문이라고 보며, 협동 학습 집단의 팀 형성에 초점을 둔다.
  ㉡ 대체로 사회 응집성의 관점은 협동 학습의 기본 요소를 팀 형성을 강화하는 협동기술로 본다.

(8) 협동학습의 효과 (04. 중등)

① 인지적 측면을 향상시켜 학생들의 학업성취도를 높인다.
② 학생들의 사회적 관계를 조장한다.
③ 학생들의 자아존중감을 높인다.
④ 학생들의 다른 학생들에 대한 감정이입 능력을 높여 친사회적 행동을 키워준다.

(9) 협동학습의 기본요소(Johnson & Johnson)

① **긍정적인 상호 의존성(positive interdependence)** : 집단의 구성원은 상호 의존감을 가지로 과제를 수행한다. 학습자들은 그들의 수행이 다른 구성원에게 도움이 되며, 또 다른 구성원의 수행이 그들 자신의 수행에 도움이 된다는 것을 인식해야 한다. 그러므로 집단 구성원 모두가 서로 협력하여 같은 목표로 나아간다는 긍정적인 상호 의존성이 필요하다.

② **면대면을 통한 상호작용(face-to-face promotive interaction)** : 집단 구성원이 서로 얼굴을 마주 대하며 관심을 가지고, 서로 개방적이며 허용적인 태도를 보여주어 심리적으로도 일체감을 가지는 것이 필요하다. 이와 같은 상호 작용을 통해 학습자는 서로 효율적으로 도움을 나눌 수 있으며 학습 과제를 신속하고 정확하게 완성할 수 있다. 또한 서로 믿고 격려하는 가운데 학습 동기로 높아지고 불안감도 해소된다.

③ **개별적인 책무감(individual accountability)** : 집단 구성원 각자의 수행이 집단 전체의 수행 결과에 영향을 주며, 또 집단 전체의 수행은 구성원 각자의 수행에 다시 영향을 준다는 서로 간의 책무성이 필요하다. 이는 집단 점수와 개인 점수를 병행하는 방법을 통해 책무성을 확인한다.

④ **사회적 기술(social skills)** : 집단 구성원 간에 원만한 인간관계를 가지므로 지적인 측면뿐만 아니라 정의적인 측면에서도 긍정적이다. 집단 내의 상호작용은 문제를 해결하는 과정에서 서로를 신뢰하고 의지하게 하며, 이러한 과정 속에서 의사소통 기술도 발달시킨다. 이와 같은 사회적 인간관계를 통한 협동학습은 개별학습이나 강의식 수업에서는 얻을 수 없는 훌륭한 장점이기도 하다.

⑤ **집단의 과정화(group processing)** : 집단 구성원 모두가 적극적으로 학습활동에 참여하는 과정을 통해 협동학습에서 요구되는 원칙과 기술을 익혀야 한다. 또한 모든 구성원에게 진행되고 있는 활동에 대한 피드백을 제공해야 하고, 효과적인 문제 해결 방법에 관한 메타 인지 전략을 사용하도록 안내하며, 학습자들의 수행이 성공적이라고 판단되는 경우 성공을 격려해 줄만한 보상 체제를 사용하여야 한다. 이러한 집단의 상호 작용 과정은 긍정적인 수행 결과를 얻는 데 기본적인 조건이 된다.

(10) 협동학습의 방법

① Jigsaw I 모형 (99. 초등 추가 : 01. 초등 : 05. 중등)

  ㉠ 개념
    (ㄱ) 1978년 미국 Texas 대학의 Aronson과 그의 동료들에 의해 개발되었다.
    (ㄴ) 아론슨은 다민족으로 구성된 미국 학교에서 민족 간의 갈등과 학교교육의 문제들을 해결하기 위한 방안으로 지그소 학습을 시행했고, 이는 경쟁적 학습 분위기를 협동적으로 전환시킬 수 있었고 인종문제 해결에도 도움을 준 것으로 평가된다.

  ㉡ Jigsaw I 모형의 과정
    (ㄱ) 학생들을 5~6개의 이질 집단으로 나누고 학습할 단원을 집단구성원 수에 맞도록 나누어 각 구성원에게 한 부분씩 할당한다.
    (ㄴ) 각 집단에서 같은 부분을 맡은 학생들이 따로 모여 전문적 집단을 형성하여 분담된 내용을 토의하고 학습한다.
    (ㄷ) 전문가 집단 토의 후 제각기 소속된 집단으로 돌아가 학습한 내용을 구성원들에게 가르친다.
    (ㄹ) 단원학습이 끝난 후 학생들은 개별시험을 보고 개인의 성적대로 점수를 받는다.
    (ㅁ) 따라서 시험점수는 개인등급에 기여하고 집단점수에는 기여하지 못하기 때문에 이 모형은 개인에게 과제해결의 상호의존성은 높으나 보상의존성은 낮다. 즉, 학습과제는 분담해서 처리할 수 있는 작업 분담 구조는 갖추었으나 구성원 간의 보상의존성은 없다.

  ㉢ 의의 : Jigsaw 모형은 집단내의 동료로부터 배우고 동료를 가르치는 모형으로 집단구성원 간의 상호의존성과 협동성을 유발한다.

 지그소 I의 수업절차

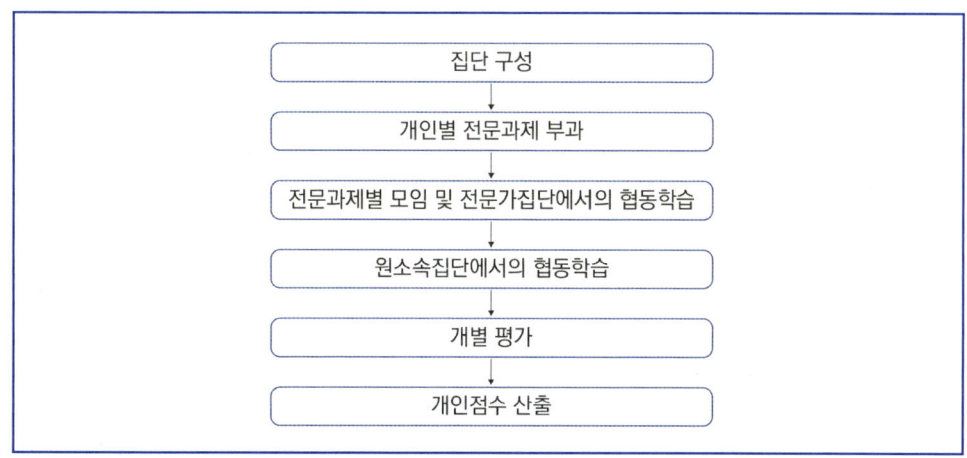

② Jigsaw Ⅱ 모형(10. 중등 : 11. 중등)
   ㉠ 개념
      (ㄱ) Slavin은 Jigsaw Ⅰ형을 수정하여 Jigsaw Ⅱ 모형을 제시하였다.
      (ㄴ) 이 모형의 특징은 Jigsaw Ⅰ형의 개별보상에 집단보상이 추가된 것으로 Ⅰ형보다 인지적·정의적 학업성취 영역에서 전통적인 수업보다 효과적이라는 장점이 있다.
   ㉡ Jigsaw Ⅱ 모형의 과정
      (ㄱ) Jigsaw Ⅱ 모형은 모든 학생들이 전체 학습 자료와 과제 전체를 읽되 특별히 관심 있는 주제를 선택한 다음, 그것을 전문가 집단에 가져가서 자기 팀으로 돌아와 가르친다.
      (ㄴ) Jigsaw Ⅱ 모형은 성취과제 분담모형과 비슷하게 과거 기본점수(base score)와 비교한 개인별 향상점수(improvement score)를 주며 이 향상점수의 합이 집단점수가 되는 것이다.

지그소 Ⅱ의 수업절차

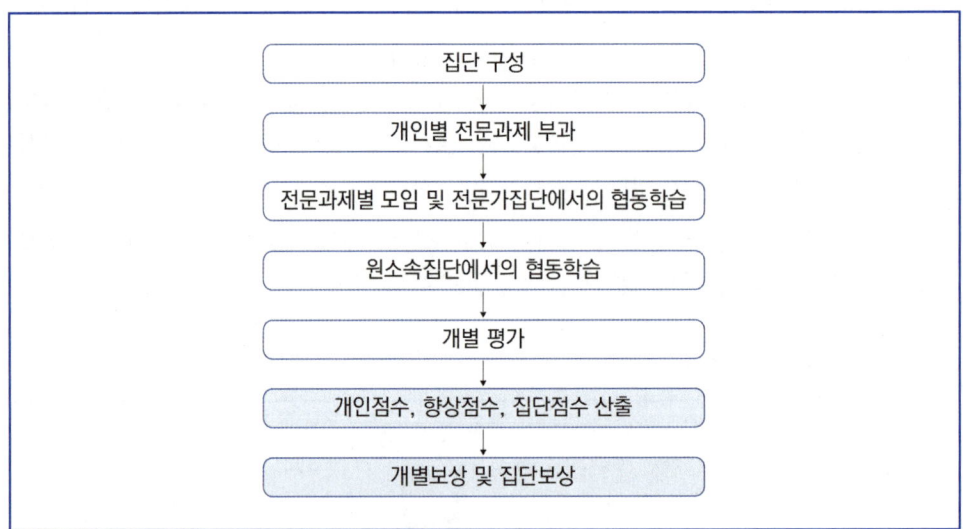

③ 성취과제분담모형(Student Teams-Achievement Division : STAD) (03. 초등 : 07. 중등 : 11. 중등)
   ㉠ 개요
      (ㄱ) Slavin과 그의 동료들은 Student Team Achievement Division, 즉 STAD라는 성취과제분담모형을 발전시켰다.
      (ㄴ) 모든 과목에 효과적이나 특히 초, 중, 고등학교 모두가 가능하고 수학과목에 주로 이용된다.

ⓒ STAD의 과정

㉠ 각 집단은 전체학급의 축소판처럼 학습능력이 높은 학습자, 중간이 학습자, 낮은 학습자들로 구성되며, 능력·배경·성이 혼합된 약 5명의 구성원으로 조직된다.

㉡ 교사는 집단의 각 구성원에 대한 개인학습기대(ILE : Individual Learning Expectation) 점수 혹은 기본점수를 계산한다.

㉢ 교사는 매주 학습지를 나누어주고 강의나 토론을 통해 학습단원을 먼저 소개한다. 그 후 구성원들은 각 팀을 중심으로 학습지의 내용을 검토하고 서로 퀴즈로 내고 토론도 하며 서로 협동하여 단원 내용에 대해 학습한다. 이때 팀의 구성원 중에 한 명이 그 단원의 리더가 되어 협동학습을 이끌어 나가며 팀 리더는 바꾸어가면서 하는 것이 바람직하다.

㉣ 팀의 구성원 모두가 학습내용을 완전히 이해할 때까지 팀 학습이 계속되고 그 후 개별적으로 시험을 본다.

㉤ 각자 자신의 시험점수를 확인한 후 각 개인별로 과거와 비교해서 향상점수를 기록한다. 이 때 개인별 향상점수만이 팀 점수에 반영되는데 향상점수의 범위는 0~10점을 기준으로 한다. 즉, 이전까지 받아 온 평균점수(ILE)를 초과한 만큼 팀 점수에 기여한다.

㉥ 이렇게 해서 각 팀의 점수가 나오면 팀 점수를 비교하여 알리며 이에 대한 보상을 주기도 한다.

ⓓ STAD 모형의 의의

㉠ 성취과제분담 학습모형은 집단구성원들의 역할이 분담되지 않은 공동학습구조이면서 동시에 개인의 성취에 대해 개별적으로 보상되는 개별보상구조이다. 즉, 개인의 성취에 대해 팀 점수가 가산되고 팀에게는 집단보상이 추가되는 구조이다.

㉡ 이 학습모형에서는 능력이 낮은 학생들도 자신의 기본점수보다 10점 이상의 점수를 올림으로써 자신의 집단을 위해 최대의 점수를 얻을 수 있다.

㉢ 능력이 높은 학생들도 집단 전체에 기여하기 위해 만점을 받거나 자신의 평균보다 높은 점수를 얻어야 하기 때문에 도전적이 된다.

④ **팀 보조 개별학습(Team assisted individualization : TAI)** (04. 초등)

ⓐ 개념

㉠ TAI는 존스 홉킨스 대학에서 개발된 것으로, 개별화 학습과 협동학습이 결합된 형태이다.

㉡ 원래 TAI는 초, 중등학교의 수학을 위해 개발되었지만 다른 과목에도 또 다른 학년 수준에도 폭넓게 이용될 수 있다.

ⓑ TAI의 과정

㉠ 이질적인 학습자로 4~6명의 소집단을 구성한다.

ⓛ 학습자들은 프로그램화된 학습자료를 이용하여 개별적인 진단검사를 받은 후 각자의 수준에 맞는 단원을 스스로 개별화된 프로그램에 의해 독자적으로 학습한다.

ⓒ 학습과정이 끝나면 단원의 학습 정도를 평가하기 위한 문제지를 풀고 팀의 구성원들은 서로 짝을 지어 답안지를 교환하고 서로 틀린 것을 점검하고 서로 도와 문제를 교정하여 교사에게 제출한다.

ⓔ 여기서 80% 이상의 점수를 받은 학생은 그 단원의 최종적인 개별 시험을 본다.

ⓜ 이 개별 시험 점수를 모두 합하여 평균을 내고 이것을 팀의 점수로 규정한다. 미리 설정해 놓은 팀 점수를 초과했을 때 팀이 보상을 받게 된다.

ⓒ TAI의 의의

ⓐ 이 모형은 대부분의 협동학습 모형이 정해진 학습 진도에 따라 이루어지는 것과는 달리, 학습자 개개인이 각자의 학습 속도에 따라 학습을 진행해 나가는 개별학습을 이용한다는 점에서 독특하다.

ⓛ 이 모형의 작업 구조는 개별 작업과 작업 분담 구조의 혼합이라고 볼 수 있고, 보상 구조 역시 개별 보상 구조와 협동 보상 구조의 혼합 구조이다.

⑤ **자율적 협동학습(Co-op Co-op)** (02. 중등 ; 10. 중등)

ⓐ 개념

ⓐ 이 모형은 학생들로 하여금 자신이 학습과제를 선택하도록 하고 자신과 동료들의 평가에 참여하도록 허용하는 모형이다.

ⓛ 이 모형은 기본적으로 고차적 인지과정의 학습을 위해 개발되었으나 기본기능의 학습에도 적용이 가능하다.

ⓒ Co-op Co-op의 과정

ⓐ 교사와 학생 간의 토의를 통하여 학습과제를 선정하고, 이질적인 학생들로 팀을 구성한다.

ⓛ 팀 형성 및 협동기능의 습득을 위한 훈련을 받는다.

ⓒ 팀이 형성되면 각 팀은 주제를 선정하고 이것을 하위 부분으로 나누어 팀구성원들이 그들의 흥미에 따라 분담을 한 후 개별적으로 이것에 대한 정보를 수집한다.

ⓔ 각자가 학습했던 소주제들을 팀 구성원들에게 제시한 후 종합하여 팀의 보고서를 만들고, 이것을 다시 전체 학급에 제시한다.

ⓜ 팀 동료에 의한 팀 기여도 평가, 교사에 의한 소주제 학습기여도 평가, 그리고 전체학급동료들에 의한 팀 보고서 평가 등 세 가지 수준에서의 평가가 이루어진다.

⑥ **협동 시나리오(Scripted Cooperation)** (06. 초등)

ⓐ 개요

ⓐ 협동 시나리오는 두 명으로 이루어진 모둠활동으로 학습자 각자의 사고를 정교

화하기 위해 함께 학습하는 협동학습 활동전략이다.
ⓒ 고난이도 수준의 과제에서 가장 효과적이다. 예를 들어, 수학에서 비정형적인 응용문제들을 푸는 것, 읽고 있는 내용을 요약하는 것, 미리 써둔 초안을 편집하는 것 등이다.
ⓒ 실례
  ㉠ 두 명의 짝 중에서 한 명은 복잡한 문제에 대한 해답 혹은 부분적 답을 제공하고, 또 한 명은 해답에 대한 의견을 말하고 부가적인 제안을 제시한다. 그럼 책임은 다시 첫 번째 학습자에게 돌아가서 그 해답을 계속 정교화하게 된다.
  ㉡ 독해에서 두 명으로 이루어진 모둠의 두 구성원 모두 지문을 읽는다.
    ⓐ 첫 번째 학생이 요약을 하면 두 번째 학생은 그에 대한 의견을 제시하고 첫 번째 학생이 놓친 정보나 실수를 찾아준다.
    ⓑ 두 학생 모두 내용과 앞의 지문 간 관련성을 확인하고 지문정보를 설명하기 위해 예를 만들어 내고 유추를 형성함으로써 자세한 내용설명을 시도한다.
    ⓒ 서로 역할을 바꾸고 나머지 숙제를 통해 계속 이 과정을 이어간다.

05 Dick & Carey의 체제적 교수설계모형

(1) 개 요

① 수업이란 교사, 학생, 교수자료, 학습환경 등의 각 요소들이 상호작용하게 되는 체제적 과정이라 할 수 있다. 체제적 과정에 포함된 각 요소들은 투입변인인 동시에 산출변인으로서 서로 유기적 관계를 맺고 상호작용하게 된다.

② 이러한 관점에서 딕과 캐리의 모형은 설정된 목표를 성취할 때까지 계속적인 피드백 과정을 거치게 되고, 그에 따라 교수개발은 수정되게 된다. 그러므로 일련의 교수 과정은 체제 구성요소들이 상호작용하는 가운데 순차적으로 교수개발을 이루어 가는 하나의 체제인 것이다.

(2) Dick & Carey의 체제적 교수설계모형

(04. 초등 : 05. 중등 : 06. 중등 : 09. 초등 : 09. 중등 : 10. 중등 : 11. 초등 : 11. 중등 : 12. 중등)

① 앞에서 체제접근에 기초한 수업설계 작업을 정의하였으며, 효율적인 수업체제 설계 및 개발을 이끌어 가는 설계 모형의 연구·개발이 지난 40여 년간 왕성하게 수행되어 왔다.

Dick & Carey의 교수체제 설계 모형(1996)

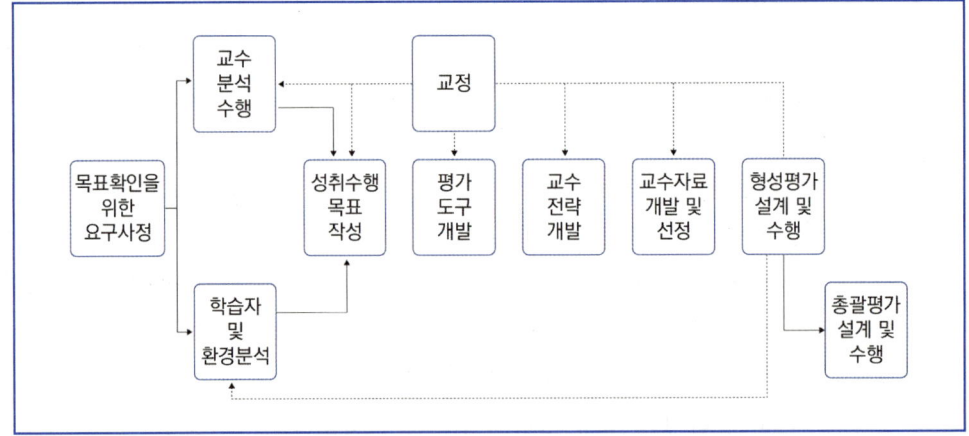

② 이 수업설계 모형은 10개의 활동으로 구성되어 있으며, 가장 처음 활동과 마지막 활동을 제외한 7개의 활동은 '교정'활동인 피드백 고리로 연결되어 있다. 단계별 내용을 간결하게 기술한다.

1) 교수목적·목표의 확인

① 이 모형의 첫 단계는 수업이 완결되는 시점에 즈음하여 학습자들이 '할 줄 알게'되기를 바라는 바가 무엇인지를 결정하는 일이다.

② 교육목적의 목록표를 비롯하여, 특정 교육과정에 관한 요구의 분석 및 사정, 교실에서 확인되는 학생들의 학습문제나 장애, 직무 수행자의 작업 상태 분석, 또는 새로운 교수학습(수업)에 대한 여러 요구 등을 소재로 하여 교수목적·목표를 확인하고 정의하는 일을 하는 것이다.

③ 수업 요구는 5가지 상이한 방식으로 확인될 수 있다(Bradshaw, 1974; Briggs & Wager, 1981; Burton & Merrill, 1977).

- ㉠ 규범적 요구(Normative Need) : 현 상황과 그와 관련된 규범과의 비교를 통하여 결정된다. 이 규범에는 전문가가 '정상적'이거나 '바람직한' 것으로 규정한 것이 포함된다(Farmer, Buckmaster, & LeGrand).

- ㉡ 표출된 요구(Expressed Need) : 학습자가 무엇인가를 필요로 하고 그것을 습득하기 위하여 시간과 금전을 기꺼이 소비하겠다는 개개인의 진술에 근거하고 있다.

- ㉢ 감지된 요구(Felt Need) : 표출된 요구 형태로 요구를 진술하지 않은 학습자와 그러한 요구를 충족시키는 데 시간과 금전을 투입할 수도 없고 또 그렇게 하려는 마음도 없는 학습자가 경험한 결핍상태나 손실상태, 그리고 격차상태 등을 의미한다.

- ㉣ 비교된 요구(Comparative Need) : 특정 학습자가 제공받은 것과 다른 학습자에게 제공된 이익을 비교함으로써 확인된다. 이 요구는 다른 곳의 유사한 학습자에게 유

익한 것이 특정 학습자에게는 결핍되어 있다는 점을 전제로 한다.
- ⓒ 미래의 예견된 요구(Future & Anticipated Need) : 조만간 미래에 일어날 가능성이 있거나 확인될 것으로 예견되는 요구들이다.

④ 다음은 수업 요구를 확인하는 이상의 5가지 방식이 수업 요구를 확인하는 데 어떻게 사용될 수 있는지를 예시하고 있다.

⑤ 설계자는 수업요구를 확인하는 각각의 방법으로부터 상황과 수업요구에 대하여 상당히 특이한 내용을 배우게 된다.

⑥ 사회사업가나 기타 지역사회 전문가들은 그 지역 성인의 평균 독해 수준이 전국 규범에 비추어 상당히 낮다는 사실을 알게 되었다. 이 정보에 근거하여 수업설계자는 그 지역 성인의 독해교육에 대한 규범적 요구가 있다는 결론을 내리게 된다.

⑦ 어느 지역의 대규모 교회의 관계자에 의하면 교인 중 75%가 기능상 문맹이기 때문에 이들의 문해 능력을 향상시키기 위한 목적으로 주 1회 교육 프로그램을 실시하고 싶다는 의사를 수업설계자에게 알려 왔다. 수업설계자는 이 같은 상황은 표출된 요구로 규정한다.

⑧ 수업설계자는 지역사회 사회사업가로부터 인근 대규모 주택 단지내의 많은 성인들이 읽고 쓰기에 상당한 문제가 있음을 알게 되었다. 그러나 그들로부터 아무런 수업상 지원요청이 접수되지 않았다. 그들은 감지된 요구를 가지고 있는 것으로 가정될 수 있다.

⑨ 이웃 지역의 성인들은 이 지역에서는 제공하지 않는 기능성 문맹 퇴치 프로그램을 통하여 큰 도움을 받았다. 수업설계자는 이 지역 성인들이 그러한 프로그램에 대한 비교된 요구를 느끼고 있다는 결론을 내렸다.

⑩ 이 지역의 기능상 문맹인 성인들이 읽고 쓰기를 배운 후, 고등학교 졸업에 해당하는 자격을 취득하기 위해 그들을 준비시켜 줄 과정의 필요성을 느끼게 되었다. 이러한 사실에 근거하여 수업설계자는 관련 과정에 대한 미래의 예견된 요구가 있다는 결론을 내리게 되었고, 기존의 기능성 문맹 퇴치 프로그램 내에 고등학교 졸업 자격 취득에 필요한 지식, 태도, 기능이 포함된 프로그램을 설계하기로 결정했다.

⑪ 수업설계자는 때로는 위에서 소개한 5가지 방식 모두에 근거하여 의미있는 수업요구들을 확인할 수 있어야 한다.

⑫ 물론 한두 가지 방식으로는 수업의 필요성에 대한 요구를 결정하는 것이 불가능하거나 실행할 수 없는 경우도 있다.

⑬ 각 방식이 다른 방식들을 상호 확증하기 때문에, 가능하다면, 둘 또는 그 이상의 방식으로 요구들을 결정하는 것이 바람직하다.

2) 교수분석

① 교수목표가 정해진 뒤에 그 목표의 유형을 결정하고, 그 목표를 성공적으로 학습하기

위해서 학습자가 학습해야 하는 하위 기능을 분석하고, 그 기능들이 어떤 절차로 학습되어야 하는지를 밝히는 단계다.
② 이 단계의 결과물은 하위 기능들의 관계를 일목요연하게 보여 주는 차트나 도식으로 제시된다.
③ 이 단계는 매우 고차적인 수준의 능력을 요구하는 분야로서 목표 분석과 하위기능 분석에 대한 상세한 지침을 제시하면 다음과 같다.
④ 목표분석은 교수프로그램에 담을 내용을 찾는 방법으로서 교수목표를 달성했을 때, 학습자가 보여 줄 구체적인 성취행동 단계를 그림으로 표현한 것이다.
⑤ 구체적인 방법으로는 목표성취 여부를 측정하기 위한 검사문항 제작한다고 생각하고, 그 상황에서 '학습자가 그 문항에 반응하기 위해 무엇을 해야 하나'를 염두에 두고 분석을 한다.
⑥ 즉, 자신이 학습자라고 생각해 보고, 학습자가 알 필요가 있는 것은 나중에 생각하고, 먼저 그 목표행동을 수행하기 위해서는 어떤 단계들이 있는가를 확인하도록 분석한다.
⑦ 하위기능 분석은 목표의 각 단계에 대한 선수하위 기능을 분석하는 것으로서, 학습자가 목표의 첫 번째 단계를 학습하기 위해 알아야 할 것은 무엇인가를 출발점으로 삼는다.
⑧ 그리고 만일 학습자가 어떤 기능을 학습하고 있지 않으면, 그 다음의 학습을 실패하게 될 수밖에 없는 기능들을 도출하여 그 기능들을 성공적으로 학습을 하는 데 꼭 알아야 하는 것을 분석한다.

3) 학습자와 환경의 분석

① 교수목표의 분석과 함께, 학습자의 특성을 비롯하여, 그들이 기능들을 배우게 될 맥락(상황, 배경), 그리고 이 기능들을 사용하게 될 맥락상황(환경)들에 대한 분석 작업이 병행해서 이루어진다.
② 학습자들의 현재의 기능, 선호 및 태도를 진단하며 동시에 교수장면 상황과 기능들이 사용될 장면들의 특성들도 함께 분석·판정된다.
③ 여기에서 수집되는 정보가 이 설계 모형의 후속 단계의 성격을 좌우하며 교수전략의 개발에서 특히 그러하다.

4) 성취목표의 진술

① 이 단계에서는 학습자들이 수업이 끝날 때에 할 줄 알게 되기를 기대하는 것이 무엇인지를 구체적이고 가시적인 수행 행동용어로 진술하는 일을 한다.
② 교수 분석표에 근거하여 도출된 성취목표는 학습된 성취행동(기능), 그 성취행동이 실행될 조건, 학습이 성공적이냐 아니냐를 가늠할 수 있는 준거에 의해서 기술된다.
③ 명세목표는 반드시 행동동사를 사용하도록 하고, 각 하위 기능별로 2~3개의 명세목표를

작성하고, 한 시간의 수업분량으로 2~3개의 하위 기능을 포함한다. 따라서 한 시간에 다룰 수 있는 명세목표의 수는 4~9개 정도가 되도록 한다.
④ 한 시간 수업에 몇 개의 명세목표를 포함해야 하는가의 문제는 교육적 효과를 위해 심도 있게 고려해 보아야 한다.
⑤ 목표의 수가 많다고 해서 그만큼 많은 양을 가르치는 것은 물론 아니다. 한 시간에 가르쳐야 할 내용의 양은 교육과정상에 명시되어 있는 대로 변함이 없다.
⑥ 정해진 양의 내용을 가르치기 위해 1~2개의 명세목표를 진술하는 것보다는 앞서 언급한 대로 4~9개의 목표로 진술하게 되면 그만큼 가르치는 내용이 상세하게 분석되었음을 의미한다.
⑦ 즉, 과제가 학습자의 입장에서는 많은 양의 내용을 일반성과 추상성이 높은 상태로 전달되는 것보다는, 적은 양의 내용이 명세성과 구체성이 높은 상태로 전달되기 때문에 그만큼 지속적인 성공의 경험을 할 가능성이 높아진다는 것이다.
⑧ 요컨대, 교사는 가르칠 교과의 내용을 학습자가 이해하기 쉽도록 작은 단위로 나누어서 점진적으로 문제 해결에 접근하도록 목표를 최대한 명세화하도록 노력해야 한다.

5) 준거지향검사 문항 개발
① 설정·진술한 목표를 기초로 하여 학습자들이 성취하여 수행할 수 있어야 하는 능력을 측정·검사하는 평가문항을 작성한다.
② 이때 목표에 기술되어 있는 행동유형과 평가문항이 요구하는 것과의 일관성에 역점을 둔다.
③ 즉, 검사문항의 유형은 측정하고자 하는 목표의 유형과 일치해야 한다는 것이다.
④ 문항의 생명은 타당성에 있다고 할 수 있는데, 가장 타당한 문항은 명세목표의 '~할 수 있다'는 진술 형식을 '~하라'는 진술로 변경했을 때 논리적이고 형식적인 오류가 없어야 한다.

6) 교수전략의 개발
① 앞의 다섯 단계의 설계 작업에서 얻은 정보에 기초하여, 종착점 목표를 성취하기 위해 교수·학습 행위에서 사용할 전략을 확인하고 개발한다.
② 교수전략에는 수업 전 사전활동사항(동기유발, 목표제시, 출발점 행동 확인)을 비롯하여, 정보와 지식의 제시(교수계열, 교수단위의 크기, 자료 제시, 보기 및 예시), 학습자 참여(실행연습과 피드백), 시험과 검사(사전검사, 학습증진 검사, 사후검사), 그리고 추후활동(교정학습, 심화학습) 등이 포함된다.
③ 수업전략은 현시점에서의 학습연구 성과, 학습과정에 관한 현재 수준의 지식, 가르칠 내용 그리고 수업을 받게 되는 학습자들의 특성 등에 기초하여 개발된다.

④ 이들 특성은 수업교재 자료의 개발 또는 선정이나 상호작용적 교실수업을 위한 전략기법의 개발을 위해 사용된다.

7) 교수자료 개발 및 선정

① 전 단계의 교수전략에 근거하여 교수 자료를 제작·선정하는 단계다.
② 교수자료에는 학습자 매뉴얼, 교수·학습자료, 검사, 교사용 안내서 등이 포함되며, 새로운 프로그램의 개발 여부는 학습의 유형, 기존 관련 자료의 유무, 개발에 필요한 자원의 가용성 등을 고려하여 결정한다.
③ 아울러 기존의 자료를 선정하여 활용할 경우 적합한 선정 준거에 따라야 한다.
④ 특히 수업 목표 달성을 위한 최적의 교수전략을 선정하고, 그 전략을 활용하는 데 효율성을 극대화할 수 있는 매체를 선정하고 개발하는 일이 중요하게 부각된다.

8) 형성평가의 설계 및 수행 (07. 중등)

① 교수 프로그램의 초고 개발이 완성되면, 수업을 개선하는 데 필요한 자료 수집을 위한 일련의 평가 작업이 이어진다.
② 전문가 검증, 학습자 개인별 평가(일대일 평가), 소집단 평가 및 현장평가 등 세 가지 유형의 형성 평가가 실시된다.
③ 각 유형의 형성평가를 통해 수집된 자료에 근거하여 프로그램을 수정·보완한다.
④ 즉, 형성평가는 교수체제 설계 과정 중에 이루어지는 활동으로서 프로그램이 완성되어 현장에서 활용되기에 앞서 이루어지기 때문에 그 결과가 즉시 반영되는 교정적 성격을 가진 평가다.

9) 수업 프로그램의 개정

① 형성평가에서 수집한 자료를 종합한 다음, 이 결과를 바탕으로 어떤 목표를 학습하는 데 어떤 어려움을 겪고 있는지를 파악하여 해결해 주어야 한다.
② 이 형성평가 결과는 반드시 교수 프로그램만을 수정하기 위한 것이 아니라, 교수분석의 타당성을 검토하고 학습자의 출발점 행동과 학습자 특성을 올바르게 분석했는가를 재검토하는 데 필요한 자료로도 활용된다.
③ 요컨대, 목표-검사-전략-매체의 일관성과 효과성 및 효율성을 검토하고 그에 따라 수정·보완하는 단계다.

10) 총괄평가

① 수업설계의 체제접근 모형의 마지막 단계다.
② 총괄평가에서 수업의 효능에 대한 총체적 평가가 이루어진다.

③ 그런데 이 총괄평가는 일반적으로 수업설계 과정의 일부로 보기보다는 수업의 절대적 또는 상대적 가치와 효능을 판정하는 것으로 수업설계 과정의 일부로 보지 않는다.
④ 수업설계 과정의 일부로서의 형성평가가 종료되고 설계자의 표준에 비추어 충분히 개정된 것으로 판정이 된 다음에 제3자에 의해 수행되는 것으로 보는 경우가 일반적인 입장이다.
⑤ 즉, 이 평가의 결과는 오프라인상에서 이루어지는 것으로, 결과에 따라 프로그램이 수정·보완되는 활동이 아니다.
⑥ 이상이 수업설계 작업에서 그 효능이 광범하게 실증되고 있는 대표적인 '수업설계의 체제 접근 모형'의 간략한 단계적 기술이다.
⑦ 총 10개의 단계를 충실하게 거침으로써 양질의 수업프로그램과 교수·학습자료와 교수매체가 설계되고 개발될 것으로 가정할 수 있다.

06 하인니히의 ASSURE 모델

(99. 중등 : 01. 중등 : 04. 중등 : 05. 초등 : 09. 초등)

수업 매체와 자료를 효과적이고 체계적으로 활용하기 위한 지침으로 Heinich가 다음과 같은 절차적 모형을 제시하였다.

① 학습자 분석(Analyze leaners)
　㉠ 교수매체를 효과적으로 선택하고 활용하려면 학습자의 특성을 잘 파악해야 한다.
　㉡ 학습자의 모든 심리적, 교육적 특성이 항상 교사의 눈에 확실하게 보이지 않기 때문에 이를 파악하는 일은 쉽지 않다.
　㉢ 학습자 분석을 위해 고려해야 할 요인은 다음과 같다.
　　(ㄱ) 일반적 특성 : 학습자의 일반적 특성으로는 연령, 학력, 직위, 지적인 특성, 문화 또는 사회경제적 요인을 들 수 있다. 이것들은 생활기록부, 관찰, 면담, 동료 교사에게서 자료를 얻을 수 있다.
　　(ㄴ) 구체적인 출발점 능력 : 학습을 하기 전에 학습자가 가지고 있는 지식이나 기술이 어느 정도인지, 학습하게 될 지식이나 기술에 대한 선수 지식이 어느 정도인지 등을 의미한다. 이것은 표준화된 검사지, 교사가 만든 시험지 등을 통한 사전 검사나 학습자에게 직접 구두로 물어보는 방법 등을 사용하여 측정할 수 있다.
　　(ㄷ) 학습 유형 : 학습 유형이란 학습자가 학습 환경에서 어떻게 지각하고 상호 작용하고 반응하는지를 결정하는 심리적 특성을 의미한다. 학습자에 따라 지각적 선택과 강도, 정보 처리 습관, 동기 요소, 생리적 요소 등이 다를 수 있다.

ⓔ 이러한 학습 대상자의 특성 분석은 교수매체와 교수방법의 선택에 커다란 도움을 준다.
ⓜ 학습자의 특성 분석 결과 학습자의 적성과 능력의 차이가 큰 학급에서는 개별적인 보충수업이나 심화학습을 실시하여 학습자가 능력에 따라 진도를 선택할 수 있도록 해야 한다.
ⓑ 학습자가 수업에 대한 흥미가 부족한 경우 학습자의 학습 동기 및 흥미를 유발할 수 있도록 극적인 영화나 모의 게임 등을 이용하는 것도 좋다.
ⓢ 학습 내용 중 새로운 개념을 접하게 되었을 때는 학습자에게 구체적인 경험을 제공하기 위하여 견학 또는 시범을 고려해 볼 수도 있다.

② **목표 제시(State objective)**
ⓐ 학습자가 달성해야 할 학습 목표를 구체적으로 설정하여 학습의 결과로 습득하게 될 새로운 지식과 경험에 대한 것을 명확하게 진술해야 한다.
ⓑ 교사가 무엇을 가르치느냐에 관한 것이 아니라 수업이 끝난 후 학습자가 무엇을 할 수 있는지에 관한 것, 다시 말하면 학습자가 획득하게 될 학습 경험과 지식을 위주로 명시해야 한다.
ⓒ 잘 진술된 목표는 학습 대상자(audience), 행동(behavior), 학습의 조건(condition), 평가 수준(degree)의 네 가지 요소를 포함한다고 하여 ABCD 진술기법이라고도 한다.

③ **교수매체와 자료의 선정(select media & material)**
ⓐ 학습자 특성이 파악되고 학습 목표의 진술이 끝나면 교사가 학습자의 현재 수준의 지식, 기술 및 태도 등을 파악하였고, 학습 목표를 알고 있기 때문에 교수-학습과정의 처음과 마지막 지점의 계획이 끝난 것이라고 볼 수 있다.
ⓑ 방법, 매체 및 자료의 선택 과정은 다음과 같은 단계로 이루어진다.
　(ㄱ) 학습 과제에 적합한 방법을 선택한다.
　(ㄴ) 방법을 수행하기에 적절한 매체를 선택한다. 어떤 교수매체가 어느 교수방법에 적절한가? 이것은 상황에 따라서 달라질 수 있다.
　(ㄷ) 선정된 매체를 위해 기존 자료를 선택하거나 수정하거나 새로운 자료를 제작한다. 기존 자료 중에서 적합한 것을 골라 사용할 경우 교사는 주어진 주제에 관하여 어떤 교재가 입수 가능한지 제작자가 만든 카탈로그, 교사의 추천, 관련 전문 서적의 서평 등을 관심 있게 살펴보아야 한다. 그중에서 학습 목표, 학습자의 읽기 및 듣기 능력, 대단위 학습이나 개별학습 등 교수방법을 고려하고, 보유하고 있는 기재, 교실의 조명, 전원 시설 등 학습 환경을 참작하여 선정한다. 기존의 자료가 적합하지 않을 경우에는 확보되어 있는 자료를 수정하면 새로운 자료를 제작하거나 구입하는 것보다 시간적으로나 경제적으로 유리한 점이 많다. 영화

나 비디오테이프에 있는 화면은 적당하나 해설이 학습자의 수준에 맞지 않을 경우나 해설이 외국어인 경우 녹음 부분만을 새로 제작하거나 교사 자신이 직접 해설을 준비할 수 있다. 적절한 교재가 없어 교사가 학습 목표 성취에 적합한 교재를 제작하여야 할 경우에는 원하는 수준의 자료를 만들기에 충분한 기술, 장비, 시설, 비용, 시간적 여유 등이 있는지 고려해야 한다.

④ 매체와 자료의 활용(Utilize media & material)
  ㉠ 교수매체를 효과적으로 활용하려면 자료의 사전 검토, 환경 정비, 학습을 위한 사전 준비가 필요하다.
    (ㄱ) 교사는 수업에 활용할 교수 자료를 먼저 시사하여 학습자에게 적합한 내용인가를 검토한다. 시사와 함께 해당 자료에 관한 보고서나 동료 교사의 평가서를 참조하면 유용하다.
    (ㄴ) 교수매체를 이용하는 교실의 주변 환경을 정비한다. 안락한 의자, 적절한 환기, 온도, 암막시설, 전원 공급, 조명 등을 점검하여 매체를 효과적으로 활용할 수 있도록 한다. 자료에 필요한 기기도 준비하고 성능도 미리 점검한다.
    (ㄷ) 교실의 주변 환경이 정비되면 학습자에게 전체적인 내용 소개, 사용할 교수매체에 대한 정보, 특수한 촬영 기법이나 용어에 대한 설명을 미리 제공하여 학습자의 흥미나 동기를 유도하고 학습 내용에 대한 이해를 돕는다.
    (ㄹ) 모든 준비가 완료되면 교사는 의사소통 능력을 발휘하여 자료를 제시한다.

⑤ 학습자의 참여 요구(Require learner participation)
  ㉠ 학습자에게 기대되는 행동에 대해서 끊임없는 강화가 제공될 때 학습은 보다 효과적으로 이루어질 수 있다.
  ㉡ 스키너에 의하면 가장 바람직한 학습 조건은 학습자가 적극적으로 반응을 보이고 학습자의 응답에 즉각적인 피드백을 제공함으로써 올바른 학습 행동을 강화시키는 것이다.
  ㉢ 학습자의 반응은 공책에 필기를 하거나 대답을 하는 등의 공공연한 반응과 입속으로 단어를 되풀이하여 읽어 보는 등의 은밀한 반응이 있는데, 짧은 시간 동안에는 효과가 비슷하나 장시간의 학습에서는 공공연한 반응이 보다 효과적이다.
  ㉣ 학습자의 적극적 반응을 유도한다. 교사가 간단한 퀴즈, 토의, 연습문제 등을 제공하거나 교수매체 활용 후에 과제를 부여한다.

⑥ 평가와 수정(Evaluation & revise)
  ㉠ 교수 활동이 끝나면 학습자의 성취도 평가, 매체와 방법에 대한 평가, 교수-학습과정에 대한 평가를 하고, 평가 결과가 만족스럽지 않은 부분에 대해서는 수정을 한다.
    (ㄱ) 학습자의 성취도 평가는 학습자가 학습 목표에 어느 정도 도달하였는지를 평가

하는 것이다. 수업 목적의 유형에 따라 지필검사, 실기검사, 검사지에 의한 평가, 관찰 등의 형태로 평가한다. 매체와 방법에 대한 평가는 교수 자료의 효과성, 비용 효과성, 소요된 시간의 적절성 등을 평가한다.

ⓒ 평가 결과는 다음 교수매체를 사용할 때 참고 자료로 사용할 수 있다. 매체와 방법에 대한 평가를 위해서 학습자의 성취도 결과, 토론, 관찰, 설문지나 평가표를 이용한다.

ⓒ 교수-학습과정에 대한 평가는 수업 전, 수업이 진행되는 동안 언제나 가능하다. 학습자의 출발점 행동이 제대로 파악되었는지, 학습자의 능력과 자료가 적절하였는지, 교수-학습과정에 어려움이 있었는지, 평가는 제대로 되었는지 등을 진단한다.

ⓔ 평가 결과가 만족스럽지 못한 경우 다음 수업에 사용하기 위해 수정이 이루어져야 한다.

[형성평가] 교수학습

01 유의미 학습

02 선행조직자

03 유의미 학습과제

04 포섭

05 종속 포섭의 유형 2가지
1) 파생적 포섭(derivative subsumption)

2) 상관적 포섭(correlative subsumption)

06 가네의 학습 외적 요인 3가지
1) 강화의 원리

2) 접근의 원리

3) 반복의 원리

07 가네의 학습 내적 요인 3가지
1) 선행학습

2) 학습동기

3) 자아개념

08 가네의 5가지 학습 영역

1) 지적기능(intellectual skill)

2) 언어정보

3) 인지전략

4) 태도(attitudes)

5) 운동기능(motor skills)

09 가네의 9가지 수업사태

1) 주의집중 획득

2) 목표제시

3) 선수학습 회상

4) 자극 제시

5) 학습안내 제공

6) 학습자 수행유도

7) 피드백 제공하기

8) 수행 평가

9) 파지와 전이 증진

10 인지적 도제이론

11 인지적 도제이론의 단계

1) 시연단계(modeling)

2) 코칭(coaching)

3) 교수적 도움의 단계(scaffolding) 및 점진적 제거(fading)

4) 명료화(articulation)

5) 반성적 사고(reflection)

6) 탐구(exploration)

12 인지적 융통성 이론

13 정황교수이론(앵커드 수업, anchored instruction)

14 상보적 교수(Reciprocal Teaching)

15 상보적 교수의 4가지 전략
　　1) 예측하기

2) 명료화하기

3) 질문 만들기

4) 요약하기

16 자기주도학습

17 자기조절학습

18 협동학습

19 Dick & Carey의 체제적 교수설계모형 단계
1) 교수목적·목표의 확인

2) 교수분석

3) 학습자와 환경의 분석

4) 성취목표의 진술

5) 준거지향검사 문항 개발

6) 교수전략의 개발

7) 교수자료 개발 및 선정

8) 형성평가의 설계 및 수행

9) 수업 프로그램의 개정

10) 총괄평가

20 하인니히의 ASSURE 모델의 절차
1) 학습자 분석(Analyze leaners)

2) 목표 제시(State objective)

3) 교수매체와 자료의 선정(select media & material)

4) 매체와 자료의 활용(Utilize media & material)

5) 학습자의 참여 요구(Require learner participation)

6) 평가와 수정(Evaluation & revise)

CHAPTER 3 교육과정

01 교육과정의 유형

1. 교과중심 교육과정(1920년대 이전) (91. 중등)

(1) 성격

① 역사적으로 가장 긴 전통을 갖고 있다. 그 연원은 서양은 7자유과, 동양은 고대 중국의 6예(예, 악, 사, 어, 서, 수)이다.
② 교사중심의 교육과정으로 문화유산의 전달, 즉 지식이 교육내용이 된다.
③ 설명위주의 교수법이고, 한정된 교과영역 안에서 학습활동이 이루어진다.
④ 사전계획과 조직이 이루어진다.

(2) 장점

① 학생들의 지적능력을 발전시키는 데 가장 적당하다.
② 인류의 축적된 문화유산을 가장 잘 이용한다.
③ 교육과정 구성이나 평가가 다른 교육과정 유형에 비해 간단하고 쉽다.
④ 초임 교사도 쉽게 운영할 수 있다.
⑤ 교수-학습 활동의 통제가 용이하다.
⑥ 장구한 전통을 지니고 있으며 널리 받아들여지고 있다.
⑦ 교육과정의 중앙집권적 통제가 용이하다.
⑧ 새로운 지식과 사실을 학습하고 해석하고 조직하는 데 논리적이고 효과적인 방법이다.

(3) 단점

① 논리적이고 체계적인 교과조직은 학생들의 흥미, 필요, 능력 등의 심리적인 조직으로서는 부적합하다.
② 학습을 세분화하고, 학생들의 학교의 생활을 제한한다.
③ 지식의 기능적 활용에 토대를 두지 않고 있다.
④ 학생의 흥미와 욕구가 무시되고 개인차도 무시된다.

⑤ 교과목 그 자체로서는 바람직한 인지능력 훈련이 될 수 없다. 고등 정신기능, 즉 비판력, 창의력, 사고력의 함양이 곤란하다.
⑥ 민주적 태도의 형성이 곤란하다.
⑦ 교과중심 교육과정은 학습을 분과적으로 조직함으로써 관련성, 통일성 등이 결여되어 있다.

(4) 교과중심 교육과정의 유형

① 광역 교육과정(Broad-Fields curriculum) (99. 초등보수)
  ㉠ 개념
    (ㄱ) 세분화된 교과목을 통합하여 소수의 교과목으로 통합하는 것으로, 보다 넓은 영역에서 사실원리 등을 조직하려는 것이다.
    (ㄴ) 광역 교육과정의 명칭은 종합과정, 통합과정 또는 일반과정 등으로 불려진다.
    (ㄷ) **예:** 사회과(일반과학, 언어과 등)
  ㉡ 장점 : 지식을 보다 지능적인 통합적 지식을 가질 수 있다. 그리고 기초적인 원리, 개괄 등을 더 강조하는 데 있다.
  ㉢ 단점 : 교과목 교육의 논리성을 유지하기가 어렵고, 추상적이어서, 이해가 곤란하고, 학습내용의 깊이가 부족하다.

② 분과교육과정
  ㉠ 학문의 체계를 최저단위로 세분화하여 구성하는 것이다.
  ㉡ 과목의 종적 체계는 있으나 교과와 과목 간의 횡적 관련은 없이 조직된다.
  ㉢ **예:** 물리, 화학, 생물을 각각 독립적으로 가르치는 경우

③ 상관교육과정(Correlated curriculum)
  ㉠ 개념
    (ㄱ) 교과서는 유지하되, 유사 학과목을 상호 관련시켜 구성하는 것으로, 개별성, 관련성은 있으나 포괄성, 통합성은 부족하다.
    (ㄴ) 상관의 종류에는 사실의 상관, 원리의 상관, 규범의 상관이 있다.
  ㉡ 장점 : 각 교과 간의 중복, 상반, 누락을 방지할 수 있으며, 학습자에게 통합적 학습의 가능성을 증진시킬 수 있다.
  ㉢ 단점 : 아직도 분과교육과정의 결점을 제거하지 못하고, 인공적, 작위적으로 상관을 무리하게 시키기 쉽다.

④ 융합교육과정
  ㉠ 각 과목의 성질을 유지하면서 그 사이에 내용이나 성질 면에서 다수의 공통요인을 추출하여 새로운 교과로 재조직화 한다.
  ㉡ **예:** 생물학(동물학과 식물학), 수학(기하와 대수)

2. 경험중심 교육과정(1920~1950) (90. 중등 : 92. 중등 : 94. 중등 : 99. 초등보수)

(1) 성격
① 교육과정의 중점을 학습자에 두고, 아동의 성장을 조성하는 학습에 둔다.
② 교재는 학습의 현장에서 결정되고, 모든 학습자의 협력 참가로 수업이 진행된다.
③ 개인차와 개인의 능력을 중시하고, 창조적인 성격을 기르는 데 있다.
④ 교육을 경험, 생활, 즉 성장의 과정으로 본다.

(2) 특징
① 전인교육을 강조하고, 생활 문제해결능력과 생활인의 육성을 목표로 한다.
② 아동중심 교육을 강조하고, 아동의 흥미나 욕구, 경험적인 배경이 존중되고, 자발적인 활동을 전개시킨다.
③ 교과활동 못지않게, 과외활동을 중시한다.
④ 아동의 개인차가 학습활동에 반영이 되도록, 모든 활동을 그들의 적성과 능력에 맞게 하여야 한다.

(3) 장점
① 학습자의 흥미와 필요가 자발적 활동을 유발하기 쉽다.
② 현실적이고 실제적인 생활문제를 해결할 수 있다.
③ 민주시민으로서의 자질함양이 용이하다.
④ 학교와 지역사회화의 유대를 강화할 수 있다.
⑤ 학교생활의 여러 가지 장면의 통합을 증진시킨다.
⑥ 개인차에 따르는 학습이 용이하다.

(4) 단점
① 기초 학력의 저하를 가져올 수 있다.
② 교육과정 분류의 준거가 분명치 못하다.
③ 교직적 소양과 지도방법이 미숙한 교사는 교육과정 운영에 실패할 수가 있다.
④ 사전에 계획하지 않기 때문에 행정적인 통제가 어렵다.
⑤ 학습내용의 조직상 논리적 체계가 부족하다.

(5) 경험중심 교육과정의 유형
① 생활중심 교육과정 : 생활 자체를 교육과정의 기초로 삼아 생활영역에 의미 있는 경험을 가르친다.

② 현성 교육과정(Emerging curriculum) (99. 초등 : 08. 초등)
  ㉠ 교과와 학습영역의 구분을 제거할 뿐만 아니라 교육과정의 일방적인 사전계획을 배척하고 청소년의 요구라든지 경험을 중심으로 학생과 협력하여 교육현장에서 교육과정을 계획하고 구성한다.
  ㉡ 특히 이는 가장 동적형태의 교육과정으로 유능한 교사가 교육과정을 조직해야 실패가 없다.
  ㉢ 경험중심의 교육과정이 일종의 현성 교육과정이다.

③ 중핵중심 교육과정(Core curriculum) (04. 중등 : 08. 중등)
  ㉠ 개념 : 교과중심 교육과정의 문제점인 단편적인 지식화와 경험중심 교육과정의 문제점인 지나친 현실만족을 시정·보완하기 위하여 연구된 교육과정이다.
  ㉡ 성격
    (ㄱ) 종합적 중핵으로 결합하여 통합적인 학습으로 이끌어 가는 교육과정이다.
    (ㄴ) 사회적 필요가 중핵이 되어 사회방향감을 고취시켜 나간다.
    (ㄷ) 중핵 교육과정의 기본구조는 중심학습(생활학습)과 주변학습(계통학습)으로 구성된다.
    (ㄹ) 중핵 교육과정의 기본목표는 교육내용의 통합, 개인의 인격적 통합, 통합된 사회를 실현하는 데 있다.
  ㉢ 유형
    (ㄱ) 광역 교과로서의 중핵형
    (ㄴ) 통합과정으로서의 중핵형(통합 학습방법을 위하여)
    (ㄷ) 문화사 중핵형
    (ㄹ) 청소년 필요, 욕구, 흥미중심의 중핵형
    (ㅁ) 사회기능중심의 중핵형
    (ㅂ) 사회문제중심의 중핵형
  ㉣ 특징(사회중심중핵 교육과정)
    (ㄱ) 교과의 선은 없애고 사회기능이나 사회문제를 중핵으로 교육과정이 조직된다.
    (ㄴ) 사회기능이나 사회문제를 중핵으로 모든 교과학습을 이에 통합한다.
    (ㄷ) 청소년의 필요와 흥미에 알맞은 경험을 선정한다.
    (ㄹ) 학습활동은 아동과 교사가 협동하여 계획한다.
    (ㅁ) 교사는 지식기능의 전달자로부터 벗어나 학습안내자, 학습조력자의 입장이 된다.

3. 학문중심 교육과정(1950~1970) (92. 중등 : 94. 초등 : 99. 초등보수 : 00. 초등 : 00. 중등 : 04. 초등)

(1) 배 경

① 과학기술의 급속한 발달과 지식량의 폭발적인 증가
② 고등학교 졸업자의 수학, 자연과학의 실력 저하
③ 중간계층의 자녀에 대한 교육적 요구 증가
④ 다량의 지식을 교과내용으로 흡수가 불가능하므로
⑤ 1957년 소련의 Sputnik 인공위성발사의 충격

(2) 기본성격

① 교육내용은 지식의 기본구조를 핵심으로 조직한다. 지식의 기본구조란 기본개념, 기본원리, 일반원리, 일반 아이디어를 의미한 것으로, 이것이 중요시되는 까닭은,
  ㉠ 지식의 이해를 용이하게 한다.
  ㉡ 지식의 기억을 용이하게 한다.
  ㉢ 다른 현상과 관련지을 수 있어, 전이효과가 있다.
  ㉣ 초등지식과 고등지식의 간격을 좁힐 수 있다.
② 나선형 교육과정이 되어야 한다.
③ 탐구과정을 중시한다. 즉, 학습자는 학자가 하는 것과 똑같은 동일한 눈(시각, 원리)과 방식(과정)으로 진행해야 한다고 주장한다.
④ 발견에 따른 내적 동기유발을 강조한다.

(3) 특 징

① 이성을 개발하고, 탐구적 학습을 촉구한다.
② 지식의 구조는 표현양식, 경제성, 생성력 등의 특징이 있다.
  ㉠ 표현양식은 작동식 표현방식, 영상적 표현방식, 상징적 표현방식 등을 의미한다.
  ㉡ 경제성이란 머리 속에 기억하여야 할 정보의 양이 적은 상태를 의미한다.
  ㉢ 생성력이란 문장의 의미를 파악해 낼 수 있도록, 구성하는 것을 의미한다.
③ 나선형 교육과정을 중시한다.
④ 다양한 교육매체를 활용하고 있다.
⑤ 교사의 재훈련을 요구한다.
⑥ 교육방법의 단순화를 기함과 동시에 내용상의 중복을 피할 수 있다.

(4) 장 점

① 교육내용의 선정조직에 있어서 경제적인 단순화를 기할 수 있다.

② 기본개념의 이해를 촉진시킬 수 있다.
③ 자연현상의 발견력, 탐구력을 향상시킬 수 있다.
④ 학습에 관한 흥미를 지속적으로 유지할 수 있다.
⑤ 교육내용의 선정에서 중복과 누락을 피할 수 있다.

(5) 단 점
① 능력이 중상 이상 되는 학생들에게만 적당하다.
② 이수와 계통을 중심으로 한 일부 교과에 한정되고 있다.
③ 통합적 교육과정 구성이 소홀하게 되고 있다.
④ 탐구과정에 학습자가 능동적으로 참여할 수 있는 환경여건이 어렵다.
⑤ 평가방법에 관한 개발이 되어있지 않다.
⑥ 청소년의 욕구와 그들의 광범한 생활문제를 등한시하고 있다.

참고

Bruner의 나선형 교육과정 (99. 중등추가)

1. 개 념
  ① 나선형 교육과정은 기본개념과 기본원리를 반복하여 발달단계가 점차 높아짐에 따라 질적으로 심화되고 양적으로 취급 범위가 넓어지는 입체적인 나선조직을 이루고 있다.
  ② 교육과정의 조직은 쉬운 것에서 어려운 것으로 구체적인 것에서 추상적인 것으로 조직하는 것이다.

2. 기본원리
  ① 표현방법의 수준을 학생의 지적발달에 맞추면 어떠한 학생이든지 지식의 구조를 이해할 수 있다는 것이다.
  ② 어떤 단계를 막론하고 가르쳐야 할 교육내용은 동일하다.
  ③ 학자가 하는 일을 학생이 하게 한다.

3. 구성원리
  ① 계열성 : 교육내용의 논리적 심리적 계열방법에 관심을 두어 심화, 확대해 간다.
  ② 계속성 : 계속적인 반복학습이 이루어져야 한다.
  ③ 통합성 : 기본적인 아이디어의 탐구를 위하여 교과상호 간의 연결과 병합을 이루어야 한다.

4. 나선형 교육과정의 표현방법
  ① 작동적 표현 : 전 조작기는 실제 행함으로써 원리개념을 이해시킨다.
  ② 영상적 표현 : 구체적 조작기는 모형이나 그림을 통해 원리를 이해시킨다.
  ③ 상징적 표현 : 형식적 조작기는 공식이나 언어를 써서 이해시킨다.

5. 장단점
  ① 장점 : 이해, 파지, 전이가 쉽고 지적인 탐구력이 용이하게 획득된다.
  ② 단점 : 지나치게 인지적 측면을 강조하여 전 인격적 성장을 저해하며, 교과 간의 통합이 곤란하다.

4. 인간중심 교육과정(1980~현재) (92. 중등 : 99. 초등 : 10. 중등)

(1) 성격
① 잠재적 교육과정을 표면 교육과정과 똑같이, 경우에 따라서는 더 중시한다.
② 학교 환경의 인간화를 위해 노력한다.
③ 자아실현을 목표로 설정한다.
④ 인간주의적인 교사를 가장 필요로 한다.

(2) 장점
① 전인교육을 통하여 인간의 성장 가능성을 조화롭게 발전시킬 수 있다.
② 학습자의 개별적인 자기성장을 조장할 수 있다.
③ 학습자의 자아개념을 긍정적으로 형성하는 데 도움이 된다.
④ 학습과정을 통한 터득된 의미가 내면화 될 수 있다.

(3) 단점
① 자유로운 환경조성과 역동적인 인간관계가 유지되지 않으면 교육성과의 보장이 어렵다.
② 교사들의 투철한 교육관이 확립되지 않으면 그 실현이 어렵다.
③ 과대규모의 학교와 과밀학급의 규모, 밀도를 줄이는 개선책과 학교교육에서 지나친 경쟁과 비교를 지양하는 학교 행정적 조건정비가 선행되지 않으면 그 실현이 어렵다.
④ 교육의 인간화가 보장되지 않으면 그 실현이 어렵다.

참고

통합교육과정

1. 특징
① 지식의 분절화를 방지한다.
② 통합적 접근은 지식의 기본원리 이해를 도모할 수 있다.
③ 학생들의 심리적 발달에 상응한 교육이 가능하다.
④ 전인격적 성장에 관심을 둔다.
⑤ 학생들의 긍정적 자아개념을 형성하게 한다.

2. 통합유형
① 간학문적 통합 : 두 개 이상의 학문분야를 결합하거나 상호 관련시키는 것(정치사회학, 정신생리학, 미생물학, 전자음악 등)
② 다학문적 통합 : 인구, 공해, 범죄, 환경 등과 같이 사회나 자연현상, 그리고 인간생활에서 나타나는 문제 또는 주제와 관련하여 여러 가지 학문이 다양하게 동원됨으로써 이루어진다.
③ 탈학문적 통합 : 아동중심적인 입장에서 자유로운 표현활동이나 문제 해결의 과정을 통해서 이루어지는 통합방법이다. 흥미중심의 통합, 표현중심의 통합, 경험중심의 통합으로 나눌 수 있다.

🔍 **표면적 교육과정의 종합 비교 정리**

	교과 중심	경험 중심	학문 중심	인간 중심
기 원	7자유과	자연주의(루소)	브루너	자연주의(루소)
심리학	형식도야설	반성적 사고, 성장	인지주의 학습이론	인본주의 심리학
인식론	관념론	실용주의	인지론	실존주의
목 적	지적능력의 계발	전인적 인간형성 (사회적 유능인)	과학자 (이성의 계발)	자아실현인
방 법	반복적 학습통한 지식의 주입	문제해결법	발견법	성 장
교육내용	문화유산의 전달	생활경험 (광의의 경험)	구조화된 지식	실존적 경험 (자아실현 경험)
교육철학	본질주의	진보주의	항존주의	실존주의

5. 그 외의 교육과정

(1) 명시적 교육과정(표면적 교육과정)

학교에서 의도적으로 가르치려 하는 교육과정이다.

(2) 잠재적 교육과정 (91. 중등 : 93. 중등 : 96. 중등 : 99. 초등 : 99. 중등 : 99. 초등보수 : 00. 중등 : 02. 초등 : 08. 중등 : 09. 초등 : 09. 중등 : 14. 중등)

① 개념 : 학교에서는 가르치려고 의도하지 않았으나, 학교의 물리적 조건, 제도, 사회심리적 상황을 통하여 학생들이 은연중에 배우게 되는 경험의 총체로 학교의 문화풍토와 관련이 있다.

② 표면적 교육과정과 잠재적 교육과정의 비교

㉠ 표면적 교육과정은 학교에 의하여 의도적으로 조직되고, 가르쳐지는 반면에 잠재적 교육과정은 학교 생활하는 동안에 은연중에 배우게 된다.

㉡ 표면적 교육과정은 주로 지적인 것과 관련이 있다면, 잠재적 교육과정은 비지적인 정의적 영역과 관련이 있다.

㉢ 표면적 교육과정은 주로 교과와 관련이 있다면 잠재적 교육과정은 주로 학교의 문화풍토와 관련이 있다.

㉣ 표면적 교육과정은 단기적으로 배우며, 어느 정도 일시적인 경향이 있는 데 반해, 잠재적 교육과정은 장기적, 반복적으로 배우며, 보다 항구적이다.

㉤ 표면적 교육과정은 주로 교사의 지적, 기능적인 영향을 받으나 잠재적 교육과정은 주로 교사의 인격적인 감화를 받는다.

㉥ 표면적 교육과정이 주로 바람직한 내용인 데 반하여, 잠재적 교육과정은 바람직한

것뿐만 아니라 바람직하지 못한 것도 포함한다.
ⓐ 표면적 교육과정과 잠재적 교육과정이 서로 조화되고 상보적인 관계에 있을 때 학생 행동에 강력한 영향을 미칠 수 있다.
ⓒ 잠재적 교육과정을 찾아내어 이를 계획한다 하여도 표면적 교육과정과 잠재적 교육과정의 구조는 변하지 않는다.
ⓓ 표면적 교육과정 그 자체에 잠재적 기능이 있다.

(3) 영(零)교육과정(Eisner)
(96. 중등 : 99. 초등 : 99. 초등추가 : 02. 중등 : 03. 초등 : 05. 중등 : 09. 초등 : 09. 중등 : 10. 초등)

① 겉으로 확인할 수 없는 무형의 형태로 존재하는 교육과정으로 가르치는 교사의 마음속에 계획되어 있는 교육과정을 의미한다.
② 학교에서 소홀히 하거나 공식적으로 가르쳐지지 않는 교과나 지식, 사고방식을 일컬으며, 학생들이 공식적 교육과정을 배우는 동안에 놓치게 되는 기회학습 내용이라 할 수 있다.
③ 교육과정이 선택과 배제, 포함과 제외의 산물이므로 영 교육과정은 필연적인 산물이다.
④ 가르칠 내용을 선택, 포함시키기도 하지만, 일부러 특정 내용을 배제, 약화시켜 학생들이 배울 기회를 놓치게 만드는 기능도 수행한다.
⑤ 교육과정을 인본적, 심미적 관점에서 접근하려는 시도이다.

02 Tyler의 합리적 모형
(98. 중등 : 07. 중등 : 08. 중등 : 09. 중등)

(1) Tyler 모형의 특징
① 교육과정 기본모형으로서 목표모형의 대표적 이론이다.
② 교육과정 개발자가 따라야 할 절차를 제시한다는 점에서 처방적 모형이다.
③ 전체 교과에서 단원의 개발로 진행되는 연역적 모형이다.
④ 목표에서 평가로 진행하는 일정한 방향을 갖는 직선형 모형이다.

(2) 교육목표의 수립
① 목표수립에 있어 고려해야 할 사항
  ㉠ 목표추출을 위한 제1의 원천은 학습자에 대한 연구로서 학습자의 심리적 요구, 학생의 관심과 흥미에 대한 분석이다.
  ㉡ 현대사회에서 요구하는 것을 파악하기 위하여 학교 밖의 지역사회, 국가, 세계를 잘

알고 고려해야 한다.
ⓒ 교과전문가의 견해를 고려해야 한다.
② 목표거름체
　㉠ 학습자 연구, 사회요구 조사, 교과전문가의 제언으로부터 잠정적인 목표를 구성할 수 있다.
　㉡ 첫째, 잠정적인 목표를 학습자가 달성할 수 있는 것인가를 알아보기 위해 학습 심리학을 통해 걸러본다.
　ⓒ 둘째, 교육적으로 추구할 만한 가치가 있는 것인가를 판단하기 위하여 교육철학을 통해 걸러야 한다.
③ 잠정적 목표를 학습활동으로 선정하는 기준
　㉠ 합의된 가치와 기능과의 합의성
　㉡ **포괄성** : 목표는 특정 학습자의 사소한 행동을 다루는 것이 아니므로 보다 많은 사람들이 가치 있게 받아들이는 것을 포괄해야 한다.
　ⓒ **일관성** : 목표는 서로 일관성이 있어야 한다.
　㉣ **달성가능성** : 교육과정 개발자는 교사의 교수가능성, 학습자의 학습가능성, 지역사회의 교수자원의 구입용이성, 시설과 설비 및 비용을 고려한 목표를 선정해야 한다.

(3) 학습경험의 선정 (00. 초등보수)
① 개요
　㉠ 학습경험은 한 과목에서 다루게 되는 내용이나 교수활동은 아니다.
　㉡ 학습경험은 학습자와 외적 환경과의 상호작용으로, 학습은 학습자가 행한 행위를 통해서 이루어지며, 학생들에게 무엇을 제공했느냐의 문제라기보다는 학생들이 무엇을 경험했는가의 문제이다.
② 학습경험 선정을 위한 일반원칙
　㉠ **기회의 원칙** : 학생들이 교육목표 달성에 필요한 학습경험을 할 수 있는 기회를 제공하라는 원칙이다.
　㉡ **만족의 원칙** : 학생들이 학습함에 있어서 만족을 느끼는 경험이어야 한다.
　ⓒ **학습가능성의 원칙** : 학습경험은 학생들이 현재 수준에서 경험이 가능한 것이어야 한다.
　㉣ **일 목표 다 경험의 원칙** : 하나의 목표를 달성하기 위해서는 여러 가지 경험을 할 수 있는 학습경험을 선정한다.
　㉤ **일 경험 다 성과의 원칙** : 동일한 학습경험을 통해 여러 가지의 교육 목표를 도달할 수 있는 학습경험을 선정한다.

③ 목표달성에 유용한 학습경험
  ㉠ 지식과 이해 함양을 위한 학습경험이다.
  ㉡ 사고능력 계발에 필요한 학습경험이다.
  ㉢ 정보 습득에 도움이 되는 학습경험이다.
  ㉣ 사회성 함양에 도움이 되는 학습경험이다.
  ㉤ 흥미 계발에 필요한 학습경험이다.
  ㉥ 감상력 함양을 위한 학습경험이다.
  ㉦ 기능 습득을 위한 학습경험이다.

(4) 학습경험의 조직 (03. 초등)
  ① 개요
    ㉠ 학습경험이 교육적 효과가 있으려면 경험이 축적되어서 상승효과를 가져올 수 있도록 조직되어야 한다.
    ㉡ 조직은 크게 시간적 관계와 공간적 관계를 고려한 수직적·수평적 조직으로 나눌 수 있다.
    ㉢ 5학년의 지리와 6학년의 지리는 수직적 조직의 문제이고, 5학년 지리내용과 역사내용은 수평적 조직의 문제이다.
    ㉣ 수평과 수직 관계를 통해 서로 상충되어 효과가 상쇄되어는 안 되며, 서로 경험하여 효과가 상승, 강화될 수 있어야 한다.
  ② 학습경험 조직의 기준
    ㉠ 계속성 : 중요한 교육과정 요소를 시간을 두고 연습하고 개발할 수 있도록 여러 차례에 걸쳐 반복적으로 기회를 주는 것이다(동일내용의 반복).
    ㉡ 계열성 : 계속성과 관련되지만 학습내용이 단계적으로 깊어지고 높아지도록 조직하는 것을 의미한다(수준을 높인 동일내용의 반복).
    ㉢ 통합성 : 교육과정의 요소들을 수평적으로 연관시키는 것이다.

(5) 학습경험의 평가
  ① 평가과정이란 교육목표가 교과과정이나 학습지도를 통해 어느 정도 실행되고 있는가를 확인하는 일이다.
  ② 평가는 변화를 알아보는 것이므로 한 번 이상 이루어져야 한다.
  ③ 행동적 용어로 목표를 분명하게 진술하고 여기에 따라 행동을 표현할 기회, 곧 학습행위를 학생들이 성취할 기회가 어떻게 주어졌는가를 밝힌 후에 적절한 평가도구를 고안한다.

(6) Tyler 개발모형의 장점

① 어떤 교과, 어떤 수업수준에서도 활용, 적용할 수 있는 폭넓은 유용성이 있다.
② 논리적이고 합리적인 일련의 절차를 제시하고 있어 교육과정 개발자나 수업계획자가 이를 따라하기가 비교적 쉽다.
③ 학생의 행동과 학습경험을 강조함으로써 평가에 매우 광범위한 지침을 제공해 주었다.
④ 교육과정과 수업을 구분하지 않고 통합적으로 목표-경험선정-경험조직-평가를 포괄하는 광범한 종합성을 띠고 있다.
⑤ 경험적·실증적으로 교육성과를 연구하는 경향을 촉발하였다.

(7) Tyler 개발모형의 단점

① 목표의 원천은 제시하고 있으나 무엇이 교육목표이고, 그것이 왜 다른 목표를 제치고 선정되어야 하는지 그 이유를 분명하게 밝혀주지 못한다.
② 목표를 분명히 미리 설정한다는 것은 수업 진행과정 중에 새롭게 생겨나는 부수적·확산적 목표의 중요성을 간과한 것이다.
③ 목표를 내용보다 우위에 두고, 내용의 목표 달성을 위한 수단으로 전락시킨 면이 있다.
④ 무엇을 가르쳐야 할 것인가에 대한 대답을 회피하고, 교육과정의 실질적 내용이 어떤 것인가도 가르쳐주지 않고, 단지 그것을 확인하는 절차만을 제시하고 있다.
⑤ 겉으로 평가할 수 있는 행동만을 지나치게 강조함으로써 잠재적 교육과정이나 내면적인 인지적 구조의 변화, 가치와 태도 및 감정의 변화를 확인하는 데 약하다.
⑥ 교육과정 개발절차를 절차적, 체계적, 합리적, 규범적으로 처방하여 제시함으로써 복잡한 것들에 대한 기술을 경시하였다.
⑦ 가치와 규범적 의미를 내포하지 않은 기술적 용어로 교육목표를 규정하고 있다.
⑧ 교육목표가 교육내용의 가치보다는 학습자와 사회의 필요 등의 수단적인 것으로 주어져 있다.
⑨ 교육목표 진술시 행동적 차원의 강조는 본말전도의 위험을 내포하고 있다.

03 Eisner의 교육과정 개발의 예술적 접근

(99. 초등 : 04. 초등 : 07. 초등 : 08. 초등)

1. 개 요

① Eisner는 1960년대 이후 예술교육과 교육과정에 큰 관심을 갖고 있었다.
② 1960년대 행동적 교육목표와 전통적인 학문교과를 지나치게 강조했던 학교 교육과정 풍토를 강력히 비판하였다.

③ 당시의 경험-분석적 연구형태에서 1970년대 예술교육과 교육과정에 대한 질적인 연구를 시도하였다.
④ 그에 따르면 교육과정에 대한 의사결정을 하는 사람은 실재에 대한 다양한 시각을 표현하는 예술가와 같은 사람이다.
⑤ 그는 인본주의적이고 심미적인 관점에서 예술적인 교육과정 개발의 접근방법을 제시하였다.

2. Eisner의 교육과정 개발의 예술적 접근

(1) 목표설정

① 명백한 교육목표뿐만 아니라 잘 정의되지 않는 목표도 고려하여야 하며, 목표의 중요성(우선순위)을 토의하는 과정에서 심사숙고하여야 한다.
② 교육과정 개발 시 서로 상충되는 문제는 예술적 기술과 재능이 요구된다고 제안하였다.
③ 아이즈너의 행동목표 비판과 질적 평가의 강조

　㉠ 행동목표 비판

　　㈀ 아이즈너는 1966년 2월 시카고에서 개최된 미국교육연구협회(AERA)제15차 연례학회에서 「교육목표 : 조력자인가 아니면 방해꾼인가」라는 논문을 발표하였다.
　　㈁ 이 논문에서 그는, 교육과정을 편성할 때에 교육목표를 설정하는 것이 중요한 작업으로 부상하는 배경과 그것이 '행동목표'로 발전하는 과정을 역사적으로 고찰한 다음, 당시 학계에서 별 시비 없이 그 유용성을 널리 인정받던 행동적 교육목표의 기능을 네 가지로 비판하였다.

　　　ⓐ 첫째, 수업은 아주 복잡하고 역동적인 과정을 거치면서 진행되는 것이므로 이 수업이 끝난 후 학생들에게 나타날 수 있는 '모든' 것을 수업을 시작하기 전에 미리 행동목표의 형태로 구체화하여 진술하는 것은 불가능하다.
　　　ⓑ 둘째, '행동목표' 진술 운동은 과목의 특성을 전혀 고려하지 않고 있다. 수학, 언어, 과학 등의 과목은 학생들이 수업 후에 나타내 보여야 할 행동이나 조작을 아주 상세하게 구체화할 수 있을지 모르지만, 예술 영역에서는 이러한 구체화가 가능하지도 않고 바람직하지도 않다. 수학이나 언어 영역에서는 학생들의 반응이 서로 유사한 것이 바람직할지 모르지만, 창의성을 중요시하는 예술교과에서는 학생들이 독창적인 반응을 나타내도록 격려한다.
　　　ⓒ 셋째, 행동목표를 주장하는 사람들은 행동목표가 학생들의 성취도를 측정할 때 필요한 측정의 기준으로 사용될 수 있다고 말하는데, 이는 '기준을 적용하는 일'과 '판단하는 일'을 구분하지 못한 소치다. 학교에서 학생들에게 가장 강조하는 것은 호기심, 창조성, 독창성 등의 계발인데, 이러한 특성들이 학생들에게 길러졌는지 아닌지는 어떤 기준을 적용하여 측정할 수 있는 것이 아

　　　　니고 교사들의 '질적인 눈'으로 판단할 수밖에 없는 것이다.
　　ⓓ 넷째, 행동목표를 중요시하는 학자들은 교육목표를 세분화할 것과 이 교육목표가 교육내용을 선정하기 전에 확정되어야만 할 것을 강조하는데 이는 옳지 않다. 얼핏 생각하기에는, 교육과정을 구성하기 전에 목표가 아주 상세하게 설정되어야 어디로 나아가야 할지 그 방향을 알 수 있는 것 아니냐고 말할 수 있다. 논리적으로 그럴듯한 말이다. 그러나 교사들은 교육적으로 유익하리라고 생각되는 활동을 선정하여 학생들에게 적용해 보고, 그 결과를 토대로 하여 그 활동의 목표나 결과를 확인할 수도 있는 것이다. 실제 많은 교사들은 이런 식으로 수업하고 있다. 따라서 교육목표는 교육내용을 선정하고 조직하기 전에 명시되어야 한다는 것은 자연스럽지 않은 것, 즉 심리적으로 옳지 않은 것이다. 우리는 학교 밖에서 무엇을 배울 때 행동목표를 정해 놓고 질서 정연한 순서에 따라 배우지 않는다. 분명한 목적을 항상 가지고 있는 것도 아니다. 실제 우리는 목적이 무엇인지도 모르고 무엇인가를 학습하고 있다.
　ⓒ 아이즈너는 '행동목표'에 대한 자신의 비판을 다듬어서, 그의 유명한 책「학교프로그램의 설계와 평가에 관한 교육적 상상력」에서 교육목표에는 전통적인 '행동목표 외에 두 가지 형태가 더 존재할 수 있다.'고 주장하였다. 첫째는 '문제해결목표'로서, 수업 시 문제해결을 요구하는 형태로 수업목표가 진술될 수 있음을 지적하였다. 둘째는 '표현적 결과'로서, 우리는 심지어 목표를 미리 설정하지 않고 어떤 활동이나 경험을 할 수 있는 것이며 그러는 가운데에서도 우리는 무엇인가 유익한 것을 배울 수 있다는 것이다.

ⓒ **문제 해결 목표와 표현적 결과 목표를 제시**
　㈀ 문제 해결 목표
　　ⓐ 문제 해결 목표란 어떤 문제와 그 문제를 해결할 때 지켜야 할 조건이 주어지면, 그 조건을 충족시키면서 문제를 해결해야만 하는 경우를 말한다.
　　ⓑ 예를 들면, '20만 원의 예산으로 최소한 책 100권을 갖춘 학급문고를 꾸미기'와 같은 것으로 이 목표는 문제와 따라야 할 조건은 분명하지만 그 해결책은 여러 가지일 수 있다.
　　ⓒ 행동목표의 경우처럼, 미리 정해진 해결책을 학생이 찾아내도록 요구하는 것이 아니라, 정해지지 않은 수많은 해결책들 중 하나 또는 그 이상을 학생 각자가 찾아내도록 유도하는 것이다.
　㈁ 표현적 결과 목표 (09. 초등)
　　ⓐ 학생들은 학교에서 목표를 정하지 않고 무엇인가 재미있고 유익할 것으로 생각되는 활동을 하면서 배운다고 아이즈너는 지적한다.
　　ⓑ 우리의 일상생활에서는 이러한 경우가 많다. 예를 들면, 영화를 보러 갈 때

행동용어를 써서 아주 구체적으로 행동목표를 설정하거나 몇 가지 조건이 주어진 문제해결 목표를 미리 정해 놓고 이 목표에 도달하기 위하여 극장에 가는 사람은 아무도 없다. 우리는 정해진 목표 없이도 그저 영화를 보면 뭔가 재미있을 것 같은 막연한 느낌을 가지고 극장에 가서 유익한 그 무엇을 배울 수 있다.

ⓒ 이처럼 목표를 미리 정하지 않고 어떤 활동을 하는 도중이나 끝낸 후에 교육적으로 바람직한 그 무엇을 얻을 수도 있으므로 이를 아이즈너는 행동목표나 문제해결 목표와 구별하여 '표현적 결과'(expressive outcome)라 부르고 있다.

ⓓ 아이즈너는 '표현적 결과'를 처음에는 '표현적 목표'라고 불렀으나, 목표라는 말은 성격상 미리 정해진 것을 의미하기 때문에 이 경우에 합당하지 않은 표현이라 생각하여 최근에는 '표현적 결과'라 부르고 있다. 요약하면, '표현적 결과'란 우리가 어떤 활동을 하는 도중 또는 종료한 후에 얻게 되는 것을 말한다.

ⓔ 학교에서 이러한 표현적 결과를 기대하면서 수업을 하는 경우는 주로 음악, 미술, 체육 등의 과목에서 많이 나타난다.

ⓕ 미술 시간에 학생들에게 수채화를 그리도록 요구하는 미술 교사는 행동목표를 제시하거나 문제해결목표를 제시하지 않는다. 물감을 가지고 종이 위에 무엇인가 표현하도록 학생들에게 요구하고 교사는 학생들의 작품이 진행되는 과정을 지켜보면서 필요한 경우 가끔 지도를 한다.

ⓖ 미리 정해진 목표가 없지만 학생들은 미술 시간을 통하여 무엇인가 유익한 것을 배우고 있음은 분명하다. 음악 시간에 노래를 부르거나 악기를 연주할 때, 체육 시간에 무용을 하거나 운동을 할 때 학생들은 행동목표나 문제해결목표 없이 그저 즐거워서 그 활동을 하고 뭔가 유익한 것을 결과적으로 얻는다.

ⓗ 지금까지 설명한 아이즈너의 생각을 표로 간략하게 요약하면 표와 같다.

 교육목표의 세 가지 형태

종류	특징	평가방식
행동목표 (behavioral objectives)	• 학생의 입장에서 진술 • 행동용어사용 • 정답이 미리 정해져 있음	• 양적평가 • 결과의 평가 • 준거지향 검사 사용
문제해결목표 (problem-solving objectives)	• 일정한 조건 내에서 문제의 해결책을 발견 • 정답이 정해져 있지 않음	• 질적 평가 • 결과 및 과정의 평가 • 교육적 감식안 사용
표현적 결과 (expressive outcomes)	• 조건 없음 • 정답 없음 • 활동의 목표가 사전에 정해지지 않고 활동하는 도중 형성 가능	• 질적 평가 • 결과 및 과정의 평가 • 교육적 감식안 사용

(2) 교육과정의 내용선정

① 교육과정 선택 시 고려해야 할 사항으로, 영 교육과정(null curriculum)에 대해 고려하여야 한다.
② 개인, 사회, 교과의 세 자원으로부터 내용을 추출하여야 한다고 강조하였다.

(3) 학습기회의 유형

① 목표와 내용을 학생에게 의미 있는 학습활동으로 변형하여야 한다.
② '교육적 상상력' : 교사들이 실제 학생들에게 의미 있고 만족스러운 다양한 학습기회를 제공할 수 있도록 교육목표와 교육내용을 학생들에게 적합한 형태로 변형하는 능력

(4) 학습기회의 조직

① 학생들이 다양한 학습결과를 유도할 수 있는 비선형적 접근방법을 강조한다.
② 학생들의 학습결과와 학습경험의 폭을 넓힐 수 있는 일련의 학습자료와 교육활동을 제공해야 한다.
③ '통제'보다는 '참여'를 강조한다.

(5) 내용영역의 조직

다양한 교과들 사이를 꿰뚫는 내용(cross-curricula) 조직을 강조한다.

(6) 제시양식과 반응양식

① 학생의 교육기회를 넓혀주는 다양한 의사소통양식을 사용한다.
② 아이즈너는 인쇄된 서적이나 쓰여진 글만이 어떤 사람의 지식상태를 보여줄 수 있는 유일한 방법이라고 믿는 교육자들을 비판한다.
③ 산문보다는 시적인 표현이나 은유적 표현을 강조한다. 은유적 표현은 나름대로의 양식을 가지고 있으며, 일상적인 언어의 양식으로 의사소통되는 것보다 더 강력한 의미를 포함한다.
④ 그는 이러한 은유의 표현양식에 대한 생각을 교실 내에서 이루어지는 의사소통 상황에 적용한다.
⑤ 아이즈너는 교사가 교육과정을 표현하는 의사소통 양식을 다양하게 활용하지 않으면 그 교사는 다양한 반응양식을 개발하는 학생들의 교육기회를 부정하는 꼴이 된다고 지적한다.

(7) 참 평가(authentic assessment)

① 기존의 평가
   ㉠ '타일러의 논리', 즉 학교를 공장으로 보는 입장에서의 교육평가란 미리 정해진 기

준을 가지고 학생의 수행을 재는 것을 의미한다.
- ⓒ 즉, 공장에서는 생산된 완제품의 질을 평가할 때 그 제품의 설계도를 참조하듯 학교에서는 학생의 성취도를 미리 정해진 목표에 비추어 달성 여부를 판단한다.
- ⓒ 이때 중요한 것은 누가 평가해도 학생의 성취도를 동일하게 확인할 수 있는 방법을 사용하는 것이다.
- ⓔ 따라서 교사의 질적인 판단은 최소화하고, 관찰 가능한 정보에 근거해서 학생의 성취도를 양적으로 파악하기 위해서는 선다형 시험이 가장 현실적인 선택이 될 수밖에 없었다.
- ⓜ 이와 같이 '타일러의 논리'를 기초로 한 행동목표를 사용한 수업은 결국 선다형 시험의 형태를 보편화시켰고, 이러한 모범 답안이 미리 정해진 선다형 시험은 학생들로 하여금 교과서에 실린 단편적인 지식을 효과적으로 암기하고 재생하도록 학습의 방향을 유도하였다. 즉, 공부 잘하는 학생의 대열에 끼는 방법은 곧 책에 실린 지식을 잘 외우고 이를 선다형 시험을 통해 잘 재생하는 것이었다.

② **아이즈너의 평가의 개념**
- ⊙ 아이즈너는 위와 같은 평가 방식이 진정한 평가, 참된 평가가 아니라고 비판한다.
- ⓒ 우리가 학교에서 접한 선다형 시험을 학교 밖에서 접할 기회가 있던가? 아마 운전면허 시험을 제외하고는 일상생활에서 선다형 시험을 보는 일은 거의 없을 것이다. 단편적인 지식을 외우도록 유도하는 선다형 시험은 실생활과 아주 동떨어진 것이다.
- ⓒ 그렇다면 대체 선다형 시험 말고 어떤 형식의 평가 문항을 이용하는 것이 학생들에게 단편적인 지식을 암기하도록 유도하지 않고 실생활과 밀접한 관련이 있는 지식과 기능을 재미있게 학습하도록 안내하는 길인가? 문제해결력을 신장시키려면 평가 문항이 어떤 모습을 띄어야 할까?
- ⓔ 아이즈너는 '타일러의 논리'에 기초한 평가 방식은 학생들이 실생활에서 필요로 하는 능력, 즉 문제해결력을 학습하는 데 별로 도움이 되지 않는다고 지적하면서, 학교에서 행하는 평가가 '참 평가'(authentic assess- ment)가 되려면 다음과 같은 여덟 가지 기준을 따라야 한다고 주장하고 있다.

③ **참 평가의 기준**
- ⊙ 학생들이 알고 있는 것, 할 수 있는 것을 평가하기 위한 과제는 학교 내에만 국한된 것이 아닌 학교 밖의 세계에서 부딪힐 수 있는 것이어야 한다.
    - (ᄀ) 오늘날 우리의 학교 내에서 행해지는 평가의 문항 또는 과제의 특성은 그것이 실생활의 문제와 전혀 또는 거의 관련이 없다는 데 있다.
    - (ᄂ) 학교를 졸업하고 사회에 나가서 선다형의 문제를 풀게 되는 경우는 아마 운전면허시험 밖에 없을 것이다.

ⓒ 학교에서 수학, 과학 등을 가르친 후 평가를 할 때 사용하는 문제는 배운 지식을 이용하여 실생활의 문제를 푸는 능력과 관계있는 것이어야 한다. 일상생활에서는 일생을 통해 전혀 접할 가능성이 없는 그런 형식의 평가 과제는 학교에서 사용되지 않는 것이 바람직하다.
ⓒ 학생들을 평가하기 위해 사용된 과제는 결과뿐만 아니라 문제를 해결하는 과정도 보여 줄 수 있는 것이어야 한다.
　ⓐ 그동안 학교에서 흔히 사용한 평가 문항의 형태는 소위 객관식이라고 불리는 선다형 또는 단답형이었다.
　ⓑ 이런 문항의 특징은 학생이 그 정답에 이르는 과정을 전혀 보여 주지 않는다는 것이다.
　ⓒ 학생들은 주어진 답지에서 하나를 고르거나 낱말 한두 개를 쓰면 되기 때문에 학생의 사고 과정, 즉 논리적 추리력의 질을 알아낼 길이 없었다.
　ⓓ 학생이 어떤 과정을 거쳐 정답 또는 오답에 이르렀는가에 대한 정보는 교사로 하여금 자신의 교수법을 정정하게 하는 중요한 자료가 될 뿐만 아니라, 학생이 어느 면에서 결함이 있는지도 보여 주기 때문에 개별적 학습지도에 매우 귀중한 자료가 된다.
　ⓔ 따라서 '참 평가'가 되려면 학생이 문제를 해결하는 과정을 보여줄 수 있어야 한다.
ⓒ 평가에 사용된 과제는 그 과제를 만든 지적 공동체의 가치를 반영하여야 한다.
　ⓐ 학교에서 가르치는 지식의 조각들은 학자들, 즉 그 지식을 만든 지적 공동체가 만들어 낸 지식의 일부다.
　ⓑ 이러한 지식의 조각들은 본래 서로 연결되어서 하나의 거대한 의미 있는 구조를 이룬다.
　ⓒ 따라서 학교에서는 학생들로 하여금 자신들이 조각내어 배우는 어떤 지식이 학자들 사이에서 역사적으로 어떤 의미가 있으며 그 조각을 포함하는 지식의 전체는 과연 어떤 모습인가를 알게 해 줄 필요가 있다.
　ⓓ 이런 식으로 가르쳐야 학생들은 자신이 배우는 지식을 의미 없는 단편적인 지식으로 만들지 않고, 그 지식을 만든 지적 공동체의 활동을 이해하게 되어 학습의 즐거움을 맛보게 된다.
ⓔ 평가의 과제는 한 사람의 활동에만 국한될 필요는 없다. 우리가 부딪히는 많은 과제는 집단의 노력을 필요로 한다.
　ⓐ 학생들이 학교를 졸업하고 사회에 나가 일을 할 때는 대부분 다른 사람과 협력하여 일하게 된다. 학교에서 이처럼 실제 사회에서 반드시 필요한 협동심을 길러 주려면 학생들이 서로 협동하여 어떤 일을 성취하는 경험을 교육과정을 통해 많

이 제공할 필요가 있다.

ⓛ 따라서 학교에서는 개인별 평가와 함께 집단별 평가가 동시에 사용되어야 한다. 지금처럼 한 학생의 A학점은 다른 학생의 B라는 식의 철저한 개인별 상대평가보다는 집단의 협동을 강조하는 방향으로 평가의 방향을 바꾸는 것이 바람직하다.

ⓜ 평가의 과제는 그 문제 또는 질문에 대한 해결책 또는 답이 한 가지 이상이게 구성되어야만 한다.

ⓐ 학교에서 우리가 푸는 문제들은 오직 한 가지 답만을 가지는 경우가 대부분이다.

ⓛ 따라서 학생들은 이 세상 모든 문제에는 소위 하나의 정답이 있다는 생각을 은연 중 발전시킨다.

ⓒ 결과적으로 이들은 어떤 문제를 만나면, 그 문제를 자신의 생각으로 풀기보다는 이 세상 어딘가 존재하는 정답을 찾으려고 노력한다.

ⓔ 그러나 일상생활에서 우리가 부딪히는 문제들의 정답은 어느 참고서에 수록되어 있지 않다. 한 가지 답만 가지고 있는 경우가 매우 드물다. 실생활에서 우리는 그럴듯한 여러 가지 답들 중에서 하나를 선택할 뿐이다.

ⓜ 따라서 학생들의 사고력과 추리력을 자극하고 문제해결력을 키우기 위해서는 한 가지 답만을 가진 평가 과제보다는 답이 여러 개 일수 있는 평가 과제가 사용되어야 한다.

ⓗ 평가 과제는 수업 시간에 배운 것을 그대로 측정하는 것이어서는 안 되고 학생으로 하여금 배운 것을 새로운 상황에 적용하도록 요구하는 것이어야 한다.

ⓐ 우리가 평가 문항을 제작할 때 고려해야 할 것들 중의 하나는 '내용 타당도'라는 것이다.

ⓛ '내용 타당도'란 학생들이 실제 배운 것을 그 평가 문항이 측정하고 있는지의 정도를 따지는 것이다. 학생들이 전혀 배우지 않은 내용을 측정한다면 이는 '내용 타당도'가 낮은 시험이고 분명 학생들을 당황하게 할 것임에 틀림이 없다.

ⓒ 그러나 학교교육의 한 가지 중요한 목적이 학생들로 하여금 배운 것을 새로운 상황에 적용하여 문제를 해결하는 능력을 길러 주는 것임을 생각하면 수업 시간에 가르친 내용만을 포함하여 평가문항을 제작하는 것은 바람직하지 않다.

ⓔ 학생들이 배운 지식을 그 모습 그대로 직장에서 사용하는 경우는 극히 드물다. 학생들은 그 배운 지식을 구체적 상황 속에서 적절히 수정하여 적용하여야만 한다.

ⓜ 학생들의 적응력을 길러 주기 위해서는 평가 문항이 단순 암기보다는 적용을 요구하는 방식으로 구성되어야만 한다.

ⓢ 평가의 과제는 학생들이 단편적인 사실과 함께 보다 전체적인 맥락에 신경을 쓰도록 하는 것이어야 한다.

- ㈀ 사람의 두상을 조각하는 조각가의 활동을 생각해 보는 것은 이 말을 이해하는 데 도움이 된다.
- ㈁ 그는 자신이 만들려는 모양의 전체 모습을 머리에 떠올린 다음 대충 윤곽을 만들고 이어서 눈, 코, 귀와 같은 구체적인 부분을 깎는다. 조각가는 또한 구체적인 부분을 형상화시켜 나가는 도중 항상 그 두상의 전체적인 모습을 보려고 노력한다.
- ㈂ 컴퓨터 프로그래머도 조각가와 동일한 절차를 밟는다. 자신이 만들려는 프로그램의 전체적인 모습을 먼저 머리에 그리고 이를 하나씩 구체화시켜 나간다. 프로그램의 각 요소를 구체화시키는 도중 그는 늘 이러한 요소들이 모여 하나의 전체로서 완성된 프로그램이 어떻게 작동할까를 생각한다.
- ㈃ 이처럼 부분과 전체를 늘 관련시켜 보는 능력은 실생활에서 매우 중요함으로 학교에서도 이러한 능력의 배양을 강조하여야 할 것이다.

◎ 평가의 과제는 학생들이 배운 것을 표현하기 위해 사용하는 제시 형태를 다양하게 선택할 수 있도록 허용하는 것이어야 한다.

- ㈀ 현재 우리는 모든 학생에게 똑같은 시험문제가 주어져야 한다고 생각하고 있다. 그 이유는 간단하다. 시험문제가 동일해야 학생들 간의 비교가 가능하고 선발이 가능하기 때문이다. 이는 100미터 달리기의 우승자를 가리려면 출발선이 같아야 하고 그 코스가 같아야 한다는 논리와 같다.
- ㈁ 그러나 교육은 운동경기에서 우승자를 가리는 것과는 거리가 멀다. '누가 잘하나'보다는 '누가 무엇을 할 수 있나'를 강조하는 것이 교육의 본질에 가깝다.
- ㈂ 그렇다면 학생을 평가할 때 교사가 일방적으로 준비한 획일적인 자(대부분 선다형 시험)보다는 학생들 각자가 잘할 수 있는 수단, 즉 표현 방법을 통해 자신이 학습한 내용을 보이도록 하는 것은 권장할 만한 일이 아닐까?
- ㈃ 예를 들면, 학생들은 국어 시간에 배운 것을 표현하기 위해 시를 쓸 수도 있고, 음악을 작곡할 수도 있으며, 단편소설을 쓸 수도 있을 것이다. 생물 수업을 마친 후 이것을 이용해 3차원 모형을 만들 수도 있고 진화에 관한 글을 쓸 수도 있을 것이다.
- ㈄ 지리산에 다녀온 학생들이 자신의 느낌을 표현하는 수단은 학생마다 다를 수 있다. 어떤 학생은 시로, 어떤 학생은 사진으로, 어떤 학생은 그림으로, 어떤 학생은 수필로서 지리산 여행에서 배운 것을 표현할 수 있지 않을까?
- ㈅ '지리산에서 고사목이 처음 나타나는 지점은 해발 몇 미터인가?'라는 문제와 함께 네 개의 답지가 주어지는 식의 선다형 문제에 대한 정답을 아는 것은 교육의 본질에 비추어 볼 때 별로 중요하지 않다.
- ㈆ 한 학급 40~50명의 학생 전원에게 똑같은 시험문제를 주고 똑같은 반응을 유도하는 시험은 이제 사라져야 한다.

(8) 평가절차의 유형

① 교육과정 개발과정의 다양한 단계에서 종합적인 평가절차를 사용한다. 아이즈너에게 있어서 평가는 교육과정 계획이나 개발과정의 최종단계로서 행해지는 것이 아니라 평가는 교육과정 계획 및 개발과정의 전반에 널리 퍼져있는 활동이다.
② 지각, 가치판단, 묘사의 기술은 본질상 예술적인 것이라고 주장한다. 따라서 교육과정 구성과정과 그 교육과정에 대한 평가에 있어서 예술적 평가방법을 선호한다.
③ 교육과정을 만드는 것은 기본적으로 예술적 과정이므로 예술적인 심미안을 가져야 한다.
④ 평가는 항상 비형식적으로 이루어진다. 이러한 기술을 그는 '교육적 감식안'이라 부른다.
⑤ 예술적 접근에서는 교육과정과 관련된 중요한 의사결정의 대부분은 교육과정을 실행하고 학생들의 학습경험을 관찰하는 교사에 의해서 이루어져야 한다고 주장한다.

(9) 교육적 감식안과 교육비평

① '참 평가'(authentic assessment) 과제에 대한 학생들의 성취 형태를 평가하는 일은, 그 성격상 양적이기보다는 질적인 작업이다.
② 따라서 교사들은 새로운 형태의 학생 평가 기술이 필요한데, 이를 위하여 아이즈너는 '교육적 감식안'(educational connoisseur-ship)과 '교육비평'(educational criticism)이라는 방법을 제안하고 있다.
③ '교육적 감식안'이란 포도주의 맛을 감식하는 사람, 즉 '포도주 감식가'가 오랫동안 포도주의 맛을 보는 경험과 훈련을 통하여 포도주들의 미묘한 질의 차이를 구별해 낼 수 있듯이, 학생들의 성취 형태를 평가하는 일을 오랫동안 주의 깊게 경험한 사람은 학생들의 성취 형태들 사이의 미묘한 차이를 감지할 수 있게 되는 것을 말한다.
④ 이를 교육 분야에 적용시켜보면, 일선 교단에서 수업을 오랫동안 해 본 교사는 갓 발령이 난 초임 교사보다 어떤 수업이 좋은 수업인지를 구별할 수 있는 감식안을 가지고 있을 가능성이 높다.
⑤ 따라서 경험이 풍부한 교사가 교육실습생의 수업을 참관한 후 말하는 내용은 신규 교사의 말보다 그 무게가 더 있을 뿐만 아니라 공감의 폭이 넓다.
⑥ '교육적 감식안'이란 말을 학생들의 학업 성취를 평가하는 일과 관련시켜 좀 더 구체적으로 설명하면, 미술 교사가 학생들의 작품을 감상할 때 그 미묘한 질의 차이를 구별할 수 있는 감식안을 가지고 있듯이, 다른 교과를 가르치는 교사들도 자신들이 가르치는 교과에 대한 학생들의 수행(performances) 사이의 미묘한 차이를 구별할 수 있는 감식안을 가질 수 있다는 것이다.
⑦ 감식가가 자신이 느끼는 미묘한 질의 차이를 일반인들, 예컨대 학생과 학부모도 볼 수 있도록 언어로 표현한다면, 이 언어적 표현은 '교육비평'이 된다.
⑧ 어느 분야에 대한 감식안을 가진 사람만이 감지할 수 있는 미묘한 차이를 그 분야의

비전문가가 이해할 수 있도록 언어로 표현하는 일은 결코 쉬운 일이 아니어서 비평가들은 흔히 직유, 은유, 유추, 시적 표현 등을 자주 사용하게 된다.

⑨ 요약하면, 감식안이란 '감상하는 기술'이고 '개인적인' 성격이 강한 반면에, 비평이란 '남에게 전달하는 기술'이고 '공적인' 성격이 강하다.

⑩ 교사는 이러한 '교육적 감식안'과 '교육비평'이라는 질적인 평가 기술(arts)을 터득하기 위하여 학생들의 성취도를 유심히 관찰하고 이를 언어로 형상화하려는 노력을 꾸준히 기울여야 한다고 아이즈너는 주장하고 있다.

(10) 아이즈너 모형의 평가

① 아이즈너의 예술적 모형은 다른 학자들의 접근법과 다른 점이 있다.

② 타일러는 교육과정이 계획자가 미리 설정한 목표를 달성하는 데 공헌할 때에만 가치가 있다고 보고 일련의 불변하는 단계를 설정한 반면, 아이즈너는 교육과정 계획과 개발과정을 무제한적인 과정(open ended process)으로 묘사한다.

③ 즉, 각 수단은 곧 여러 목적 중 하나의 목적을 갖는 과정이며, 그 과정은 내재적인 가치를 지닌다는 논리 하에 각 단계는 어떤 순서에 따라 수행될 수 있으며 나아가 반복해서 수행될 수도 있다.

④ 숙의의 과정을 중시했다는 점에서 워커와 아이즈너는 공통되지만, 워커는 오로지 계획된 교육과정을 만드는 문제 상황에서 숙의과정을 설명하고 있는 반면, 아이즈너는 숙의과정에서 예술성이 계획된 교육과정, 실행된 교육과정, 학생이 경험한 교육과정의 내재적 가치를 어떻게 강화시켜 주는가를 설명하고자 한다.

⑤ 타일러와 워커와는 달리 아이즈너는 사회적 실재란 단순히 그 자체로서 존재하는 것이 아니라 사회적 실재 안에 살고 있는 사람들에 의해 끊임없이 구성, 재구성되는 것이라고 생각한다. 즉, 사회적 실재는 협의된 것으로서, 사회적 실재를 기술하는 데 사용되는 심벌에 의해 의미가 한정되는 구성체이다.

04 Pinar의 모형 : 재개념화 이론의 교육과정 모형

(98. 중등 : 00. 중등 : 07. 중등 : 11. 초등)

1. 재개념주의자들의 관심과 탐구영역

(1) 역사적 비판

기술공학적이고 행동주의적인 교육과정 연구 모형에 대한 역사적 비판을 통하여 탈 역사성과 가치중립성의 허구를 지적하고 그 문제점을 부각시키는 일에 관심을 갖는다.

(2) 교육과정 이론의 의미 탐구

교육과정에 있어서의 이론과 실제의 의미와 그 관련성을 생각하고자 한다.

(3) 이데올로기 교육가능성 반성

Apple 등의 학자들은 교육과정의 정치적, 사회적, 경제적 배경을 분석하고 비판한다. 그들의 연구에는 잠재적 교육과정, 주도권, 재생산이론, 저항이론, 대응이론 등의 용어를 만들어 다양한 연구 관심들을 보이고 있다.

(4) 미학적 비판

교육과정에 대한 미학적 비판을 시도한다. Huebner, Greene, Eisner 등은 개인적인 의미의 형성을 통한 실존적이고 창조적인 과정이라는 점을 밝히고자 한다.

(5) 현상학, 해석학적 접근

캐나다 앨버타대학을 중심으로 교육과정에 대한 현상학적, 해석학적 탐구의 경향을 보인다.

2. Pinar의 교육과정 탐구의 실존적 재개념화

(1) 기본적인 주제 : 인간의 실존적 해방

① Pinar의 교육과정 이론은 우리가 처하고 있는 사회적, 문화적 현실 속에 개인이 갖는 경험과 그 의미를 파헤치고 이해하는 일에 초점이 주어진다.

② 그는 스스로 자신의 모든 학문적 노력이 궁극적으로 추구하는 기본적 목표는 인간의 해방이라고 규정하고, 해방이란 '정치적, 경제적, 심리적 불공정성으로부터 자신과 타인을 자유롭게 하는 과정'이라고 말하고 있다.

③ 인간의 해방은 그를 추상적으로 이론화하고 표준화해 놓은 관념적 인식으로부터 벗어나서 생동적이고 구체적인 개인의 직접적 경험의 세계를 회복함으로써 이루어질 수 있다고 본다.

④ Pinar에게 있어 교육과정의 관심은 '개인'에게로 주어지고, 각 개인이 갖는 내적 경험의 탐구에 초점을 모으는 일이 교육과정 탐구의 새로운 출발점이 되는 것으로 생각하게 된다.

⑤ 자기성찰을 통해 진정한 내적 세계를 알게 되고, 문화적, 사회적 제약들이 무엇인지를 깨닫게 함으로써 자기 자신은 물론 타인까지도 해방시킬 수 있다. 이것이 바로 인간의 정신적, 실존적 해방이 되는 것이다.

(2) 학교교육의 정신 분석

① Pinar의 학교교육 비판은 브라질의 급진적 교육론자인 Freire나 정신분석학자인 Jung, Laing, Cooper, Sartre의 생각을 바탕으로 이루어지고 있다.

② 교육의 모습을 Freire는 '은행 저축식' 교육으로, Sartre는 '소화제식' 교육으로 표현하고 있다.

③ Pinar는 학교교육의 현상을 실존적, 정신분석학적으로 분석하여 열두 가지 문제를 제시하고 있다.

　㉠ 공상적인 세계로의 도피와 거부 : 완전한 개인으로 성장하는 데 도움이 되지 못한다.

　㉡ 타인의 모방을 통한 자아의 분열과 상실 : 학교에서 자신을 타인의 눈으로 보는 법을 배운다.

　㉢ 자율성의 위축과 의존성의 증대 : 맹목적인 의존과 복종의 심리만을 증대시키도록 만든다.

　㉣ 타인으로부터의 평가와 자기에의 상실 : 계속적인 실패의 경험은 자기 존중심, 자기애를 잃어버리도록 강요하고 있다.

　㉤ 인간관계 욕구의 왜곡 : 아동들이 갖는 인간관계의 욕구는 방해받는 정도가 아니라 무참히 억압되고 있다.

　㉥ 자기 소외와 감각 마비현상 : 잠재적인 불안, 지적 긴장은 자신의 내면세계로부터 들려오는 소리에 무감각해지도록 만들고 있다.

　㉦ 자기 기준의 상실과 타인 지향성 : 행동의 내적 동기가 사라지고 외적 동기가 지배하게 되는 동기의 전도현상이 벌어진다.

　㉧ 참된 자아의 상실과 객관화된 자아의 수용 : 주관적 존재로서의 아동을 객관적인 사물로 전환시킨다.

　㉨ 지배자의 논리 수용과 거짓된 자아 체제의 형성 : 인생 전체를 진지한 참여의 관계가 아닌 하나의 가식적 게임으로 여기게 만든다.

　㉩ 학교교육의 집단성과 개인적 세계의 상실 : 무리에 쫓아다니는 양떼가 되며, 집단에서 마음대로 벗어날 수 없다.

　㉪ 무관심과 존재 확인의 기회 상실 : 학교에서는 아무도 알아주지 않으며, 벌을 받으면서 자신의 존재를 확인한다.

　㉫ 미적, 감각적 지각능력의 둔화 : 효율성만 따져 획일적이고, 기계적인 학습 등이 미적이고, 감각적인 감수성을 둔화시킨다.

(3) CURRETRE : 교육과정의 탐구

① 학교교육이 이러한 광기(madness)로부터 벗어날 수 있는 길은 무엇인가? 우리는 우리 자신의 의식 속으로 관심을 돌려 자기 자신을 충분히 살펴볼 수 있어야 한다.

② 그리하여 우리 자신의 참된 존재를 구속하고 있는 허구를 알고 그 굴레로부터 벗어남으로써 스스로를 자유롭게 해방시킬 수 있는 것이다.

③ 자신의 행동에 당연시되었던 무의식적 가정들이 무엇인지를 살피고, 참다운 자신을 살필 때, 그것이 곧 교육과정을 재개념화하는 일이 되는 것이다.

④ Pinar는 이러한 자아성찰을 통한 교육과정 재개념화의 방법으로 세 가지 단계를 제시하고 있다.

  ㉠ 자신의 교육경험을 그대로 표현하는 단계
  ㉡ 그 경험 속에서 자신의 행동과 사고를 결정하는 데 작용했던 가정이나 논리가 무엇이었는지 비판적으로 살펴보는 일
  ㉢ 자신의 교육경험을 자서전적으로 분석함으로써 타인과 함께 교육이 갖는 기본적인 구조와 과정을 인식하고 공감하는 단계

⑤ Pinar는 교육과정의 의미로서 영어의 어원인 라틴어 'currere'가 갖는 본래의 의미, 즉 '교육에 대한 개인적 경험이 갖는 본질적인 의미'를 제안하고 있다.

⑥ 'currere'는 경주에서 각각의 말들이 코스를 따라 달리는 개인적인 경험을 지칭하는 것이기도 한다. 'currere'는 외부로부터 미리 마련되어 교육 속에서 아동들에게 일방적으로 주어지는 내용이 아니다. 그것은 교육활동 속에서 아동들 각자의 개인이 갖는 경험의 본질인 것이다. 'curriculum'이 외부에서 나에게 주어지는 하나의 자료라면, 그 자료를 접하고, 읽고, 생각하고, 느끼며, 배우는 나의 모든 생생한 경험들이 바로 'currere'인 것이다.

⑦ currere의 방법론은 유럽의 전통적인 현상학이나 실존주의, 정신분석학 등의 이론에 토대를 두고 자신의 과거와 현재, 그리고 미래를 연결함으로써 오늘의 교육 현실이 갖는 사회, 문화적 맥락을 분석적이면서도 종합적인 방식으로 파악할 수 있다는 특징을 가진다.

3. 재개념주의 교육과정 이론의 유형

(1) 클리바드(Kliebard)의 역사적 비판 접근

① 클리바드(Kliebard)는 전통적인 교육과정 이론이 받아들여 온 가정을 비판적으로 조사하기 위하여 교육과정을 역사적 관점에서 분석하였다.

② 이 접근은 전통적인 타일러류의 교육과정 모형을 기술공학적인 모형이라 하면서 이 모형의 탈역사성, 탈사회성을 비판한다.

③ 클리바드에 의하면, 교육과정의 역사적 비판접근을 이해하기 위해서는 교육과정 자체의 역사뿐 아니라 교육과정과 관련을 맺고 있는 사회구조와 정치 및 경제구조에 관한 이해가 필요하다고 본다.

④ 왜냐하면 교육과정은 이들 사회, 정치, 경제적 구조와 분리되어 존재하는 것이 아니며, 오히려 이들의 영향을 받아 생겨났다고 할 수 있기 때문이다. 따라서 이들과의 관계를 분석해야 교육과정의 역사를 정확하게 밝혀낼 수 있다.

(2) 파이너(Pinar)와 그루멧(Grumet)의 자서전적 접근

① 개요

- ⊙ 파이너(Pinar)와 그루멧(Grumet)은 '쿠레레(currere)'로 대표되는 자서전적 교육과정 이론을 제시하는데, 이들은 학교지식, 생애사, 지적 발달 사이의 관계를 다룰 수 있는 방법을 정교화하였다.
- ⓒ 이들은 코스를 달린다는 currere의 의미를 코스를 따라 달리는 개인적 경험을 뜻하는 것으로 이해해야 한다고 보고, 이러한 관점에서 교육과정을 재개념화하고자 하였다. 이렇게 할 때 학습자가 달리는 과정, 즉 학습자가 하는 경험에 대한 이해를 더 깊이 할 수 있기 때문이다.
- ⓒ 전통적 관점에서의 교육과정 개념은 교육과정의 문제를 보다 효율적으로 해결할 수 있는 최소한의 단계를 마련하는데 관심을 두는 접근방법이지만, 새로운 관점에서의 쿠레레는 달리는 과정에서 학습자가 주관적으로 경험하는 내용을 강조할 수 있다는 것이다.

② 학교교육의 정신적 영향력에 대한 관심

- ⊙ 자서전적 접근은 실존적, 현상학적, 정신분석학적인 것에 토대를 두고 있다.
- ⓒ 이들은 학습의 결과나 학업성취에 관심을 두기보다는 학습자 개인의 자아발달에 영향을 미치는 학교교육의 정신적 영향력에 관심을 둔다.
- ⓒ 이들의 비판은 학교교육으로 인한 비인간화 현상이나 정신적 황폐화 현상에 관심을 두고 있다.

③ 쿠레레의 방법론

- ⊙ 파이너는 교육과정을 직접적으로 경험하는 학습자들의 교육경험을 분석함으로써 교육과정을 재개념화할 수 있다고 한다.
- ⓒ 학습자들 각자가 학교교육 속에서 갖게 된 자신의 경험을 분석함으로써 궁극적으로 현재의 교육 상황에 대한 이해를 높이고자 한다.
- ⓒ 파이너는 학습자가 교육경험을 분석하여 자신의 실존적 의미를 찾는 작업을 '쿠레레의 방법론'이라고 불렀는데 이 방법에는 회귀(regressive), 전진(progressive), 분석(analytical), 종합(synthetical)의 네 단계가 있다.
  - (ㄱ) 회귀(regressive) : 이 단계에서는 우선 정신분석학적 기법인 자유연상을 통해 과거를 회상하고 기억해낸다. 여기서는 과거로 돌아가 '있는 그대로'를 기억하는 활동을 주로 한다.
  - (ㄴ) 전진(progressive) : 이 단계에서는 아직은 존재하지 않지만 현재에 스며있는 미래에 주목한다. 자기 성찰을 통해 심사숙고하는 학생은 이 단계에서 가능한 미래를 상상할 수 있다. 파이너는 과거와 마찬가지로 미래와 현재 속에 존재한다는 점에 주목한다.

ⓒ 분석(analytical) : 이 단계에서는 과거와 현재를 함께 검토한다. 이 단계에서의 쿠레레에 대한 분석은 현상학의 '판단중지'와 유사하다. 즉, 인간은 현재로부터 보다 자유롭기 위하여 과거와 미래로부터 자신을 분리시킨다. 그리고 분석의 순간에는 미래가 어떻게 과거 안에 존재하며, 또 어떻게 미래 안에 과거가 존재하는지, 아울러 어떻게 과거와 미래 안에 현재가 존재하는가라는 질문을 한다.

ⓔ 종합(synthetical) : 이 단계에서 학생은 생생한 현실로 돌아가 자기 자신의 목소리를 주의 깊게 듣고 현재의 의미가 무엇인지를 자문한다.

ⓔ 파이너는 이러한 4단계의 쿠레레 방법을 교수장면에서 사용할 수 있도록 다음과 같은 세 단계로 진행되는 자서전적 방법을 제안하였다.

ⓐ 1단계 : 자신의 교육경험을 있었던 그대로 쓰기이다. 이는 지금의 자신이 누구이며 어떻게, 왜 이렇게 발달되어 왔는지를 알기 위해서 자서전적으로 글을 쓰는 것이다. 경험을 쓰는 과정에는 그 경험에 어떠한 원리와 형식이 작용했는지를 비판적으로 분석하고 이해하는 작업을 포함한다.

ⓑ 2단계 : 교사나 다른 학생들이 말이나 글로 반응하기이다. 글로 써 놓은 경험 속에서 자신의 행동과 사고를 결정하는 데 작용했던 가정이나 논리가 무엇이었는지를 비판적으로 살펴본다. 한 사람이 쓴 글에 대하여 교사와 다른 학생들이 대화를 나눈다. 대화가 계속되는 동안에 자신과 타인 및 세계에 대한 새로운 인식과 전망을 만들어간다.

ⓒ 3단계 : 타인들의 경험을 분석하기이다. 다른 사람의 교육경험을 분석하는 과정에서 교육이 개인에게 미치는 영향을 인식하고 공감한다. 이러한 과정을 통하여 교육이 갖는 기본적인 구조를 이해할 수 있고 현실적으로 행해지고 있는 교육의 모습과 그 뒤에 가려져 있는 교육 본래의 모습을 구분하여 인식할 수 있다.

05 스킬벡(M. Skilbeck)의 학교중심 교육과정 개발(School-Based Curriculum Development)

(07. 초등 : 11. 초등)

(1) 개요

① 스킬벡은 타일러가 소홀히 하였던 학습자와 사회의 특성 및 요구분석 과정을 중요시한다.

② 그는 교육과정 개발의 출발점을 추상적 상황에서 목표를 설정하는 것이 아니라 학교에서 일어나는 학습 상황을 비판적으로 평가하는 데 두고 있다.

③ 그가 주장하는 교육과정 개발 모형은 다음 두 가지 측면에서 타일러 모형과 차이가 있다.

㉠ 첫째, 교육과정의 계획에서 상황분석의 단계를 추가하였다. 상황분석이란 교육과정이 개발되는 이데올로기, 인식론적, 심리학적, 사회적, 관리중심적 등의 다양한 맥락

과 교육과정 개발자에게 부과되는 내적 압력과 제한점을 종합적으로 검토하는 것을 말한다. 이러한 상황분석은 교육과정이 학교, 교사, 학생의 개별적 특성에 따라 달리 구성되어야 한다는 점을 강조한다. 이로써 보편적인 특성을 지닌 교육과정을 개발하고자 한 타일러의 모형과는 차이가 있다.

ⓒ 둘째, 스킬벡은 교육과정 개발자가 지각한 요구에 적절하다고 생각하는 단계에서 모형을 시작하라고 권고한다. 교육과정 개발자는 순서에 상관없이 단계를 거칠 수 있을 뿐만 아니라 심지어는 몇몇 단계를 결합하여 운영할 수도 있다. 이 점이 가장 주목할 만한 것인데, 이로 인해 타일러 모형의 틀은 깨어지고 처방단계 이론은 보다 개방된 상호작용 모형으로 대치된다.

(2) 학교 중심 교육과정의 이유

① 교육과정 결정에 있어서 학교의 자율성을 증대시켜야 한다. 즉 교육과정 결정에 있어서도 학교 구성원인 교사, 학생, 학부모, 지역 공동체가 참여할 수 있어야 한다.
② 중앙 집중적인 통제모델이 쇠퇴하는 추세이다. 중앙 집중화된 교육과정 정책은 교사들의 불만족이나 저항을 야기해 왔고 학교에 제한적인 영향력만을 가진다.
③ 학교는 학교를 둘러싼 환경과 적극적으로 상호 작용해야 하는 사회 기관이다. 중앙 집중화된 체제에서는 학교가 자기 결정적, 자기 지시적이 될 수 없다.
④ 특정기관의 주어진 학생들을 위한 교육과정을 계획하고 설계하는 일은 학교가 가장 잘 할 수 있다.
⑤ 학교는 최소한 특정 교육과정 계획이나 프로그램을 예견치 못한 상황에 맞게 채택하여 수정하고 적응시킬 입장에 있어야 한다. 즉 교육과정 운영의 융통성이 요구된다.
⑥ 전문가로서의 교사의 역할은 계획, 설계, 설계, 평가를 포함하는 교육과정 개발 과정에 직접적인 참여의 여지가 없다면 실현될 수 없다.
⑦ 학교가 이제 지역, 주, 국가의 연구 개발 기관보다 좀 더 안정적이고 지속적인 교육과정 개발 기관으로 간주될 필요가 있다.

(3) 학교중심 교육과정 개발의 5단계 과정

① 상황분석
   ㉠ 상황을 구성하고 있는 요인들을 분석한다.
   ㉡ 문화적, 사회적 변화, 교육제도, 교과의 성격 등과 같은 외적 변화와 학생의 적성, 능력, 학교풍토 등 내적인 변화를 모두 검토, 분석해야 한다.
② 목표설정
   ㉠ 목표진술은 기대되는 학습 성과의 종류를 포함하여 교사와 학생의 행동을 담고 있다.
   ㉡ 목표는 어떤 의미에서 상황을 수정하는 결정을 나타내고 있으며, 이들 수정이 일어

나는 주요 길을 판단한다는 점에서, 제1단계의 상황분석으로부터 도출된다.
즉, 목표는 교육활동이 나아가야 할 방향에 대해 선호성, 가치, 판단 등을 암시, 진술하고 있다.

③ **프로그램 구성** : 교수학습활동의 설계, 수단-자료, 적절한 연구 장면의 설계, 인사발령과 역할 분담, 학습시간표 및 규정 등을 구성한다.

④ **해석과 실행** : 교육과정 변화를 야기시키는 문제들을 미리 예측하고 경험의 회고, 관련있는 이론의 분석, 최신의 이론 등을 통해 문제를 해결한다.

⑤ **모니터링, 피드백, 평가, 재구성** : 조정 및 의사소통체제의 설계, 평가 계획 등을 조절하고 유지한다.

 스킬벡 모형도

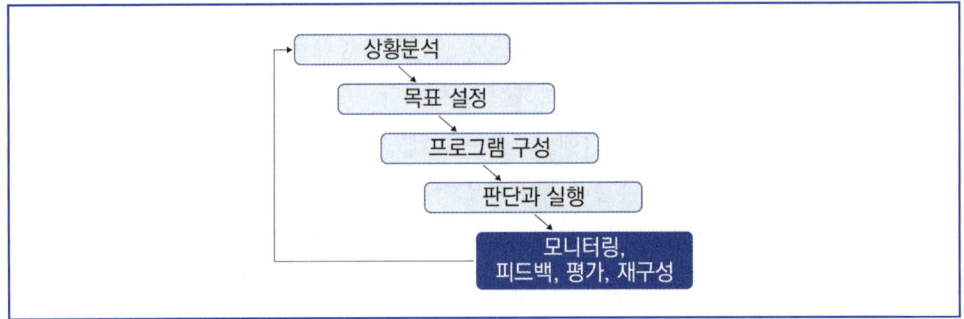

06 교육내용 조직의 방법

(1) 조직의 요소에 따라 (09. 중등)

선정된 교육 내용을 조직하는 데에 있어서 고려해야 할 핵심적인 요소는 '범위'(scope)와 '계열'(sequence)이다. 범위는 교육과정 요소들의 넓이와 배열을 언급하는 반면, 계열은 학기 혹은 경우에 따라서는 수년에 걸친 조직을 말한다. 전자는 주로 횡적 조직과 관련되는 반면, 후자는 종적 조직과 관련된다. 범위와 계열을 어떻게 하는가에 따라 교육내용의 조직 방식은 다양하게 전개될 수 있다. 또한 수직적 조직을 구성할 때 계열과 수직적 연계성(vertical articulation)이 사용되고, 수평적 조직을 구성할 때 범위와 통합성(integration)이 고려된다.

① 범위(scope) (01. 초등 : 04. 중등)

㉠ 교육내용의 범위를 결정하는 것은 폭과 깊이이다.

㉡ 일반적으로, 학교교육이 수준이 높아짐에 따라 교육과정의 범위, 즉 내용의 폭과 깊이는 확대되고 심화된다.

ⓒ 범위와 관련된 대표적인 접근 방법은 분과적인 조직 방식과 통합적인 조직 방식이다.
ⓔ 전통적인 교육내용 조직 방식은 분과적인 것이었다. 이것은 모든 교육내용을 엄격하게 구분된 학문 조직 방식에 따라 분류하여 분리된 교과의 형태로 조직하는 것이다. 우리나라 교육과정을 구성하고 있는 교과목들, 예컨대 국어, 도덕, 사회, 수학, 과학, 기술·가정, 체육, 음악, 미술, 영어 등은 바로 이러한 전통적인 학문 분류 방식에 따라 분과적으로 조직된 것이라고 할 수 있다.
ⓜ 이에 반하여 통합적인 조직 방식은 경험중심 교육과정의 영향으로 학습자의 흥미에 대한 고려나 일상생활의 문제에 대한 경험의 중요성이 강조되면서 관심을 갖기 시작한 방식이다. 통합의 형태는 비슷한 논리구조를 갖는 교과끼리의 통합에서부터 특정 문제 중심으로 전 교과가 유기적으로 관련을 맺는 형태에 이르기까지 다양하다. 최근에는 아동의 흥미를 유발할 수 있는 일상생활의 문제나 주제 중심으로 교육내용을 통합하려는 시도가 많이 이루어지고 있다. 우리나라 초등학교 1, 2학년에 적용되고 있는 통합교과(바른생활, 슬기로운 생활, 즐거운 생활)나 통일, 교통, 환경성 교육 등의 범교과 학습은 이의 대표적인 예에 해당한다.

② **계열(sequence)**
  ㉠ 계열은 교육내용을 조직하는 종적 방식이다.
  ㉡ 즉, 교육내용을 학년 수준에 따라 종적으로 조직할 때는 계열의 문제가 심각하게 고려되어야 한다.
  ㉢ 계열은 내용이 가르쳐지는 순서와 무엇이 다른 학습 내용 뒤에 와야 하는지에 관심이 있다.
  ㉣ 전통적으로 교육내용을 조직할 때 계열을 보장하기 위해 사용해 온 원칙은 다음과 같다.
    (ㄱ) 단순한 것으로부터 복잡한 것으로 나아감
    (ㄴ) 전체로부터 부분으로 발전함
    (ㄷ) 사건의 연대기적 순서로 제시함
    (ㄹ) 구체적 경험에서 개념의 순서로 나아감
    (ㅁ) 특정 개념이나 아이디어를 계속적으로 제시하되, 나선형적으로 그 내용을 심화확대해서 제시함

③ **수직적 연계성(vertical articulation)** (05. 초등)
  ㉠ 수직적 연계성은 이전에 배운 내용과 앞으로 배울 내용의 관계에 초점을 둔 것으로, 특정한 학습의 종결점이 다음 학습의 출발점과 잘 맞물리도록 교육내용을 조직하는 것을 말한다.
  ㉡ 수직적 연계성은 교육과정 개발의 여러 단계에서 강조되는 것을 비롯하여 학교급

간의 교육내용, 학년이나 단원의 교육내용을 연결하는데 중요한 역할을 수행한다.
ⓒ 먼저 국가수준 교육과정에서는 학교급, 학년, 학기 단원 간에 수직적 연계성이 유지되도록 노력하고 있다. 특히 각 교과별 교육과정 해설서에는 수직적 연계성을 유지하도록 구체적으로 명시하고 있다. 예컨대 중학교 과학 교육과정의 특정한 단원에서는 초등학교와 고등학교의 단원의 내용과 수직적 연계성을 고려할 것을 강조하고 있다.
ⓔ 수직적 연계성은 학교급 간의 교육내용을 연결하는 데 중요한 역할을 한다. 초등학교 교육과정은 중학교 교육과정과, 그리고 중학교 교육과정은 고등학교 교육과정과 자연스럽게 연결되도록 조직되어야 한다. 만일 중학교 수학교과를 제대로 이수한 학생들이 고등학교 수학수업을 따라가지 못한다면 수학교과의 수직적 연계성에 문제가 있을 것으로 추정할 수 있다.
ⓜ 또한 수직적 연계성은 학년이나 단원의 교육내용을 연결하는 데 중요한 구실을 한다. 만약 초등학교 4학년까지 잘 하던 학생이 5학년에 들어와서 성적이 급격히 떨어진다면 과목들의 수직적 연계성을 점검할 필요가 있다. 그리고 단원들 간의 수직적 연계성이 이루어지지 않으면 학습자는 어려움을 겪게 된다.
ⓑ 지방교육청 또는 학교는 국가 수준의 교육과정을 운영하는 과정에서 지역이나 학교의 특수성에 비추어 교육내용의 수직적 연계성을 유지하도록 노력한다. 그리고 대부분의 교사는 국가, 지방교육청, 학교가 계속성을 어떻게 결정하였는가와 상관없이 학생들이 배울 내용을 이전 단원이나 같은 단원의 앞에서 제시된 내용과 연계 지우려 한다는 점에서 수직적 연계성을 결정한다.

④ **통합성**(integration)
ⓐ 통합성은 교육내용들의 관련성을 바탕으로 교육내용들을 하나의 교과나 단원으로 묶는 것을 의미한다.
ⓑ 통합성은 수업의 효과를 높이기 위하여 관련 있는 내용을 동시에 혹은 비슷한 시간대에 배열하는 것을 말한다.
ⓒ 교육과정의 통합성은 교육과정 개발의 여러 단계에서 생각할 수 있다.
ⓓ 국가 수준에서는 교육내용의 통합적 구성이 교육내용의 논리적 관련성, 사회적 적합성, 개인적 유의미성을 높인다는 점 때문에 일부 교과를 통합교육과정으로 편성하고 학교 단위의 통합적 교과 운영을 강조한다. 초등학교 입학 초기 적응활동 프로그램, 바른 생활, 슬기로운 생활, 즐거운 생활 등의 통합교과 편제와 중학교와 고등학교에서의 공통사회와 공통과학 등의 운영이 이에 해당한다.
ⓔ 지역교육청과 단위학교에서도 교육과정의 통합성이 강조되고 있다. 특히 학교 차원에서 학년별, 또는 교과별 교사들이 참여하여 교육내용들을 단원별, 주제별로 상호 작용시키려는 노력이 중요하다.

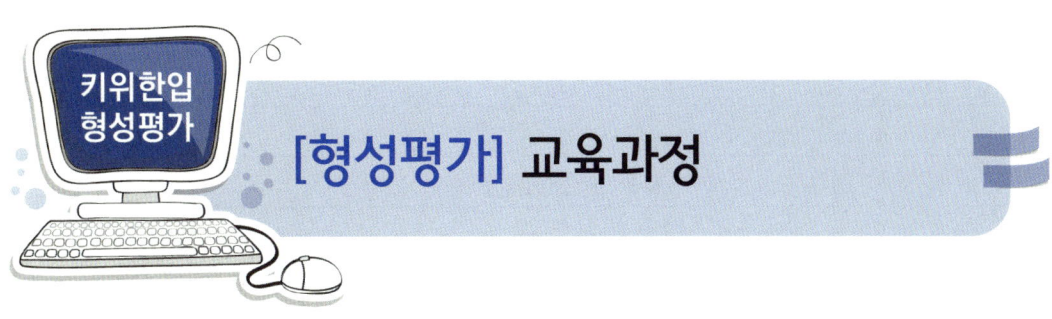

[형성평가] 교육과정

01 교과중심 교육과정

02 경험중심 교육과정

03 중핵 교육과정

04 학문중심 교육과정

05 인간중심 교육과정

06 잠재적 교육과정

07 영 교육과정

08 Tyler 모형에서 제시하는 학습경험 선정의 원칙

1) 기회의 원칙

2) 만족의 원칙

3) 학습가능성의 원칙

4) 일 목표 다 경험의 원칙

5) 일 경험 다 성과의 원칙

09 Tyler 모형에서 제시하는 학습경험 조직의 원칙
   1) 계속성

   2) 계열성

   3) 통합성

10 Pinar가 제시한 Currere의 개념

11 자서전적 접근

12 쿠레레의 방법론

13 쿠레레의 방법론의 단계
   1) 회귀(regressive)

2) 전진(progressive)

3) 분석(analytical)

4) 종합(synthetical)

14 스킬벡(M. Skilbeck)의 학교중심 교육과정 모형의 단계
   1) 상황분석

2) 목표설정

3) 프로그램 구성

4) 해석과 실행

5) 모니터링, 피드백, 평가, 재구성

15 교육내용 조직의 요소 4가지

1) 범위(scope)

2) 계열(sequence)

3) 수직적 연계성(vertical articulation)

4) 통합성(integration)

CHAPTER 4 교육평가

01 Stufflebeam의 CIPP 모형(의사결정촉진모형)

(99. 초등보수 ; 08. 중등 ; 11. 초등)

(1) 개요

① Stufflebeam은 평가를 "의사결정에 유용한 정보를 기술, 획득, 제공하는 과정이다."라고 정의한다.
② 이러한 평가는 총체적 평가를 강조하는 입장으로, Alkin, 프로버스의 제안이 여기에 속한다.
③ 의사결정자에게 정보제공을 하는 것이 평가의 목적이라고 본다.
④ 평가연구는 수집된 정보의 기술, 정보의 획득, 정보의 제공이라는 3단계를 거치며, 프로그램의 평가정보는 의사결정에 이용되고, 의사결정은 다시 프로그램 운영 및 평가에 영향을 미친다.
⑤ 평가자는 평가정보를 제공하는 전문가로서의 역할을 하게 된다.

(2) 의사결정의 유형

① 계획된 의사결정(planning decisions) : 의도된 목적, 혹은 목표를 선정·결정하는 데 관련된 의사를 결정하는 장면
② 구조적 의사결정(structuring decisions) : 설정한 목표를 달성하기 위한 적절한 전략과 절차에 대해 설계하는 장면
③ 수행적 의사결정(implementing decisions) : 설정된 설계, 방법, 전략을 실행에 옮기는 장면
④ 재순환 의사결정(recycling decisions) : 실제로 달성된 목표를 판단·반영하고, 그 활동 혹은 프로그램 전체를 계속할 것인지, 변경할 것인지, 그만둘 것인지를 결정하는 장면

(3) 평가유형

그는 평가유형을 의사결정 유형에 따라 상황평가, 투입평가, 과정평가, 산출평가로 구분하고 있다.

① 상황평가(Context evaluation) : 목표를 결정하는 계획적 의사결정에 필요한 정보를 제공한다. 다시 말해 목표결정을 위한 합리적인 이유를 제공하며, 프로그램 운영의 맥락을

규정하여 준다.

② **투입평가**(Input evaluation) : 목표달성을 위한 절차를 설계하는 구조적 의사결정에 필요한 정보를 제공하며, 목표달성을 위하여 어떻게 자원을 활용할 것인가를 결정하는 데 필요한 정보를 제공한다.

③ **과정평가**(Process evaluation) : 실제로 사용되는 절차·전략·방법을 사용, 통제, 개선하는 수행적 의사결정을 도우며, 정기적인 피드백의 사용을 필요로 한다.

④ **산출평가**(Product evaluation) : 실제로 달성된 목표를 판단하고 반영하는 재순환 의사결정을 하는 데 필요한 정보를 제공한다.

02 Scriven의 탈목표 평가(goal-free evaluation)모형(가치판단모형)

(07. 중등 : 11. 초등)

(1) 개 요
① 목표달성모형을 보완·개선하려는 모형이다.
② 평가를 프로그램의 가치를 판단하는 것으로 보고, 평가자는 목표가 달성되었느냐에 관심을 둘 뿐만 아니라 목표의 질도 고려해야 한다고 주장한다. 즉, 목표의 타당성에 대한 문제를 제기한다.
③ 평가자는 제공되는 목표를 수동적으로 받아들일 것이 아니라 그것이 가치 없는 것으로 판단되었을 때는 거부하는 태도를 가져야 한다. 즉, 평가외적 측면에 관심을 가지고 역동적 실제상황(의도되지 않은 부수적 효과)을 반영하고자 하였다. 따라서 잠재적 교육과정에 관심을 가진다.
④ Scriven은 판단을 평가자의 주요역할로 보는 입장에서 판단의 준거, 평가의 지능, 평가의 방법 등에 관해 중요한 제안을 하였다.

(2) 판단의 준거
① 판단의 준거를 내재적 준거와 외재적 준거로 구별하면서 교육평가는 외재적 준거에 관심을 기울여야 한다고 하였다.
② 외재적 준거는 의도된 효과뿐만 아니라 의도되지 않은 부수 효과까지 포함한다.

(3) 평가의 기능
① 평가의 기능을 형성평가와 총괄평가로 구분하고 있다.
② 진행 중에 있는 수업계열 또는 수업과정을 개선하기 위하여 형성적으로 노력하는 평가와 이미 완성된 수업계열의 가치를 총합적으로 판단하려는 평가로 구분할 필요가 있다고 본다.

③ 이것은 평가가 최종 결과의 확인에만 중점을 두기보다는 프로그램의 개선에도 관심을 두어야 함을 강조하는 것이다.
④ 비교평가(comparative evaluation)와 비비교평가(noncomparative valuation)를 구별하기를 제안한다.
⑤ 교육평가에서는 비비교평가도 중요하지만 여러 가지 교수 프로그램, 교육목표 등의 대안들 사이에 어느 것이 보다 우수하며, 어떤 장점이 있는지, 또 그것의 효과는 무엇인지를 비교해서 제시해 주어야 할 필요가 있다.

(4) 평가의 목적
① 프로그램 참여자들에 의해 구성된 실체로서의 프로그램의 전체 맥락 속에서 나타나는 현상들을 모두 발견, 검증하고 개선하는 데 두었다.
② 즉, 프로그램의 장점이나 가치를 발견하는 것이다.

(5) 평가자의 역할
생산자와 소비자를 위해 교육실제의 장점을 판단하는 책임을 진다.

03 수행평가

1. 수행평가의 정의
교사가 학생이 학습과제를 수행하는 과정이나 그 결과를 보고, 그 학생의 지식이나 기능, 태도 등에 대해 전문적으로 판단하는 평가 방식

2. 수행평가 유사 용어
① 대안적 평가 : 한 시대의 주류를 이루는 평가체제와 성질을 달리하는 평가체제
② 실제상황에서의 평가 : 평가상황이나 내용이 가능한 실제 상황이나 내용과 유사해야함을 강조한다.
③ 직접적인 평가 : 정답을 서술하거나 구성할 수 있는 것을 중시하는 평가
④ 실기시험 : 실제로 할 줄 아는 것을 중시하는 평가
⑤ 포트폴리오법 : 학생이 쓰거나 만든 작품집이나 서류철 등을 이용한 평가
⑥ 과정(중심)평가 : 학습의 과정을 평가 주요대상으로 설정하는 평가

3. 수행평가의 일반적 특징

(98. 중등 : 99. 초등보수 : 99. 중등 : 00. 중등 : 00. 초등 : 03. 중등 : 04. 중등 : 05. 초등 : 07. 중등)

① 교사의 전문적인 판단에 의거하여 평가한다.
② 학생 스스로 답을 작성하거나 행동으로 나타내도록 하는 평가방식이다.
③ 추구하고자 하는 교육목표의 달성여부를 가능한 실제 상황에서 파악하고자 하는 방식이다.
④ 교수·학습의 과정도 결과와 함께 중시하는 평가방식이다.
⑤ 학생의 학습과정을 진단하고, 개별학습을 촉진하려는 노력을 중시하는 방식이다.
⑥ **집단에 대한 평가도 중시** : 절대평가에 의한 목표달성수준을 비교한다.
⑦ 학생 개개인의 변화·발달과정을 종합적으로 평가하기 위해 전체적, 지속적으로 평가한다.
⑧ **평가 영역의 확대** : 학생의 인지적인 영역뿐 아니라 정의적인 영역, 심동적인 영역에 종합적이고 전인적인 평가를 중시한다.
⑨ **평가 방법의 확대** : 직접산출물 제작, 행동으로 표출, 지필검사 등 다양한 평가 방법을 활용한다.
⑩ 학생의 인지적 구조나 문제해결과정을 비교적 쉽게 파악 가능하다. 즉, 문제해결과정을 평가에 포함한다. 결과와 과정 모두 중시하는 평가이다.
⑪ 학생의 학습과정을 진단하여 개별학습을 촉진하려는 데에 목적이 있다.
⑫ 평가와 과정의 통합으로 평가가 교수학습과정의 한 부분이다.
⑬ 측정에 있어서 타당도는 높으나 신뢰도가 낮다는 단점이 있다. 즉, 측정의 오차가 생기기 쉽다. 따라서 신뢰도를 높이기 위해 채점자들의 사전교육을 실시하거나, 객관도(채점자의 신뢰도)를 높이기 위해 여러 명이 측정하도록 한다.

04 Bloom의 교수목표 이원분류

(99. 초등 : 99추가. 중등 : 03. 초등 : 10. 중등 : 11. 초등)

(1) 인지적 교수목표(복합성의 원칙에 따라 분류)

① 지식
  ㉠ 지식은 학생들이 교육과정 속에서 경험한 아이디어나 현상을 기억했다가 재생하는 것을 의미한다.
  ㉡ 지식에는 기억이 가장 중요한 요소인데, 기억은 단순한 암기를 뜻하는 것은 아니고 주어진 문제 사태에 대해 개인이 가지고 있는 지식이나 정보를 연결하여 조직할 것을 요구한다.

ⓒ **지식 목표의 예**
  ㉠ 삼각형이 합동이 되는 조건을 상기한다.
  ㉡ 들려주는 다섯 곡의 음악의 명칭을 기억한다.

② **이해**
  ㉠ 이해는 학생이 의사전달을 받게 되면 전달되는 내용을 알게 되고, 거기에 포함된 자료나 아이디어를 이용할 수 있는 능력이다.
  ㉡ 이해력의 하위목표로는 번역, 해석, 추론이 있다.
   ㉠ 번역 : 이미 알고 있는 개념이나 의미전달의 매체를 다른 언어로 표현하거나, 한 상징형태에서 다른 상징형태로 변환시키는 능력을 말한다. 예를 들어, 도표를 보고 그 내용을 말로 표현하는 것을 말한다.
   ㉡ 해석 : 주어진 자료를 아이디어의 구성체로 보고 이들이 연결되었을 때 어떤 의미를 가지는지 파악하는 것이다.
   ㉢ 추론 : 자료에서 주어진 경향, 추세, 조건들을 해독하고 주어진 것을 넘어 서서 그 결과를 추측할 수 있는 능력을 말한다. 예를 들어, 물가변동을 나타낸 도표를 보고 미래에 어떤 일이 일어날지 추측하는 것이 이에 해당된다.

③ **적용**
  ㉠ 적용은 특수한 사태, 구체적인 사태에 추상적인 개념을 사용하는 능력이다.
  ㉡ 새로운 문제사태가 주어졌을 때, 이에 활용 가능한 법칙, 이론, 원리, 개념, 절차 등을 끌어 들여 응용할 수 있는 능력으로 문제해결력에 해당된다.

④ **분석**
  ㉠ 분석력은 주어진 자료를 하위요소로 분해하고 요소들 간의 관계와 그것이 조직되어 있는 방법을 발견하는 능력이다.
  ㉡ 자료에서 가설과 사실을 식별하는 능력, 결론과 주장을 구별하여 파악할 수 있는 능력, 결론을 지지하는 증거를 찾아내는 능력, 관계있는 자료와 관계없는 자료를 식별하는 능력, 주제와 부제를 식별하는 능력 등이 분석력에 해당된다.

⑤ **종합**
  ㉠ 종합력은 여러 개의 요소나 부분을 전체로서 하나가 되도록 묶는 방법, 능력을 의미한다.
  ㉡ 이 능력은 이전에 경험한 내용이나, 지니고 있는 자료들을 새롭고 잘 통합된 전체로 구성해 새로운 자료로 창안하는 능력이다.
  ㉢ 종합력은 창의력과 유사한 능력이라 볼 수 있지만 전적으로 동일한 것은 아니다. 왜냐하면 종합력은 특정한 자료, 이론, 방법의 한세 내에서 표현하는 능력이기 때문이다.

⑥ 평가
- ㉠ 평가력은 판단력, 비판력이라고도 할 수 있는 것으로, 어떤 목적을 갖고 아이디어, 작품, 방법, 소재 등에 대해 가치판단을 하는 능력이다.
- ㉡ 평가력에는 어떤 특정사상들이 얼마나 효과적이며, 경제적이고, 만족할만한가를 검정할 수 있는 준거나 표준을 사용할 수 있는 능력도 포함된다.

(2) 정의적 교수목표(내면화의 원칙에 따라 분류)

① 감수(receiving)
- ㉠ 감수는 어떤 자극에 대해 주의나 관심을 기울이는 것을 의미한다.
- ㉡ 즉, 학생이 책, 음악회, 미술 등과 같은 자극을 자진해서 받아들여 선택하게 되는 것을 의미한다.
- ㉢ 예: 좋은 음악을 듣기 위해 시간을 보낸다. 독서를 하기 위해 시간을 보낸다.

② 반응(responding)
- ㉠ 반응은 현상에 대해 단순한 관심을 기울이는 데서 한 걸음 더 나아간 것으로, 이 단계에는 자신이 선택한 어떤 활동이나 대상에 대해 선호의 감정과 싫증을 가지게 된다.
- ㉡ 교사들은 이 수준의 정의적 행동을 흥미라고 부른다.
- ㉢ 예: 수학문제 중 까다로운 것에 대해 싫증을 낸다. 음악 감상을 좋아한다.

③ 가치화(valuing)
- ㉠ 자신이 좋아하거나 싫어하는 것에 대한 감정을 행동으로 나타내는 단계이다.
- ㉡ 가치가 있고 만족감을 주는 행동이나 대상에 대해 일관성 있고 열정적이며 빈도가 높은 행동을 하게 되는 단계이다.
- ㉢ 예: 마음에 드는 책을 읽고 나면 여러 사람에게 읽기를 권한다. 수학공부가 아무런 소용이 없다고 생각하여 수학공부를 관둔다. 좋아하는 음악을 여러 친구들에게 들려준다.

④ 조직화(organization)
- ㉠ 어떤 가치를 개념화하여 그것을 사물이나 현상, 활동을 판단하는 기초로 사용하는 단계이다.
- ㉡ 예: 음악이 영원하다는 주제에 대해 다른 사람과 토론한다. 그림의 세계는 아름답다는 생각을 다른 사람에게 주장한다.

⑤ 인격화(characterization)
- ㉠ 이 단계는 완전히 체계화된 인생철학, 가치관이 확립되어 그것이 일관적인 체계를 가지고 모든 사물, 사건, 행동에 적용되는 단계이다.

ⓒ 이는 성숙된 인격, 신뢰할 수 있는 가치관이 확립되어 있는 단계로 다른 인격체나 가치체계에 대해 관용과 신축성을 보이는 단계이기도 한다.

ⓒ **예:** 지역사회를 위해 봉사하는 것을 인생의 목표로 생각하고 행동한다.

05 문항의 유형 및 장단점

(91. 중등)

(1) 선택형(객관식) **문항** (98. 중등 ; 99. 중등추가 ; 00. 초등 ; 00. 초등보수 ; 03. 초등 ; 07. 중등)

① 개념
  ㉠ 선택형 문항은 지시문이나 문두와 함께 여러 개의 답지 또는 선택지중에서 적합한 답지를 선택하도록 하는 문항 형식이다.
  ㉡ 이 형식은 답을 찾는데 필요한 정보를 제시하고 거기에서 정답을 골라내는 재인 과정을 요구하기 때문에 재인형(recognition type) 문항이라고도 한다.

② 장점
  ㉠ 채점의 객관성과 신뢰성이 높다.
  ㉡ 일정한 시간에 여러 내용과 많은 문제를 실시할 수 있다.
  ㉢ 채점이 객관적이고 쉽고 **빠르며**, 결과도 쉽고 의미 있고 통계처리와 해석이 가능하다.

③ 단점
  ㉠ 단순한 기억력 또는 정보지식의 측정에 치우칠 위험
  ㉡ 제작시간이 많이 걸린다.
  ㉢ 추측요인을 완전히 제거하는 것이 불가능하다.
  ㉣ 표현력을 측정하기에 부적합하다.
  ㉤ 창의성 발휘의 기회가 부족하다.

④ 선택형 문항이 적합한 상황
  ㉠ 평가받을 학생 수가 많거나 동일한 평가문항을 재사용할 가능성이 있을 경우
  ㉡ 보다 신뢰 있는 평가문항을 원할 경우
  ㉢ 평가의 공정성, 객관성, 다른 불필요한 요인이 점수에 영향을 미칠 가능성을 가능한 한 제거하고자 할 때
  ㉣ 비판적으로 답안지를 채점할 능력이 부족한 대신 객관적 평가 문항을 제작하는 데 더 자신이 있다고 생각할 때
  ㉤ 평가문항보다도 평가실시 후에 그 결과를 시급히 보고해야 하는 경우

⑤ 선택형 문항의 종류
  ㉠ 진위형(true-false type)
    (ㄱ) 피험자에게 진술문을 제시하고 그것의 진위, 정오, 또는 긍정-부정을 판단케 하는 문항형식이다.
    (ㄴ) 진위형은 특정 사실의 진술, 용어의 정의, 원리의 서술 등의 진위여부를 판별하는 능력을 측정하기 위해 사용된다.
    (ㄷ) 장점 : 문항제작이 용이하며, 실시시간이 짧아서 많은 내용을 신속하게 다룰 수 있으며, 채점이 빠르고 객관적으로 할 수 있다.
    (ㄹ) 단점 : 지엽적이고 단편적인 내용에 대한 기계적인 기억을 평가하는 문항이 출제될 가능성이 높고, 추측으로 답을 맞힐 가능성이 높으며, 잘못 진술하면 모호한 진술문이 되기 쉽다.
  ㉡ 배합형(matching item)
    (ㄱ) 일련의 전제와 답지, 그리고 이들을 배합시키는 지시문의 세 가지로 구성되는 문항형식을 말한다.
    (ㄴ) 장점 : 답지 사용이 경제적이고 많은 수의 문항을 쉽게 출제할 수 있으며, 복잡한 내용들을 서로 관련지어 학습했는지를 분석적으로 평가할 수 있다.
    (ㄷ) 단점 : 일련의 동질적인 자극군와 반응군을 제작하기 어렵고, 답지의 연결을 추측으로 결합시킬 확률이 점차 높아지기 때문에 추측의 영향을 통제하기 어렵다.
  ㉢ 선다형(multiple-choice item)
    (ㄱ) 문두와 그에 따른 여러 개의 답지로 구성하여 응답자로 하여금 정답지를 고르도록 하는 형식이다.
    (ㄴ) 문두는 의문문이나 불완전문으로 진술되며, 답지는 정답지와 오답지로 구성된다.
⑥ 선다형 문항 제작 원리
  ㉠ 일반적 제작 원리
    (ㄱ) 작성된 검사의 이원분류표에 의거하여 문항이 제작되어야 한다.
    (ㄴ) 문항은 사소한 내용을 피하고, 중요한 학습 내용을 포함해야 한다.
    (ㄷ) 하나의 문항은 하나의 내용(개념, 원리, 사실)만 묻도록 제작되어야 한다.
    (ㄹ) 교재에 있는 문장은 다른 말로 바꾸어서 사용하거나 새로운 상황과 보기를 사용해서 출제해야 한다.
    (ㅁ) 다양한 수준의 지적 능력을 측정할 수 있는 문항을 제작해야 한다.
    (ㅂ) 문항에는 정답의 단서가 될 수 있는 말을 배제한다.
    (ㅅ) 문항의 난이도는 피험자 집단에 적절한 것이어야 한다.

ⓞ 문항의 난이도를 조정하려면 문두를 복잡하게 만들거나 답지의 내용과 표현을 아주 비슷하게 만들어 동질성을 높여야 한다.

ⓒ 문두의 제작원리
- ㉠ 문두에는 핵심적인 내용과 조건, 제한사항 등을 포함시켜 진술해야 한다.
- ㉡ 정답에 대한 조건이나 기준을 문두에 명시해야 한다.
- ㉢ 용어나 개념의 정의를 묻는 문항일 때는 용어 또는 개념을 문두로 하고, 그에 대한 설명을 답지로 사용해야 한다.
- ㉣ 답지에서 똑같은 말이 반복되지 않도록 물음의 내용과 답을 선택하는 준거를 모두 문두에 포함시켜 지면을 절약하고 응답자가 문제를 읽는 시간을 줄이도록 해야 한다.
- ㉤ 문항의 질문형태는 가능하면 긍정문이어야 한다.

ⓒ 답지의 제작원리
- ㉠ 답지를 제작할 때는 오답의 매력도가 높도록 작성해야 한다.
- ㉡ 같은 문항에서는 답지의 의미나 범위가 서로 중복 또는 중첩되지 않도록 해야 한다.
- ㉢ 답지는 응답자가 한 눈에 쉽게 알아볼 수 있도록 한 줄 또는 두 줄로 배열해야 한다.
- ㉣ 답지는 가능하면 논리적 순서에 따라 배열해야 한다.
- ㉤ '위의 것이 모두 정답' '정답 없음'과 같은 답지를 사용할 수 있지만 특별한 경우가 아니면 사용하지 않는 것이 좋다.
- ㉥ 정답과 오답지의 위치는 골고루 배치되도록 해야 한다.
- ㉦ 답지의 길이를 가능하면 비슷하게 하고, 다소 상이할 때는 짧은 길이의 답지부터 배열하는 것이 타당하다.

(2) 서답형(주관식) 문항 (01. 초등 : 01. 중등 : 08. 초등)

① 개념
- ㉠ 서답형 문항은 문두만을 제시하여 응답자로 하여금 답을 생각해서 쓰도록 하는 형식의 문항이다.
- ㉡ 이 형식은 응답자로 하여금 답을 스스로 생성하는 재생과정을 요구한다는 점에서 회상형 문항이라 한다.

② 장점
- ㉠ 학생들의 자유반응을 허용할 수 있다.
- ㉡ 문제출제가 쉽다.

ⓒ 태도 측정에 용이하다.
ⓔ 고등정신능력 측정이 가능하다.
ⓜ 논문형은 시험자체가 학습이 될 수 있다.
ⓗ 추측으로 정답을 맞힐 가능성을 최소화할 수 있다.

③ 단점 : 채점이 주관적이고 어려울 뿐 아니라 객관도가 낮다.

④ 서답형 문항이 적합한 상황
ⓐ 평가대상 학생 수가 적고 또한 같은 평가문항을 다시 사용할 필요가 없을 경우
ⓑ 학생들의 문장 구성력이나 표현 능력을 아울러 평가해 보고자 할 경우
ⓒ 학업성취도보다는 학생들의 태도나 의견에 더 많은 관심이 있을 경우
ⓓ 채점자가 답안지를 비판적으로 채점하는 데에 더 자신이 있을 경우
ⓔ 답안지를 채점할 시간보다는 평가문항을 작성할 시간적 여유가 없는 경우

⑤ 서답형 문항 유형
ⓐ 완성형(completion item) : 문장의 일부를 비워 놓고 단어, 어구, 숫자, 기호 또는 문장을 써넣어 불완전문을 완성하도록 하는 형식이다.
ⓑ 단답형(short answer type) : 간단한 단어, 구 문장, 숫자, 그림 등 제한된 형태로 대답하게 하는 문항유형이다.
ⓒ 논문형(essay item) : 논문형은 하나 또는 여러 개의 문장으로 구성된 문제 상황을 제시하여 놓고 응답자에게 몇 개의 문장을 또는 여러 페이지에 걸쳐 논술식으로 답을 쓰게 하는 문항 형식이다.
　(ㄱ) 응답제한 논문형 : 학생 성취도를 측정하고 이해 수준 이상의 행동을 측정하는데 사용한다.
　(ㄴ) 응답자유 논문형 : 답안의 최대 길이가 수험생 개개인의 능력수준과 시험시간에 의해서만 간접적으로 제한을 받는 문항형식이다.

⑥ 논문형 문항의 제작 원리
ⓐ 수험자의 입장에서 문항이 제작되어야 한다.
ⓑ 주관식 검사문항의 제작에서는 '평가목표와의 관련'에 특히 유의해야 한다.
ⓒ 질문이 명료해야 한다. 요구하는 응답의 범위와 답을 작성 또는 표현하는 방식을 구체적으로 제시해야 한다.
ⓓ 객관적인 채점을 고려하여 제작되어야 한다.
ⓔ 문항을 여러 개 제시하고 그 중에서 선택하여 응답하는 방식은 피해야 한다.
ⓕ 채점시 각종 평정의 오류를 범하지 말아야 한다.
ⓖ 폭 넓고 고차적인 능력을 측정할 수 있도록 해야 한다.

ⓞ 지시문을 '비교, 분석하라', '이유를 설명하라', '견해를 논하라' 등으로 하는 것이 좋다.
ⓩ 어느 한 편의 견해를 지지하는 입장에서 논하도록 지시하지 말고 피험자의 견해를 밝히고 그의 견해를 논리적으로 전개할 수 있도록 유도하여야 한다.
ⓧ 문항 제작시 반드시 모범답안과 채점기준을 함께 작성해야 한다.
⑦ 논문형 채점기준 작성방법
  ㉠ 분석적 배점법
    (ㄱ) 모범답안의 내용을 몇 개의 요소로 분석하여 요소별 배점을 정해 놓고, 요소별로 채점한 후에 요소별 득점을 합산하는 방법이다.
    (ㄴ) 이 방법은 채점의 객관성과 폭넓은 점수분포가 요구되는 선발시험의 채점방식으로 적합하다.
  ㉡ 총괄적 평정법
    (ㄱ) 답안 전체를 하나의 채점 단위로 보아 질적으로 채점할 경우(상, 중, 하)에 유용한 방법이다.
    (ㄴ) 이 방법은 응답자유 논문형과 같이 반응의 자유가 아주 커서 분석적 배점법에 의한 채점기준을 만들기가 어려운 경우에 사용되며 응시자 수가 비교적 적은 경우에 적합하다.

06 타당도(validity)

1. 개 념 (99. 중등 : 04. 중등)

① 검사 또는 평가 도구가 측정하려고 하는 것을 어느 정도로 측정하고 있느냐의 정도를 말한다.
② 무엇을 재고 있느냐의 개념이다.
③ 타당도는 없어도 신뢰도는 정확할 수 있으나 신뢰도 없는 타당도란 있을 수 없다.

2. 타당도의 유형

(1) 논리적 타당도

① 정의
  ㉠ 평가도구가 그것이 평가하려고 하는 내용 – 교육 목표를 어느 정도로 충실히 측정하고 있는지를 분석·측정하려는 타당도로서 내용타당도와 개념상 유사하다.
  ㉡ 주로 교수–학습과정에서 설정했던 교육목표를 평가도구가 얼마나 충실히 측정하고

있느냐는 것을 결정할 때 쓰이는 타당도의 개념이다.
② 내용
　㉠ 평가도구가 처음에 의도했던 교육목표에 비추어 보아 적절한가?
　㉡ 문항내용이 교과내용의 중요한 것을 빠뜨리지 않고 충분히 포괄하고 있는가?
　㉢ 문항의 난이도가 학생집단의 성질에 비추어 보아 적절한가?
　㉣ 문항의 표본이 모집단을 잘 대표하고 있는가? 에 따라 논리적 타당도가 결정된다.
③ 의미
　㉠ 표면적으로 보아 그 검사의 목적이라는 외적 준거를 잘 예언하고 있는가(가설에 의한 타당도)
　㉡ 검사문항이 모집단에 해당하는 목표를 얼마나 잘 대표하고 있는가(정의에 의한 타당도)
　㉢ 검사가 얼마나 실용적이냐(외양에 의한 타당도)
④ 이용 : 성적검사의 타당도를 확인하거나 지능검사, 적성검사, 흥미검사, 자아개념검사의 양호도를 알아볼 때 사용한다.

(2) 내용타당도(content validity) (00. 중등 : 07. 중등 : 11. 중등)
① 개념
　㉠ 내용타당도는 논리적 사고에 입각한 논리적인 분석과정으로 판단하는 주관적인 타당도로 객관적 자료에 근거하지 않는다.
　㉡ 그러므로 내용타당도에 의한 검사도구의 타당성 입증은 논란이 따르게 마련이다.
　㉢ 내용타당도와 유사한 용어로 안면타당도와 교과타당도의 개념이 있다.
　㉣ 안면타당도(face validity)는 문항들이 피험자들과 얼마만큼 친숙하게 보이는가를 말한다.
　㉤ 교과타당도(curriculum validity)는 검사문항과 교수목표와의 일치도 또는 관련성을 구체적으로 관찰해서 기술하는 내용타당도이다. 즉, 개개 문항의 내용과 형식이 주어진 교수목표에의 도달 정도를 평가하는데 얼마만큼 적절한가를 따져서 이론적으로 설명한 것이 교과타당도이다.
　㉥ 특히 학업성취도 검사의 내용타당도는 검사 제작 전에 작성한 이원분류표에 의해 문항들이 제작되었는지를 확인하는 과정을 통해 검증된다.
② 장점 : 내용 타당도는 계량화되어 있는 정보를 제공하지 못한다고 하여도 전문가의 판단에 의하여 검사의 타당성을 입증 받게 되는 것이므로 검사의 목적에 부합하는가의 여부를 검증할 수 있다는 장점이 있다.
③ 단점
　㉠ 정의에 대한 통일된 인식이 없는 특성, 특히 정의적 행동특성을 측정할 때 전문가

마다 다른 견해를 가지는 경우가 많으므로 내용타당도에 대해 각기 다른 검사가 나올 수 있다.
ⓒ 또한 내용타당도는 계량화되지 않았기 때문에 타당성의 정도를 표기할 수 없다는 점도 단점이라고 하겠다.

(3) 예언타당도(predictive validity) (96. 중등)

① 개념
  ㉠ 어떤 평가도구가 목적하는 준거를 정확히 예언하는 힘으로 예언 능률의 정도에 의해 표시되는 타당도를 말한다.
  ㉡ 선행검사 X와 Y와의 상관계수로 표시하는데, 두 평가도구는 신뢰도에 크게 영향을 받는다.
  ㉢ 제작된 검사에서 얻은 점수와 미래의 어떤 행위와의 관계로 추정되는 타당도이다.
  ㉣ 즉, 예언타당도는 검사점수가 미래의 행위를 얼마나 잘 예측하느냐 하는 문제이다.
  ㉤ 예를 들어, 유아의 어휘발달 검사를 제작하였을 경우, 그 검사에서 높은 점수를 얻은 유아가 초등학교에 입학하여 어휘능력이 우수하였다면 유아 어휘발달 검사의 예언타당도가 높다고 할 수 있다.
  ㉥ 일반적으로 예언타당도는 적성검사에서 중요시되는 경향이 있으며, 임상심리에서 사용되는 심리검사에도 자주 이용된다.

② 장점 : 검사도구가 미래의 행위를 예측해 주기 때문에 예언타당도가 높으면 선발, 채용, 배치 등의 목적을 위하여 검사를 사용할 수 있다.

③ 단점
  ㉠ 동시측정이 불가능하므로 검사의 타당성을 검증하기 위해서는 시간적 여유가 필요하다는 점을 들 수 있다.
  ㉡ 일정한 시간 뒤에 측정한 행위와 검사 점수 간의 상관 계수에 의하여 타당도를 검증하기 때문에 평가와 연구를 위하여 제작한 검사도구의 예측타당도를 검증하기가 때로는 불가능하다.

(4) 공인타당도(concurrent validity) (91. 중등 : 93. 중등 : 98. 중등 : 00. 초등보수 : 08. 초등)

① 개념
  ㉠ 어떤 검사점수가 '현재' 시점에서 다른 검사 점수와 어느 정도 일치되느냐의 정도를 말한다.
  ㉡ 공인타당도는 새로 제작된 검사의 점수와 타당성을 검증받은 기존 검사 점수 간의 상관계수에 의하여 추정된다.
  ㉢ 예언 타당도는 행동의 준거가 미래에 있지만 공인타당도는 현재에 있다.

ⓔ 준거의 성질이 예언에 있지 않고 공통된 요인의 유무에 있다
　　　ⓜ 새로운 검사를 제작하였을 때 기존에 타당성을 보장받고 있는 검사와의 유사성 혹은 연관성에 의하여 타당성을 검증하는 방법이 공인타당도이다.
　② 장점 : 계량화되어 타당도에 대한 객관적인 정보를 제공할 수 있으며 타당도의 정도를 나타낼 수 있다.
　③ 단점 : 타당성을 입증 받은 기존의 검사가 있다고 하더라도 그 검사와의 관계에 의하여 공인타당도가 검증되므로 타당성을 입증 받은 기존의 검사에 의존한다.

(5) 구인타당도(construct validity) (99. 초등보수)

① 개념 : 한 검사가 조작적으로 정의된 어떤 특성이나 성질을 측정했을 때 그것을 과학적 개념으로 분석하고 의미를 부여하는 과정이다.
② 구인타당도를 밝히는 과정
　　ⓐ 집단 간의 차이, 상관분석 및 요인분석, 시간적 공간적으로 여러 상황에서의 변화상태의 비교, 심리적 과정의 연구, 검사문항의 분석, 실험 등 모든 방법을 이용한다. 즉 상관계수법, 실험설계법, 요인 분석 등의 통계적 방법을 활용한다.
　　ⓑ 따라서 가장 복잡한 과정을 필요로 하는 것이 바로 구인 타당도이다.

(6) 생태학적 타당도(ecological validity)

① 검사의 내용이나 절차가 검사를 실시하고자 하는 피험자들의 사회문화적 배경이나 주변 상황과 타당한가를 검토하는 것이다.
② 예를 들면, 남녀에 각각 다르게 영향을 미치는 문항이나 흑인과 백인에게 각각 다르게 영향을 미치는 문항에 대해 그 타당도를 측정하는 것이다.
③ 목표가 구체적이고, 이원분류표를 사용하면 검사가 용이하다.

(7) 결과타당도(consequential validity) (04. 초등)

① 검사나 평가를 실시하고 난 다음의 결과에 대한 가치판단으로 평가 결과의 평가목적과의 부합성, 평가 결과를 이용할 때의 목적 도달, 평가 결과가 사회에 주는 영향, 그리고 평가 결과를 이용할 때 사회의 변화들과 관계가 있다.
② 즉, 검사가 원래 검사자가 의도한 것을 제대로 측정했는지, 학생들에게 긍정적인 변화를 주었는지, 검사 이후의 결과에 관심을 가진다.
③ 기존의 타당도들이 오직 정확한 측정에만 관심을 가졌다면, 결과 타당도는 검사를 제작함에 있어서 이 검사가 의도하지 않은 어떤 결과가 나타날지, 잠재적 결과가 무엇이고, 사회에 미치는 영향이 무엇인지 심각하게 생각해야 한다고 본다.
④ 그러나 이러한 결과타당도의 개념은 아직까지 논란의 여지가 있다. 검사가 진행된 후의

결과에 대한 문제는 타당도의 문제라기보다는 검사 활용의 문제라고 보는 시각도 존재한다. 따라서 결과 타당도에 대한 논의는 좀 더 진행되어야 한다.

07 신뢰도(reliability)

1. 개 념 (99. 중등 추가 : 02. 초등 : 03. 중등 : 10. 초등)

① 신뢰도(reliability)란 측정하고자 하는 현상을 일관성 있게 측정하는 능력으로 안정성, 일관성, 예측가능성, 정확성 등으로 표현할 수 있는 것을 의미한다.
② 반복 측정을 하였을 경우에 얼마나 동일한 결과를 얻게 되었는지, 측정도구가 측정하려고 하는 속성을 얼마나 진실에 가깝도록 측정했는지에 대해 파악함으로써 신뢰도를 정의할 수 있다.
③ 신뢰도는 높을수록 좋지만 신뢰도가 높다고 해서 훌륭한 결과를 얻었다고 할 수 있는 것은 아니다.

2. 신뢰도에 접근하는 방법

(1) 표준오차 접근방법 (99. 초등)

① 개요
  ㉠ 이것은 단일한 측정대상을 같은 측정도구를 가지고 여러 번 측정한 결과가 어느 정도로 같으냐의 일치성에 기초를 둔 신뢰도 접근법이다.
  ㉡ 이 개념은 신뢰도의 항상성, 예측성에 기초를 둔 것으로, 측정이 신뢰할만 하다면 여러 번 측정한 결과가 같게 나올 것이고, 그렇지 못하면 그 변산(퍼진 정도)이 클 것이라고 본다.
  ㉢ 진점수를 중심으로 측정치들이 퍼져 있는 구간을 신뢰구간이라고 하여, 이 접근법을 신뢰구간 접근법이라고도 한다.
② 신뢰도의 접근
  ㉠ 먼저 어떤 측정이든 여러 번 실시하면, 거기에는 진점수가 있고, 측정치들이 이 진점수를 중심으로 변산을 보일 것이라고 가정한다.
  ㉡ 따라서 한 개인을 여러 번 측정하여 점수를 얻으면, 그 점수들은 진점수의 추정치를 중심으로 퍼지게 될 것이다(변산한다).
  ㉢ 그러므로 이 측정치들이 퍼진 정도, 즉 변산의 정도는 오차의 범위를 나타내 준다.
  ㉣ 그런데 변산의 정도, 즉 오차의 정도는 통계적으로 표준편차에 의해 표시된다.
  ㉤ 따라서 표준편차가 크면 오차의 정도가 커서 신뢰도가 낮고, 표준편차가 작으면 오

차의 정도가 작은 것이므로 신뢰도가 높게 된다.
ⓗ 측정치가 변산되어 있는 범위를 신뢰구간이라고 하므로, 신뢰구간이 크면 클수록 신뢰도는 낮게 된다.

 신뢰구간 접근

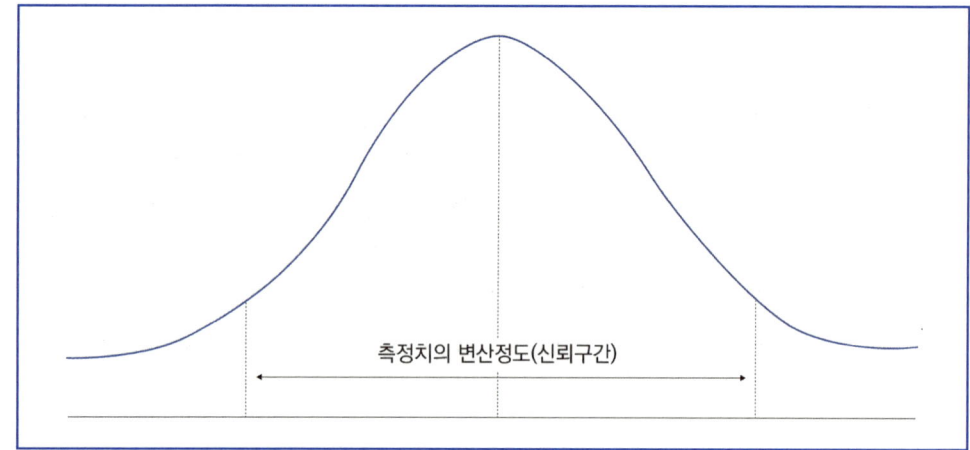

(2) 상대적 순서접근법

① 이 방법은 한 집단의 피검사자에게 측정을 두 번 실시하고 첫 번째 실시했을 때의 측정치의 상대적 순서와 두 번째 실시했을 때의 상대적 순서가 어느 정도 일치하느냐로 신뢰도를 평가하는 방법이다.
② 예컨대, 한 집단의 학생들(200명)의 체중을 처음에 달아보았을 때의 순위와 두 번째 달았을 때의 순위에 차이가 거의 없다면 신뢰도가 높다고 보는 것이다.
③ 이 개념은 측정치의 안정성, 신뢰성, 예언성을 관심의 대상으로 하는 것이다.

3. 신뢰도의 유형

(1) 재검사 신뢰도(안정성계수) (05. 중등)

① 개념
   ㉠ 재검사 신뢰도(再檢査信賴度 : test-retest reliability)는 동일한 피검사자 집단에 같은 검사 X를 일정 시간간격을 두고 두 번 실시하여 얻은 두 개 검사점수 사이의 상관계수로 표시된다.
   ㉡ 재검사 신뢰도는 검사를 두 번 실시했을 때 점수들의 상대적인 서열이 어느 정도 안정성이 있는가를 분석하는 데 주안을 두고 있으므로 안정성계수(安定性係數 : coefficient of stability)라고 부르기도 한다.
   ㉢ 재검사 신뢰도 계수는 검사가 측정하고자 하는 특성이 시간의 경과에도 불구하고

어느 정도 안정성이 있는가를 나타낸다. 안정성 계수가 높다는 것은 첫 번째 검사에서 높은 점수를 받았으면 두 번째 검사에서도 높은 점수를 받았고, 첫 번째 검사에서 낮은 점수를 받았으면 두 번째 검사에서도 낮은 점수를 받았음을 나타낸다. 반면 안정성 계수가 낮다는 것은 첫 번째 검사에서 높은 점수를 받은 사람이 두 번째 검사에서 낮은 점수를 받았거나, 처음에 낮은 점수를 받은 사람들이 두 번째에는 높은 점수를 받은 경향이 있다는 것을 나타낸다.

ㄹ. 안정성 계수에는 검사를 두 번 실시하는 시간간격이 주요 오차원으로 작용한다. 왜냐하면 같은 검사를 두 번 실시하는 시간간격이 짧을수록 상관계수가 커지는 경향이 있기 때문이다. 반면 시간간격이 길수록 검사가 측정하고자 하는 특성이 변화될 가능성이 높기 때문에 상관계수가 작아진다.

② 용도 : 재검사 신뢰도는 속도검사와 같이 시간을 제한하는 검사, 동형검사가 없거나 제작하기가 어려운 경우, 검사내용이 매우 친숙해서 기억효과가 작용할 가능성이 없을 때 신뢰도 계수를 추정하는 방식으로 적절하다.

③ 장점

ㄱ. 재검사 신뢰도는 같은 검사를 두 번 실시하기 때문에 문항의 차이에서 기인하는 오차가 작용하지 않는다.

ㄴ. 동형검사를 제작하는 번거로움도 피할 수 있다.

ㄷ. 같은 날 검사와 재검사를 실시하면 매일 변화되는 요인들의 영향을 통제할 수 있다.

ㄹ. 계산이 쉽다.

④ 해결해야 할 난점

ㄱ. 재검사 신뢰도의 가장 큰 문제점은 같은 검사를 같은 집단에 두 번 실시하기 어렵다는 것이다. 이러한 문제점 때문에 학교시험에서 재검사 신뢰도를 구한다는 것은 사실상 불가능하다. 그러나 표준화검사를 선정할 때는 재검사 신뢰도가 중요한 기준이 된다. 대부분의 표준화검사의 실시요강에는 재검사 신뢰도와 시간간격을 명시하고 있다.

ㄴ. 재검사 신뢰도의 두 번째 문제점은 같은 검사를 두 번 실시할 수 있다고 하더라도 시간간격이 너무 짧으면 기억효과로 인해 피검사자들이 첫 번째 검사와 거의 동일한 반응을 하게 되고, 그 결과 재검사 신뢰도를 과대추정할 가능성이 있다. 따라서 검사-재검사 사이의 시간간격이 너무 짧을 경우 재검사 신뢰도 계수를 보수적으로 해석하여야 한다. 반면 시간간격이 너무 길면 첫 번째 시험에 대한 기억이 희미해지고 새로운 학습활동으로 인해 재검사 신뢰도가 낮아질 가능성이 있다. 시간간격을 어느 정도로 하는 것이 가장 적정한가에 대한 철칙은 없지만, 일반적으로 검사의 성질을 고려해서 성취도와 같이 쉽게 변화될 수 있는 특성을 재는 검사의 경우 시간간격은 며칠에서 몇 주로 하는 것이 좋다. 지능과 같이 매우 안정적인 특성을 재는 검사의

경우는 검사-재검사 사이의 시간간격이 1년 정도 되어도 무방하다. 단, 재검사 신뢰도는 검사가 측정하려는 특성이 상당히 안정성이 있다는 것을 전제하고 있으므로 기분과 같이 시시각각으로 바뀌는 특성을 측정하는 검사의 경우 재검사 신뢰도를 추정하지 말아야 한다.

ⓒ 전후의 검사실시에서의 여러 조건을 똑같이 통제하기 어렵다

(2) 동형검사 신뢰도(동형성계수) (01. 중등)

① 개념

ⓐ 동형검사 신뢰도(同型檢査 信賴度 : equivalent or parallel-form relia- bility)는 두 개의 동형검사를 같은 집단에 거의 연속적으로 실시하여 얻은 검사점수 사이의 상관계수를 의미한다.

ⓑ 동형검사는 문항의 표현 자체는 다르지만 측정내용, 곤란도, 문항수 등이 동일한 검사를 가리킨다. 이러한 점에서 이를 동형성 계수(同型性 係數 : coefficient of equivalence)라고 부르기도 한다.

ⓒ 동형검사 신뢰도는 하나의 동형검사에서 얻은 점수를 다른 동형검사의 점수에 일반화할 수 있는 정도, 즉 두 개의 동형검사가 동일한 특성을 측정하는 정도를 나타낸다.

ⓓ 동형검사 신뢰도의 가장 본질적인 목적은 두 개의 검사가 정말로 동형검사인지를 확인하는 데 있다. 이를 위해 ⓐ 두 검사의 내용을 분석하고 ⓑ 두 검사를 같은 집단에 실시했을 때 평균이 같은지 확인하며 ⓒ 두 개의 검사점수 사이의 상관을 검토한다.

ⓔ 동형검사 신뢰도를 구하려면 이론적으로는 같은 피검사자 집단에 동형검사를 동시에 실시해야 하지만, 그것은 불가능하므로 최대한 짧은 시간 내에 실시하면 된다.

② 용도 : 동형검사 신뢰도의 주 용도는 두 개의 동형검사의 동형성 여부를 확인하는 데 있다. 동형검사 신뢰도는 재검사 신뢰도에 비해 낮은 경향이 있다.

③ 장점

ⓐ 기억, 연습 효과를 최소한으로 감소할 수 있다.

ⓑ 시험간격이 문제가 되지 않으며 신뢰도 계수 추정이 쉽다.

④ 해결해야 할 난점

ⓐ 완전히 같은 동형검사를 제작하기가 어렵다. 학교현장에서 동형검사를 제작한다는 것은 사실 불가능하다. 동형검사를 제작한다고 하더라도 같은 집단에 연속적으로 실시하기도 어렵다. 동형검사 신뢰도에 작용하는 가장 큰 오차원은 검사의 동형성이다. 동형검사 신뢰도는 두 검사의 내용, 형식, 곤란도 수준이 거의 비슷하면 높아지고, 두 검사가 이질적이면 낮아진다. 이러한 점 때문에 두 개의 동형검사를 일정한 시간간격을 두고 실시한 다음 두 검사점수들이 어느 정도 일치하는가를 분석하기도

하는데 이를 안정성 및 동형성 계수(coefficient of stability and equivalence)라고 한다. 이 방법은 재검사 신뢰도나 동형검사 신뢰도보다 신뢰도를 더 엄격하게 추정한다. 왜냐하면 검사가 측정하고자 하는 특성의 안정성과 검사의 동형성을 모두 고려하고 있기 때문이다.

ⓒ 확보된 신뢰도가 낮을 경우 측정 효과의 신뢰도가 본래부터 낮아서 그런 것인지 아니면 두 개의 양식을 동등하게 하는 데 실패한 것인지, 그 이유를 밝혀내기 어렵다.

(3) 반분 신뢰도(동질성계수) (91. 중등)

① 개념

㉠ 반분 신뢰도(半分信賴度 : split-half reliability)는 검사를 실시한 다음 그것을 동형검사가 되도록 두 개의 하위검사로 나누었을 때 두 부분 사이의 상관계수로 표시된다. 이 계수는 두 개로 구분한 검사의 점수들의 내적 합치도(internal consistency), 즉 점수들이 어느 정도 일관성을 갖고 있는가를 나타낸다.

㉡ 검사를 두 개의 부분으로 나누는 방법은 전후반분법(前後半分法), 기우반분법(奇遇半分法), 전문가의 판단에 따라 반으로 구분하는 방법 등이 있다. 전후반분법은 문항번호를 기준으로 앞뒤로 양분하는 방법이고, 기우반분법은 문항번호를 기준으로 홀수 문항과 짝수 문항으로 양분하는 방법이다.

㉢ 어떤 방법을 사용하든 간에 반으로 구분한 두 개의 검사가 동형검사가 되도록 해야 한다. 반분 신뢰도 계수가 높다는 것은 두 개로 나눈 부분의 동형성이 높다는 것을 의미한다.

㉣ 반분 신뢰도 계수는 검사를 한 번 실시하면 구할 수 있기 때문에 동형검사 신뢰도 계수보다 높다. 왜냐하면 동형검사 신뢰도를 구하기 위해 두 개의 동형검사를 연속적으로 실시한다고 하더라도 주의집중, 피로, 노력, 측정내용 등 여러 가지 요인들이 측정오차로 작용할 가능성이 있기 때문이다. 따라서 동형검사 신뢰도는 반분 신뢰도에 비해 보다 엄격한 신뢰도 추정치라고 할 수 있다.

㉤ 그런데 검사를 반으로 나누어서 구한 상관계수의 크기는 원래 검사에서 구한 상관계수보다 작아지는 경향이 있으므로(상관계수의 크기는 문항수에 비례한다) 원래 문항수에 근거한 상관계수를 추정해야 한다. 검사의 문항들을 반으로 나누어서 구한 상관계수를 통계적으로 교정하는 데는 Spearman-Brown 공식이 사용된다.

$$r_{XX} = \frac{nr}{(n-1)r+1}$$

㉥ r_{XX}는 교정한 상관계수, n은 부분검사의 수, r은 부분 사이의 상관계수를 가리킨다. 반분상관계수가 .50일 때 Spearman-Brown 공식으로 교정한 상관계수는 다음과 같다.

$$r_{XX} = \frac{2(.50)}{(2-1)(.50)+1} ≒ .67$$

② **용도**: 반분 신뢰도 계수는 학교시험의 신뢰도를 추정할 때 효과적으로 활용할 수 있다. 이 방법은 특정 집단에 검사를 두 번 실시하기가 사실상 불가능하고 반으로 구분한 하위검사들이 동형검사를 이룬다고 가정할 수 있을 때 적용하면 된다.

③ **장점**: 반분 신뢰도 계수는 검사를 한 번만 실시해도 신뢰도 계수를 구할 수 있고, 연습효과나 기억효과를 통제할 수 있으며, 역량검사(power test : 시간을 제한하지 않고 곤란도 수준이 다양한 문항들을 제시하여 수행수준을 측정하려는 검사)의 신뢰도 계수를 구하는 방법으로 적합하다.

④ **해결해야 할 난점**

 ㉠ 반분 신뢰도 계수는 검사를 두 부분으로 나누는 방식에 따라 신뢰도 계수가 달라진다는 문제점이 있으므로 두 개로 나눈 검사가 동형검사가 될 수 있도록 나누는 것이 중요하다.

 ㉡ 이 방법은 속도검사(speed test : 시간을 엄격하게 제한한 상태에서 매우 쉬운 문항들을 제시한 다음 정답을 한 문항수를 측정하는 검사)에는 적용할 수 없다.

 ㉢ 또 반분 신뢰도 추정치를 Spearman-Brown 공식으로 교정해야 하는 번거로움이 있다.

 ㉣ 문항들이 동일한 특성이나 능력을 측정하지 않을 경우 신뢰도 계수가 낮아진다는 단점도 있다.

(4) 문항내적 신뢰도(동질성계수) (08. 중등)

① **개념**

 ㉠ 문항내적 합치도(問項內的合致度 : inter-item consistency)는 검사에 포함된 문항 하나하나를 독립된 검사로 간주하여 문항에 대한 반응(정답-오답)의 일관성을 종합하려는 방법이다. 검사에 포함된 여러 문항들에 대한 반응의 일관성은 문항의 동질성에 따라 좌우되기 때문에 문항내적 합치도를 동질성 계수(同質成係數 : coefficient of homogeneity)라고 부르기도 한다.

 ㉡ 문항내적 합치도는 검사에 포함된 문항들이 유사한 특성들을 재고 있는 정도를 나타내므로 문항들의 동질성이 높을수록 커진다. 검사가 매우 동질적인 문항으로 구성되어 있을 때 문항내적 합치도는 반분 신뢰도 계수와 비슷하게 추정된다.

 ㉢ 이론적으로 문항내적 합치도 계수는 검사를 모든 가능한 방식으로 반분했을 때 얻을 수 있는 반분 신뢰도 계수들을 평균한 값이다. 앞에서 설명한 바와 같이 반분신뢰도 계수는 전체 문항을 반으로 구분하는 방식에 따라 달라진다는 문제점이 있다. 그 결과 기우반분법으로 구한 신뢰도 계수와 전후반분법으로 구한 신뢰도계수는 다르다. 그렇지만 문항내적 합치도 계수는 반분 신뢰도처럼 검사를 두 부분으로 나누는 방식

의 영향을 받지 않는다.
ⓔ 문항내적 합치도는 동일적인 학습성과를 측정하기 위한 검사에만 적용해야 한다. 상당히 이질적인 학습성과를 측정하기 위해 제작된 검사(예컨대 대수, 집합, 확률, 함수 등에서 두루 출제된 시험 등)의 문항내적 합치도 계수는 반분 신뢰도보다 낮기 때문에 반분 신뢰도를 이용해서 신뢰도를 추정하는 것이 바람직하다.
ⓜ 문항내적 합치도는 공식 KR_{20}이나 α계수를 이용해서 추정할 수 있다. 손(手)으로 문항내적 합치도를 구하기는 상당히 번거롭지만, 최근 널리 보급된 통계분석프로그램을 이용하면 쉽게 구할 수 있다

② 문항내적 합치도의 유형
  ㉠ KR
    (ㄱ) 개념
      ⓐ 반분 신뢰도 계수는 검사를 반으로 구분하여 구한 신뢰도 추정치를 나타낸다.
      ⓑ 그런데 특정 검사를 반으로 구분할 수 있는 경우의 수는 무수히 많다. 그렇다면 특정 검사를 한 번만 반으로 구분하여 신뢰도를 구하는 것보다 모든 가능한 반분검사들의 신뢰도를 구한 다음 그 평균을 계산하는 것이 보다 합리적인 접근이 될 수 있다.
      ⓒ Kuder와 Richardson(1937)은 모든 가능한 경우에서 반분 신뢰도를 구한 다음 그것의 평균을 구하는 방법을 제안했다. 이 방법은 상관계수를 이용하지 않고 문항에 대한 정답률과 분산을 이용해서 신뢰도를 추정한다.

$$KR_{20} = \frac{k}{k-1}\left[1 - \frac{\Sigma_{pq}}{S^2}\right]$$

      ⓓ k는 문항수, p는 특정 문항에 대한 정답률, q는 특정 문항에 대한 오답률, S^2는 검사점수의 분산을 각각 나타낸다.
      ⓔ KR_{20}은 이분적(二分的)으로 채점되는 문항에만 사용될 수 있다. 이분적으로 채점되는 문항이란 정답에는 1, 오답에는 0을 주는 채점방식으로 거의 대부분의 선택형 문항에서 사용하고 있는 채점방식이다.
      ⓕ 정답률을 일일이 계산하지 않고 검사의 평균($\overline{X}$)과 표준편차를 알고 있을 때는 KR_{21}로 문항내적 합치도를 계산하면 편리하다.

$$KR_{21} = \frac{k}{k-1}\left[1 - \frac{\overline{X}(k-\overline{X})}{kS^2}\right]$$

      ⓖ KR_{21}은 KR_{20}에 비해 계산이 쉽고 문항들의 곤란도가 비슷할 경우 적용된다. 문항들의 곤란도가 비슷하면 KR_{20}으로 계산한 신뢰도와 KR_{21}로 계산한 신뢰

도계수는 사실상 같다. 그러나 문항들의 곤란도 수준이 다를 경우 KR_{21}은 신뢰도 수준을 과소추정하게 된다(즉, KR_{20}로 계산한 신뢰도 계수보다 낮다). 따라서 KR_{21}은 문항내적 합치도 계수의 하한계 추정치라고 할 수 있다.

  (ㄴ) 용도
    ⓐ KR은 속도검사가 아닌 시험의 신뢰도를 시험을 한 번만 실시하여 구하고자 할 때 적합하다.
    ⓑ KR은 모든 문항이 하나의 특성이나 일련의 관련된 목표를 측정하고, 이분적으로 채점되는 경우에만 적용해야 한다.

  (ㄷ) 장점
    ⓐ KR은 계산이 쉽고 검사를 한번만 실시해도 되기 때문에 기억 및 연습효과가 작용하지 않는다.
    ⓑ 또 반분 신뢰도와 달리 검사를 반으로 구분하지 않아도 되므로 반으로 구분하는 방식의 영향을 받지 않고, Spearman-Brown 공식을 적용할 필요가 없다.

  (ㄹ) 단점
    ⓐ KR 공식은 반분 신뢰도와 마찬가지로 속도검사에서는 신뢰도를 과대추정하므로 적용할 수 없다.
    ⓑ 또 검사의 문항들이 단일 특성을 측정하지 않을 경우 신뢰도 계수가 낮아진다.
    ⓒ KR은 모든 문항의 곤란도 수준이 같다고 전제하고 있으므로 그것이 위배되는 경우 신뢰도 계수를 과소추정하게 된다.

② α계수
 (ㄱ) 개념
    ⓐ α계수는 검사를 한 번 실시한 다음 검사점수의 동질성 혹은 내적 합치도를 추정하는 방법이다.
    ⓑ 이것은 이분적으로 채점되는 문항에 적용되는 KR_{20}을 다분적(多分的)으로 채점되는 문항(10점 만점으로 채점하는 논문형 문항이나 5점 척도 등)으로 구성된 검사의 신뢰도 계수를 구하기 위해 확장시킨 것이다.
    ⓒ α계수는 원래 Cronbach(1951)이 개발했으며, Novick와 Kaiser와 Michael (1975) 등이 정교화 시켰다. α계수를 구하는 공식은 다음과 같다.

$$\alpha = \frac{k}{k-1}\left[1 - \Sigma \frac{S_i^2}{S^2}\right]$$

    ⓓ k는 문항수, S_i^2는 문항분산, S^2는 검사점수의 분산을 나타낸다. 4개 문항으로 구성된 시험의 문항분산이 꼭 $S_1^2 = 9$, $S_2^2 = 4.8$, $S_3^2 = 10.2$, $S_4^2 = 16$이고 S^2

= 100이라고 할 경우 α계수는 다음과 같다.

$$\alpha = \frac{4}{3}\left(1 - \frac{9 + 4.8 + 10.2 + 16}{100}\right) = .80$$

ⓔ α계수는 검사점수의 분산이 크고 문항들의 점수가 유사할수록 커진다. 위에서 설명한 KR_{20}은 α계수의 특수 사례에 해당된다. 그러므로 α계수로 이분적인 문항의 신뢰도를 추정한 결과는 KR_{20}으로 추정한 결과와 같다. α계수를 계산하는 과정은 상당히 복잡하지만 컴퓨터 프로그램을 이용하면 쉽게 구할 수 있기 때문에 가장 널리 활용되고 있다.

ⓛ 용도

ⓐ KR_{20}과 마찬가지로 α계수는 검사에 포함된 문항들이 유사한 특성을 측정하는 정도에 관한 정보를 제공한다.

ⓑ 따라서 동일한 특성을 측정하기 위한 문항으로 구성된 비속도검사의 신뢰도는 α계수로 추정하는 것이 가장 바람직하다.

ⓒ 비교적 동질적인 문항으로 구성된 검사의 경우 α계수는 반분 신뢰도 추정치와 비슷하다. 앞에서 언급한 바와 같이 KR_{20}이나 α계수는 검사를 모든 가능한 방식으로 반분했을 때 얻을 수 있는 신뢰도 계수들의 평균치로 간주된다.

ⓒ 장점 : α계수는 검사를 한 번만 실시하고 추정할 수 있기 때문에 시간 및 경제적인 측면에서 효율적이고, 재검사 신뢰도에서 오차원으로 작용하는 기억효과나 연습효과가 작용하지 않는다는 장점이 있다.

ⓒ 단점

ⓐ 반분 신뢰도나 KR_{20}과 마찬가지로 α계수는 속도검사의 신뢰도를 추정하는 방법으로는 부적합하다. 속도검사에서는 α계수가 비합리적으로 과대 추정된다. 그러므로 모든 학생들에게 시험문제를 풀 수 있는 충분한 시간을 허용하지 않는 시험의 경우 α계수를 해석할 때 유의해야 한다. 속도검사에서는 재검사 신뢰도나 동형검사 신뢰도를 이용해서 신뢰도 계수를 추정하는 것이 바람직하다.

ⓑ α계수는 시간 경과에 따른 반응의 안정성에 대한 정보를 제공하지 못하고 계산공식이 복잡하기 때문에 컴퓨터 프로그램이 없으면 추정하기 어렵다는 제한점이 있다.

ⓒ 검사가 이질적인 내용을 측정하는 문항으로 구성되었을 경우 α계수는 반분 신뢰도 계수보다 낮을 가능성이 높기 때문에 반분 신뢰도를 추정하는 것이 바람직하다.

ⓒ 분산분석을 이용한 신뢰도 추정
  ㉠ 내적 합치도는 분산분석(analysis of variance : ANOVA)을 이용해서 구할 수도 있다.
  ㉡ Hoyt(1941)는 분산분석을 이용해서 신뢰도 추정치를 구하는 방법을 제안했다.
  ㉢ 분산분석의 논리를 적용하면 점수의 전체 분산은 개인간 분산, 문항간 분산, 오차 분산으로 분할할 수 있다. 이때 신뢰도는 다음과 같다.

$$r_{XX} = \frac{MS_{개인간} - MS_{오차}}{MS_{개인간}}$$

  ㉣ 이 공식에서 MS개인간은 평균자승화로 관찰점수 분산과 같고, MS오차는 오차의 평균자승화로 오차분산과 같다.
  ㉤ 이 방법으로 계산한 신뢰도 계수는 α계수와 동일하게 해석된다.
  ㉥ 채점자 신뢰도를 이 방법으로 구하고자 할 경우 문항을 채점자로 바꾸면 된다.

08 문항분석 이론

1. 고전검사이론(classical test theory)

(1) 개 요

① 고전검사이론(classical test theory)은 검사도구의 총점에 의하여 분석되는 이론이며, 관찰점수를 진점수와 오차점수의 합으로 가정하여 전개한 검사이론이다.
② 개인의 능력이 불변한다고 전제할 때, 독립적으로 반복 측정한 검사의 평균점수를 개인의 진점수로 추정한다.

(2) 문제점

① 검사점수의 해석과 검사의 양호도를 점검할 때 기본모형으로 이용되지만, 피험자의 능력에 따라 문항모수가 검사문항에 따라 피험자의 능력이 달리 추정되는 단점이 있다.
② 고전검사이론에 의하여 문항을 분석하였을 경우 같은 문항이라도 능력이 높은 학생들이 응답한 자료를 가지고 분석하면 쉬운 문항으로, 능력이 낮은 학생들이 응답한 자료를 가지고 분석하면 어려운 문항으로 분석되므로 문항특성의 불변성 개념을 지지하지 못한다.
③ 또한 검사의 총점으로 능력을 추정하므로 검사가 쉬우면 학생의 능력은 과대추정되고, 검사가 어려우면 능력이 과소 추정되므로 피험자 능력 불변성 개념을 유지하지 못하는 단점을 지니고 있다.

(3) 고전검사이론에 의한 문항분석

(94. 중등 : 97. 초등 : 99. 중등 : 00. 중등 : 02. 중등 : 03. 중등 : 03. 초등 : 04. 중등 : 07. 초등 : 10. 초등 : 10. 중등 : 11. 중등)

① **문항난이도(item difficulty)** (99. 초등보수)
   ㉠ 문항난이도(item difficulty)는 문항이 쉽고 어려운 정도를 나타내는 지수이다. 문항 곤란도라고도 한다.
   ㉡ 난이도를 추정하는 공식을 보면 정답률이라고 하는 것이 정확한 표현이다. 즉, 총 피험자들 중에서 답을 맞힌 피험자의 비율을 말한다. 이는 해당 문항에 정답할 확률이다.
   ㉢ 문항난이도를 계산하는 공식은 다음과 같다.

   $$P = \frac{R}{N} \times 100$$

   N : 총 피험자 수
   R : 문항의 답을 맞힌 피험자 수

   ㉣ 예를 들어 200명의 피험자에게 검사를 실시하여 180명이 정답을 맞추었다면 문항의 난이도는 90이다. 문항난이도 지수는 백분율 대신에 .9라는 비율로 표시되기도 한다.
   ㉤ 문항난이도에 의한 문항을 평가하는 절대적 기준은 없으나 .30 미만이면 매우 어려운 문항 .30 이상 .80 미만이면 적절한 문항, 그리고 .80 이상이면 매우 쉬운 문항이라 평가한다.

② **문항변별도(item discrimination)** (04. 초등 : 05. 중등)
   ㉠ 문항변별도(item discrimination)는 개개 문항이 한 시험 또는 검사에서 총점이 낮은 학생과 높은 학생을 구분해 줄 수 있는 변별력을 말한다.
   ㉡ 문항이 능력에 따라 피험자를 변별하는 정도를 나타내는 지수이다.
   ㉢ 가령 어떤 문항에서 총점이 높은 학생들은 대부분 맞게 응답하였고 총점이 낮은 학생들은 틀리게 답하였다면 그 문항은 변별력이 높다.
   ㉣ 반면에 문제가 너무 쉬워서 총점이 높은 학생이나 낮은 학생 모두 정답을 했다면 그 문항은 변별력이 낮고, 문제가 너무 어려워 총점이 높은 학생과 낮은 학생 모두 오답을 했다면 그 문항도 역시 변별력이 낮다.
   ㉤ 문항변별도를 계산하는 방법은 상하부 지수를 비롯하여 양분상관계수, 사분상관계수, 양류상관계수 등과 같은 상관계수로 추정하는 방법이 활용되고 있다.
      ㉠ 상하부 지수 계산
         ⓐ Johson이 컴퓨터를 사용하지 않고 쉽게 계산할 수 있는 방법으로서 상하부 지수(upper-lower index; ULI)를 제안하였다.

ⓑ 상하부 지수는 간단하게 변별도 지수(discrimination index; DI)라고도 불리운다. 이를 구하는 공식은 다음과 같다.

$$DI = \frac{R_U - R_L}{f}$$

DI : 문항변별도 지수
R_U : 상위 집단의 정답자 수
R_L : 하위 집단의 정답자 수
f : 상위 집단 및 하위 집단 각각의 총 사례수

ⓒ 단 여기에서 총 사례수는 미달항 수를 제외한 것을 의미한다. 또한 상위 집단과 하위 집단의 사례수는 동일하게 하므로 대개의 경우에 f는 상위 집단의 사례수인 동시에 하위 집단의 사례수이다.

ⓛ 양분상관계수의 계산

ⓐ 상위 집단과 하위 집단을 구분하여 변별도 지수를 산출하는 방법은 정확성이 떨어진다. 문항변별도 지수를 가장 정확하게 계산하는 방법은 상관계수를 산출하는 방법이다.

ⓑ 문항변별도의 정의에 따라 검사의 총점이 높은 학생은 어떤 문항에서 높은 점수를 보이는 경향이 강하다면, 즉 두 가지 점수 간의 상관계수가 높으면 그 문항의 변별도가 높은 것으로 본다. 양분상관계수를 구하는 공식은 다음과 같다.

$$r_{bis} = \frac{M_R - M_W}{s_t} = \frac{P(1-P)}{Y}$$

M_R : 정답반응 학생들의 득점 평균 값
M_W : 오답반응 학생들의 득점 평균 값
S_t : 전체 점수분포의 표준편차
P : 전체 학생의 정답률
Y : 정규분포곡선에서 P(정답 부분)와 1-P(오답 부분)을 나누는 Z점에 상응하는 종축치(정규분포곡선 수표에서 찾는다).

ⓒ 문항변별도 지수에 의한 문항 양호도를 판단하는 절대적 기준은 없으나 Ebel & Frisbie(1991)는 .40 이상을 매우 좋은 문항, .30 — .39를 상당히 좋으나 개선될 여지가 있는 문항, .20 — .29를 약간 좋은 문항으로서 개선될 필요가 있는 문항, .19 이하를 별로 좋지 않은 문항으로서 버려야 하거나 수정되어야 하는 문항 등과 같은 판단 기준을 제시하고 있다.

ⓓ 문항변별도가 .19 이하이면 나쁜 문항인 것으로 분류하였으나, 소규모 교실 상황에서는 문항변별도가 + 값이면 완전히 삭제할 필요는 없다. 그러나 — 값을 갖는 변별도는 나쁜 문항으로 간주된다.

ⓔ 문항변별도는 문항난이도에 따라 다른 값을 가지게 된다. 문항난이도와 문항변별도 간의 관계를 제시하면 다음 표와 같다.

 문항난이도와 문항변별도와의 관계

문항난이도	최대 변별도	최소 변별도
00	.00	.00
10	.20	−.20
20	.40	−.40
30	.60	−.60
40	.80	−.80
50	1.00	−1.00
60	.80	−.80
70	.60	−.60
80	.40	−.40
90	.20	−.20
100	.00	.00

ⓕ 위의 표에 나타난 바와 같이 최대 문항변별도를 얻으려면 적정 평균 난이도는 .50이고 개개의 문항 난이도는 .3에서 .7 사이에 있어야 한다. 그 기준을 좀 낮추면 문항변별도가 적어도 .2에서 .8 사이에 있어야 한다. 즉, 적절한 난이도(.50)일 때, 변별도가 높다.

③ 오답지의 매력도

㉠ 선다형 문항을 작성할 경우에 좋은 답지를 만드는 작업이 힘들다. 좋은 답지의 작성은 문항의 질을 좌우한다.

㉡ 답지는 정답지와 오답지로 구분된다. 정답지와 오답지가 효과적으로 제 기능을 다하고 있는지를 점검하는 작업이 답지의 능률도를 분석하는 것이다.

㉢ 답지의 능률도는 정답지의 기능 못지않게 오답지의 영향을 크게 받는다. 그래서 답지의 능률도를 오답지의 매력도라고 불리고 있다. 다시 말하면 오답지의 매력도는 오답지가 정답지처럼 보여 피험자가 오답지를 정답으로 택할 수 있는 가능성을 의미한다.

㉣ 오답지를 선택한 피험자들은 문항의 답을 맞히지 못한 피험자들이고, 이들은 확률적으로 균등하게 오답지를 선택하게 된다. 그러므로 문항의 답을 맞히지 못한 피험자가 오답지를 선택할 확률은 다음과 같다.

$$P_o = \frac{1-P}{Q-1}$$

P_o : 답지 선택 확률
P : 문항 난이도
Q : 답지 수

ⓜ 각 오답지의 매력도를 판단하는 기준은 위의 공식에 의하여 결정된다. 각 오답지의 응답 비율이 오답지의 매력도보다 높으면 매력적인 답지이며, 그 미만일 경우에는 매력적이지 않은 답지로 판단하면 된다.

ⓑ 가령 100명의 피험자가 사지 선다형 문항의 각 답지에 응답한 결과와 그에 따른 오답지 매력도를 추정한 예는 다음 표와 같다.

오답지 매력도 추정 결과

답지 \ 내용	응답자	응답비율	판 단
①	10	.1	매력적이지 않은 오답지
②	40	.4	정답지
③	30	.3	매력적인 오답지
④	20	.2	매력적인 오답지

$$P_0 = \frac{1-.4}{4-1} = 0.2$$

ⓢ 오답지 매력을 판단하는 기준은 위의 예에서 .2로서 ①번답지가 매력적이지 않은 오답지로 평가된다. 이에 반해 ③번과 ④번답지는 매력적인 오답지로 판단된다.

2. 문항반응이론(item response theory) (01. 중등)

(1) 개 요

① 고전검사이론에서는 측정오차가 피험자 집단의 성질에 관계없이 동일하다고 가정하고 있으나 실제로 측정오차가 피험자들의 능력수준에 반비례하기 때문에 그 가정이 충족되기 어렵다.

② 고전검사이론의 문제점을 극복하기 위해 제안된 검사이론이 바로 문항반응이론이다.

③ 문항반응이론은 피험자의 검사 결과에 영향을 미치는 관찰할 수 없는 잠재적 특성이 있다고 가정하고 피험자의 검사 점수로부터 잠재적 특성을 추정하는 절차와 관련된 일련의 이론이다.

④ 문항반응이론은 피험자의 잠재된 능력수준과 문항에 대한 반응의 관계를 수학적으로 나타내며, 피험자의 능력에 따른 문항의 답을 맞힐 확률을 나타내는 문항특성곡선에 기초한 검사이론이다.

⑤ 문항분석이론은 이분적으로 응답되는 문항을 분석하기 위하여 전개된 이론이었으나 1980년 이후, 맞고 틀리고의 개념을 초월하여 능력추정이 이분적이 아니라 연속적 개념으로서 선택한 답지까지 고려하는 다분 문항반응이론이 적용되고 있다.

(2) 기본 가정

① 문항반응이론을 전개하기 위한 두 가지 가정이 있다. 하나는 일차원성 가정이며, 다른 하나는 지역독립성 가정이다.

② 일차원성(unidimensionality)이란 하나의 특성으로 문항점수나 문항들의 상호관계를 설명할 수 있다는 가정이다. 한 검사의 모든 문항들이 오직 하나의 잠재적 특성만을 재어야 한다는 가정이다.

③ 만약 수리력 검사를 실시하여 피험자의 수리 능력을 측정하고자 할 때, 문항들이 어려운 단어로 구성되어 있다면 이 검사는 본의 아니게 피험자의 언어능력까지 측정하게 된다. 이 검사는 일차원성 가정을 위배하고 있다고 할 수 있다. 물론 일차원성 가정이 항상 충족되지는 않는다. 문항반응이론에서는 검사자료에 큰 영향을 주는 중요한 하나의 요인이 존재할 때 일차원성 가정이 충족되었다고 본다. 반면에 검사점수를 설명하기 위해 여러 개의 능력을 가정하는 모형은 다차원적 모형이라고 부른다.

④ 지역독립성(local independence)이란 피험자의 능력 수준을 감안하여 한 검사의 문항들에 대한 반응은 각각 통계적으로 상호 독립적이라는 가정이다. 특정 문항에 대한 반응은 다른 문항에 대한 반응에 전혀 영향을 미치지 않으며, 능력과 문항특성에 의해서만 문항반응이 결정된다는 것이다. 한 문항에 답을 하거나 아는 것이 다른 문항에 답하는 것에 영향을 미친다면 그 문항들은 지역적으로 독립이 아니다. 또한 문항의 제시 순서를 바꾸면 검사 수행에 영향을 미치는 경우에도 문항이 지역적으로 독립이라고 할 수 없다.

⑤ 지역독립성이 존재할 때 검사에서 특정한 능력을 가지고 있는 피험자의 문항반응경향의 확률은 각 문항의 답을 맞힐 확률의 곱과 같다. 예를 들면, 어떤 피험자가 문항 1에 정답할 확률이 .8이고 문항 2에 정답할 확률이 .6이며 두 문항이 지역적으로 독립이라면, 그 피험자가 두 문항에 모두 정답할 확률은 (.8)×(.6) = .48이다.

(3) 불변성 개념

① 문항반응이론이 고전검사이론보다 논리적으로 우위에 있는 특성은 불변성(invariance) 개념이다.

② 불변성 개념은 문항 특성 불변성과 피험자 능력 불변성으로 구분되고 있다. 문항 특성 불변성이란 문항의 특성인 문항난이도, 문항변별도, 문항추측도가 피험자 집단의 특성에 의하여 변화되지 않는다는 것이다.

③ 고전검사이론에서는 능력이 높은 피험자들이 시험을 치르면 그 문항들은 쉬운 문항으로 분석되고, 능력이 낮은 피험자들이 같은 시험을 치르면 그 문항들은 어려운 문항으로 판명되는 모순이 일어난다.

④ 그러나 문항반응이론에서는 어떤 문항의 특성은 피험자 집단의 능력에 관계없이 항상 똑같은 수준으로 문항을 평가할 수 있다는 것이다. 즉, 문항의 특성은 피험자의 집단의

특성에 의하여 전혀 영향을 받지 않는다.
⑤ 피험자 능력 불변성 개념이란 피험자의 능력은 어떤 검사나 문항을 택함으로써 변하는 것이 아니라 고유한 능력 수준에 있다는 것이다.
⑥ 고전검사이론에서 동일한 능력의 피험자는 쉬운 검사에서 높은 점수를 받기 때문에 능력이 높은 것으로 추정되고 어려운 검사에서는 낮은 점수를 받기 때문에 능력이 낮은 것으로 추정되어 검사도구의 특성에 따라 피험자 능력이 종속된다. 그러나 문항반응이론에서는 어떤 피험자가 어려운 검사를 택하든 쉬운 검사를 택하든 피험자의 능력은 변하지 않는다는 가정이다.

(4) 문항특성곡선

① 검사나 시험은 언어능력, 수리능력, 자아개념 등과 같은 변인을 측정할 목적으로 제작된다.
② 이 변인들은 직접 측정하기 어렵기 때문에 잠재적 특성이라고 하고 일반적으로 능력이라고 부른다.
③ 문항특성곡선(item characteristic curve; ICC)이란 피험자의 능력수준에 따라 문항의 답을 맞힐 확률을 나타내는 S자 형태의 곡선을 의미한다.
④ 문항특성 곡선은 피험자 j의 능력수준 θj와 그에 따른 문항 i의 답을 맞힐 확률 $P_i(\theta j)$ 간의 함수관계를 말한다. 문항특성곡선은 다음 그림과 같다.

문항특성곡선

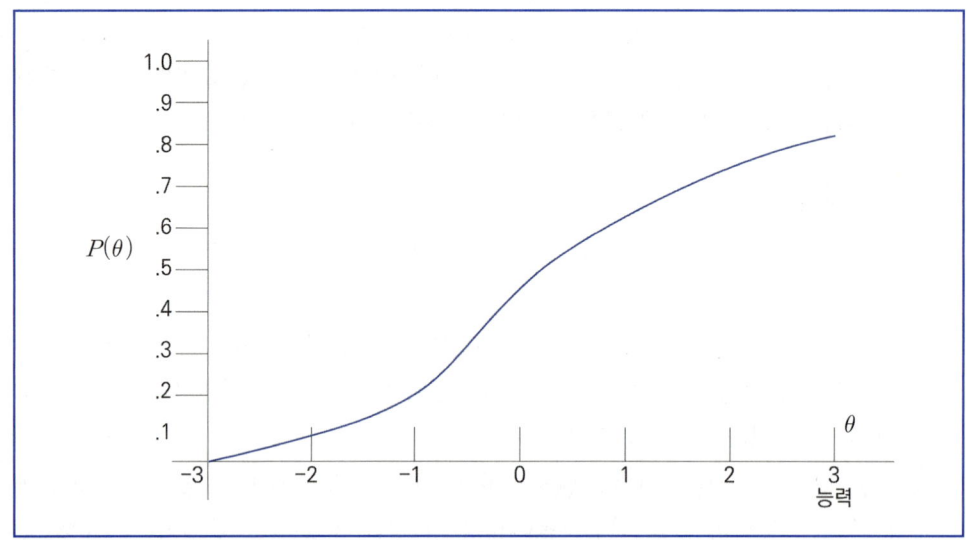

⑤ 인간의 능력은 θ로 표기하고 능력수준은 −에서 + 에 위치한다. 문항반응이론에서는 인간의 능력평균을 0 표준편차를 1로 하기 때문에 인간의 능력이 음수로 표기될 수 있다. 능력이 높을수록 문항의 답을 맞힐 확률은 증가하나 선형적으로 증가하지 않는다.

⑥ 특정 문항에 있어서 피험자의 능력수준(θ)에 따라 문항의 답을 맞힐 확률[$P(\theta)$]을 나타낸 곡선으로, 각 문항마다 문항의 고유한 속성을 지니고 있으므로 각기 다른 형태의 문항특성곡선이 나타난다.

(5) 문항반응이론에 의한 문항분석 (07. 중등 : 08. 초등)

① 문항난이도

  ㉠ 고전검사이론에서 문항난이도는 전체 피험자 집단이 각 문항마다 반응한 정답자의 비율로 산출된다.

  ㉡ 반면에 문항반응이론에서 문항난이도는 위치모수의 속성을 지니고 있다.

  ㉢ 위치모수란 문항특성곡선이 위치하는, 즉 기능하는 능력수준의 범위라 할 수 있다. 즉, 어떤 문항은 높은 능력 수준의 피험자들에게 기능하는 문항이 될 수 있으며, 어떤 문항은 능력 수준이 낮은 피험자들에게 기능하는 문항이 될 수 있다. 위치모수는 바로 문항난이도와 관계가 있음을 이해할 수 있다.

  ㉣ 예컨대, 높은 능력 수준에서 기능하는 문항은 어려운 문항이 될 것이고, 낮은 능력 수준에서 기능하는 문항은 쉬운 문항이 될 것이다. 위치 모수로 표현되는 문항난이도는 각 문항에 답을 맞힐 확률이 .5인 위치에 해당되는 준거 변수를 나타내는 척도 상의 점을 말한다. 문항특성곡선의 문항난이도를 그림으로 나타내면 다음 그림과 같다.

문항특성곡선의 문항난이도

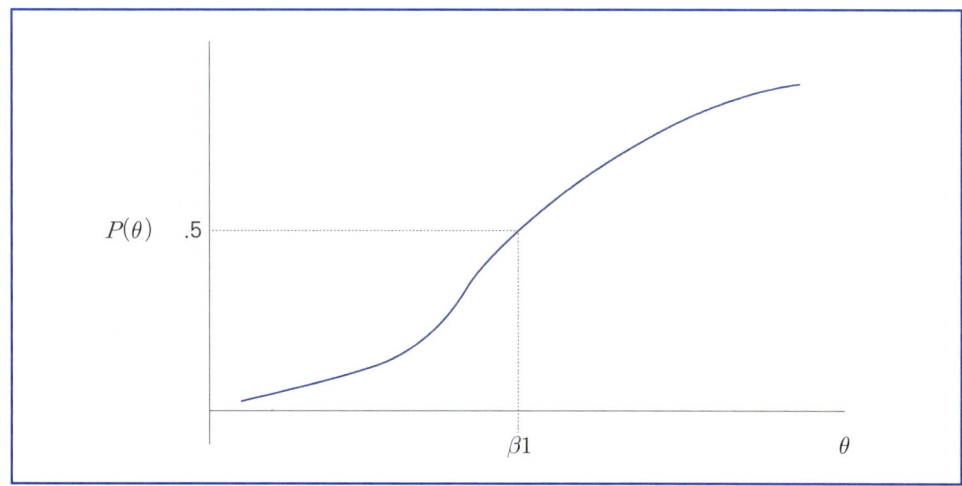

  ㉤ 문항난이도가 위와 같이 .5라면 문항특성곡선의 위치지수 즉, 문항의 답을 맞힐 확률이 .5에 해당하는 능력수준의 점을 말하며, β 또는 b로 표기한다. 문항난이도의 이론적 범위는 $-\infty$에서 $+\infty$에 존재하나 일반적으로 -2에서 $+2$ 사이에 존재한다.

ⓑ 세 개의 각기 다른 문항특성곡선들의 난이도를 제시하면 다음 그림과 같다.

문항난이도가 다른 세 개의 문항특성곡선

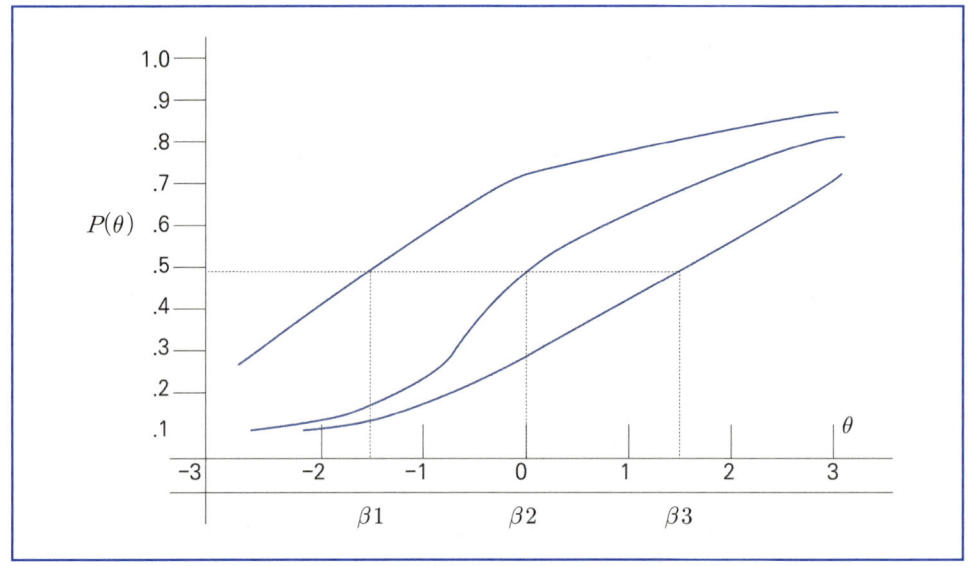

ⓐ 문항특성곡선의 위치가 오른쪽에 있을수록 높은 능력 수준의 피험자들에게 기능하는 문항으로 어려운 문항이고, 왼쪽에 있을수록 능력 수준이 낮은 피험자들에게서 기능하는 문항이므로 쉬운 문항이다.
ⓞ 문항반응이론에서 문항의 난이도는 β나 b로 표기하며, 난이도 값이 클수록 그 문항은 어려운 문항이라고 할 수 있다.
ⓩ 문항반응이론에서 문항난이도 해석을 언어적으로 표현하면 다음 표와 같다.

언어적 표현에 의한 문항난이도의 범위

언어적 표현	문항난이도 지수
매우 쉽다	-2.0 이하
쉽 다	$-2.0 \sim -.5$
중간이다	$-.5 \sim +.5$
어렵다	$+.5 \sim +2.0$
매우 어렵다	$+2.0$ 이상

② 문항변별도
 ㉠ 고전검사이론에서 문항변별도는 문항점수와 검사총점과의 양분상관계수로 정의하고 있으나, 문항반응이론에서 문항변별도는 문항특성곡선에서 각 문항의 문항난이도를 나타내는 위치에서의 기울기로 계산한다.
 ㉡ 다시 말하면, 문항특성곡선 상의 문항의 답을 맞힐 확률이 .5에 해당하는 점에서 문

항특성곡선의 기울기를 의미한다. 문항난이도가 위치모수라면 문항변별도는 문항특성곡선 상의 척도모수라고 할 수 있다.
ⓒ 척도모수란 위치모수 아래의 능력을 가진 피험자와 위치모수 위의 능력을 가진 피험자를 얼마나 잘 변별하는가의 정도를 나타내며 문항변별도라고 한다.
ⓔ 문항특성곡선 상의 문항변별도는 다음 그림과 같다.

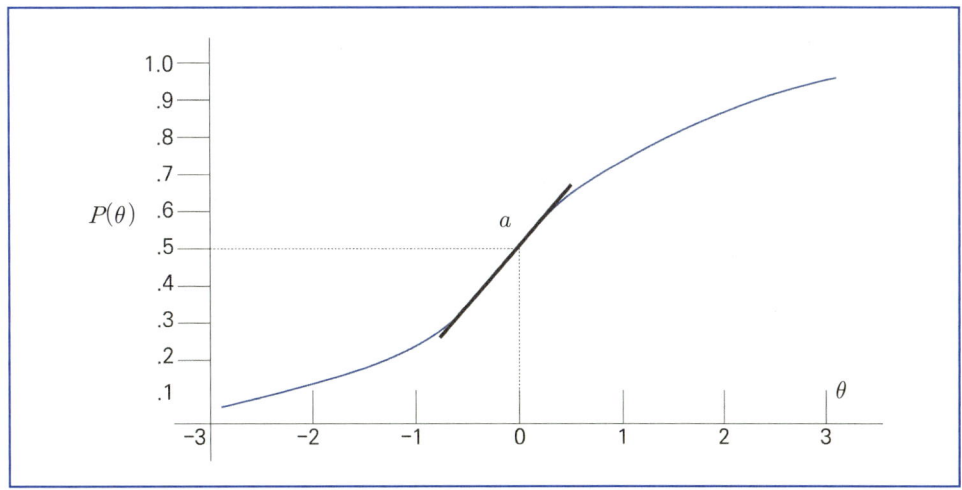

ⓜ 문항반응이론에 의한 세 개의 문항특성곡선에 의하여 문항변별도를 설명하면 그림과 같다.

 문항변별도가 다른 세 개의 문항특성곡선

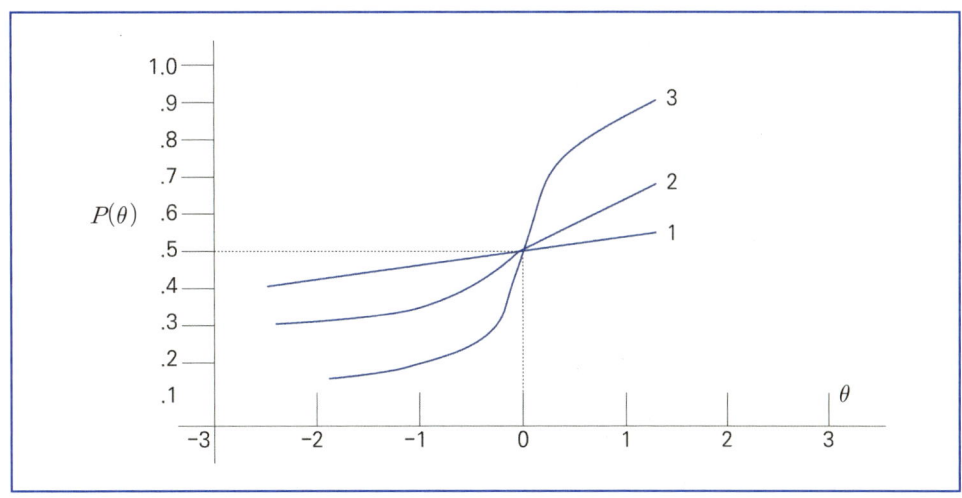

ⓗ 위의 그림에서 1번, 2번, 3번 세 개의 문항특성곡선은 문항난이도가 같으나, 곡선의 형태가 다르므로 문항변별도가 다름을 알 수 있다.
ⓢ 1번 문항은 피험자의 능력 수준이 증가하여도 문항의 답을 맞힐 확률의 변화가 심하

지 않는 반면에, 3번 문항은 능력수준 변화에 따른 문항의 답을 맞힐 확률이 심하게 변함을 알 수 있다. 여기서 3번 문항의 변별도가 1번 문항의 변별도보다 높다는 사실은 바로 문항특성곡선의 기울기가 더 가파르다는 것이다.

◎ 문항변별도는 α 혹은 a로 표기하며, 문항변별도 범위는 이론적으로 $-\infty$에서 $+\infty$까지 가능하나 일반적으로 0에서부터 +2.0 정도까지 존재한다. 문항변별도의 언어적 표현에 대응하는 문항변별도 지수의 범위를 엄밀하게 설정할 수는 없으나 다음 표와 같이 설정할 수 있다.

 언어적 표현에 의한 문항변별도의 범위

언어적 표현	문항변별도 지수(로지스틱 모형)
없 다	.00
거의 없다	.01 ~ .34
낮 다	.35 ~ .64
적절하다	.65 ~ 1.34
높 다	1.35 ~ 1.69
매우 높다	1.70 이상
완벽하다	$+\infty$

③ 문항추측도

㉠ 선택형의 경우 정답을 모르고서 우연에 의하여 답을 맞힐 수 있다.

㉡ 능력이 전혀 없는 피험자가 답을 맞힐 확률을 문항추측도(item guessing)라고 하며, 이를 c로 표기한다.

㉢ 문항추측도의 범위는 0에서 1.0까지이나 일반적으로는 '1/(답지수)'보다 낮은 확률을 나타낸다.

㉣ 문항추측도 c값이 높을수록 그 문항은 좋지 않은 문항이라 할 수 있다. 전혀 능력이 없는 학생들도 답을 맞힐 확률이 높아지므로 문항 안에 정답을 암시하는 요소가 들어 있다고 해석할 수 있다.

㉤ 일반적으로 어려운 문항일수록 피험자들의 능력보다는 추측으로 답을 할 확률이 높아진다. 문항분석에서 문항추측도가 상대적으로 높은 문항은 추후에 수정하거나 제거해야 한다.

(6) 문항분석 결과 예시

문항반응이론에 의한 문항분석 결과

문항번호	문항난이도(b)	문항변별도(a)	문항추측도(c)
2	−1.349	.334	.088
8	−2.209	.376	.073
15	−1.529	.864	.073
16	−1.513	.808	.087
18	−2.224	.982	.062
23	2.360	.657	.290
30	2.018	.297	.113

① 위의 표에 의하면 문항 8번과 18번은 매우 쉬운 문항이고 23번과 30번은 매우 어려운 문항이라고 판단된다.
② 15번, 16번, 18번, 23번 문항의 변별력은 적절한 수준인 반면에 2번과 30번 문항은 변별력이 거의 없는 문항에 속한다.
③ 23번 문항은 매우 어려운 문항이나 상대적으로 문항추측도가 높은 문항이어서 추후에 수정할 필요가 있다.

09 변산도

1. 변산도의 의미와 용도

(1) 변산도의 의미

① 변산도 지수는 주어진 집단의 점수분포의 정도를 나타내는 통계적 지수를 말한다.
② 표집에 따른 변산의 정도를 추정함으로 모집단에 대한 수치를 추정할 수 있게 된다.
③ 변산도 지수는 집단의 동질성, 혹은 이질성을 설명해주고 측정도구의 신뢰도와 일관성을 설명해주기도 한다.
④ 변산도의 종류로는 범위, 사분편차, 평균편차, 표준편차 등이 있다.

(2) 변산도의 용도

① 측정도구가 얼마나 일관성 있게 측정하는가의 정도를 나타내는데 쓰인다.
② 한 집단이 다른 집단과 어떤 특성에 있어서 얼마만큼의 차이점을 보이는가를 나타내는데 쓰인다.

2. 변산도의 종류

(1) 범위(range : R)

① 개념 : 한 점수분포에서 최고점수에서 최하점수까지의 거리를 의미한다.

② 특징

　㉠ 대략적인 변산 경향을 즉각적으로 구할 수 있다.

　㉡ 극단적인 점수의 영향을 받으므로 변산도 지수로 안정성이 없다.

　㉢ 범위내의 분포상태를 알 수 없으며, 특수한 경우 외에는 잘 사용되지 않는다.

(2) 사분편차(quartile deviation : Q)

① 개념 : 한 분포에서 중앙부 50%사례를 포함하는 점수범위의 1/2을 말한다.

② 사분편차의 용도

　㉠ 집중 경향치로 중앙치만 보고되었을 때

　㉡ 극단적인 수치가 있거나 분포가 심하게 편포되었을 때

　㉢ 분포가 극단에서 절단되었거나 불완전할 때

(3) 평균편차(average deviation : AD)

① 한 집단의 산술평균으로부터 모든 점수까지의 거리의 평균을 말한다.

② 실제 추리통계에서는 거의 사용되지 않는다.

(4) 표준편차(standard deviation : SD) (98. 초등 : 99. 중등 : 00. 초등 : 02. 중등 : 03. 중등 : 05. 초등 : 09. 초등)

① 개념 : 평균으로부터의 편차점수를 자승하여 합하고 이를 사례수로 나누어 그 제곱근을 얻어낸 것을 표준편차라 한다.

② 표준편차의 용도

　㉠ 가장 신뢰로운 변산도를 원할 때 쓰인다.

　㉡ 정상분포곡선에 관련된 해석을 원할 때 쓰인다.

③ 표준편차의 특징

　㉠ 표준편차는 그 분포 상에 있는 모든 점수의 영향을 받는다.

　㉡ 표준편차는 표집오차가 가장 적으므로 가장 안정성 있는 변산도 지수이다.

　㉢ 한 집단의 모든 점수에 일정한 점수를 더하거나 빼도 표준편차는 변화하지 않는다.

　㉣ 집단에 속한 모든 사례의 점수는 표준편차에 영향을 미친다.

　㉤ 집단에 속한 사례들 간의 점수 차이가 클수록 표준편차는 커진다.

　㉥ 표준편차는 각 사례의 점수에 일정한 수를 곱하면 그 값이 곱한만큼 변한다.

④ 표준편차와 정상분포의 관계
  ㉠ M(평균) ± 1SD : 총 사례의 68%가 이 점수 사이에 포함된다.
  ㉡ M(평균) ± 2SD : 총 사례의 95%가 이 점수 사이에 포함된다.
  ㉢ M(평균) ± 3SD : 총 사례의 99%가 이 점수 사이에 포함된다.

🔍 정상분포 곡선

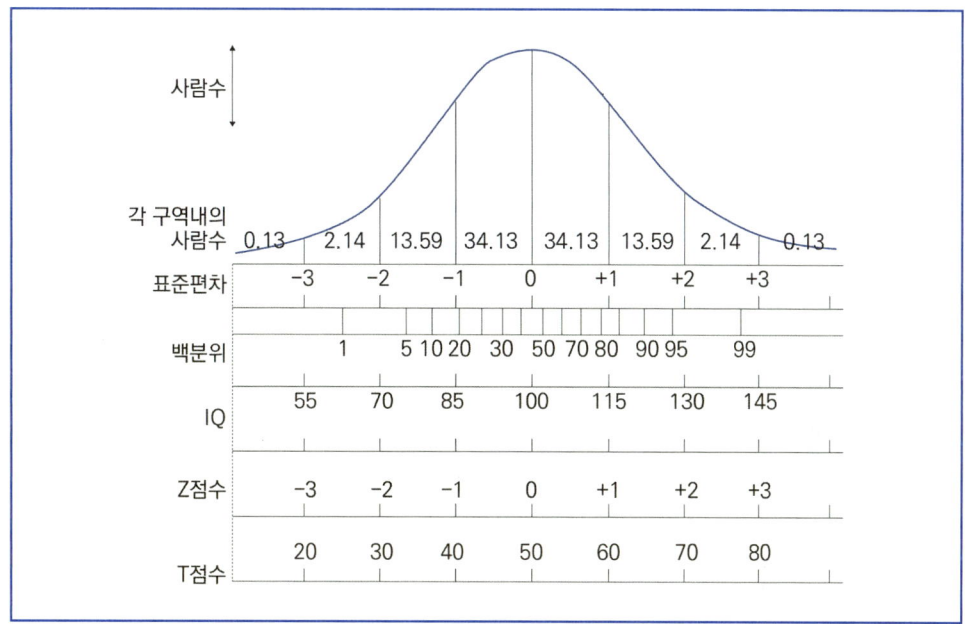

10 원점수와 표준점수

1. 원점수의 정의와 특성

① 고사나 검사를 치를 때, 채점되어 나오는 점수를 원점수라 한다.
② 기준점이 없고, 여러 교과에서 나오는 점수를 비교할 수 없다.
③ 두 집단 간의 교육적 성취도를 비교할 수가 없다.

2. 표준점수 (93. 중등 : 94. 중등 : 95. 중등 : 99. 중등추가 : 00. 중등 : 02. 초등 : 03. 초등 : 04. 중등 : 05. 초등 : 05. 중등 : 07. 초등 : 07. 중등 : 09. 중등 : 10. 중등 : 11. 중등 : 11. 초등 : 12. 중등)

(1) 개념

① 전체사례 속에서 자신의 위치를 객관화한 점수이다.
② 정상분포에서 나타난 위치를 점수로 나타낸 점수로 서열을 알 수 있는 점수이다.

(2) 종류

① Z점수 : Z = X − M / SD (X : 개별점수, M : 평균, SD : 표준편차)
   ㉠ 원점수와 평균의 차이를 표준편차로 나눈 점수를 Z점수라 한다.
   ㉡ Z점수는 절대영점이 0이고 동간이 1인 척도로 원점수를 전환한 것이다.

② T점수 : T = 50 + 10Z
   ㉠ 원점수를 Z점수로 전환할 경우 원점수가 평균 이하일 때는 음수가 나온다.
   ㉡ 이러한 불편함을 보완하기 위해 표준편차의 단위를 10, 평균을 50으로 하여 전환한 점수가 T점수이다.

③ H점수
   ㉠ H점수는 헐(Hull)이 제창한 것으로 다음 식에 의한다.

$$H = \frac{X-M}{\sigma} \times 14 + 50 = 14z + 50$$

   ㉡ 이 공식을 보아 알 수 있듯이 평균이 50이고 1표준편차가 T척도로는 10인데 대해서 H척도는 14이다.
   ㉢ 그리고 평균치를 절대영점으로 하고 표준편차를 단위로 하는 원리에는 변함이 없다.

④ C점수
   ㉠ C척도는 0.5σ(표준편차의 2분의 1)를 척도의 단위로 하여 0에서부터 10까지 11개 척도치를 갖는 일종의 표준점수이다.
   ㉡ 곧 C척도는 평균치를 중심으로 하여 0.5σ의 범위를 5점으로 하고 +쪽을 0.5σ씩 증가할 때마다 그 범위를 각각 6점, 7점, 8점, 9점으로 하다가 9점의 상한계 이상을 10점으로 하며 −쪽으로 0.5σ씩 감소할 때마다 그 범위를 각각 4점, 3점, 2점, 1점으로 하다가 1점의 하한계 이하를 0점으로 하는 척도이다.
   ㉢ 따라서 C척도는 Z점수 또는 T점수와는 달리 척도상의 일정한 범위를 가리킨다. 즉, C점수는 척도가 11개인 단계점수라는 것이다.

⑤ 스테나인(stanine) 점수
   ㉠ stanine은 standard nine의 준말인데 이를 흔히 9간 척도로 번역하고 있다. 스테나인 척도는 C척도를 약간 변형한 것에 불과하다.
   ㉡ C점수의 척도에서 0점을 1점에 포함시키고 10점을 9점에 포함시켜 9개의 척도로 만든 것이 스테나인이다. 따라서 C점수 2~8점까지는 스테나인 점수와 같다.
   ㉢ 스테나인 점수가 C점수와 더불어 Z점수와 비교되는 표는 다음과 같다.

C 점수, Z 점수, 스테나인 점수 비교표

C 점수	Z 점수	스테나인 점수
10	+2.25 ~ +2.75	9
9	+1.75 ~ +2.25	
8	+1.25 ~ +1.75	8
7	+0.75 ~ +1.25	7
6	+0.25 ~ +0.75	6
5	+0.25 ~ -0.25	5
4	-0.25 ~ -0.75	4
3	-0.75 ~ -1.25	3
2	-1.25 ~ -1.75	2
1	-1.75 ~ -2.25	1
0	-2.25 ~ -2.75	

스테나인 점수와 Z 점수, T 점수

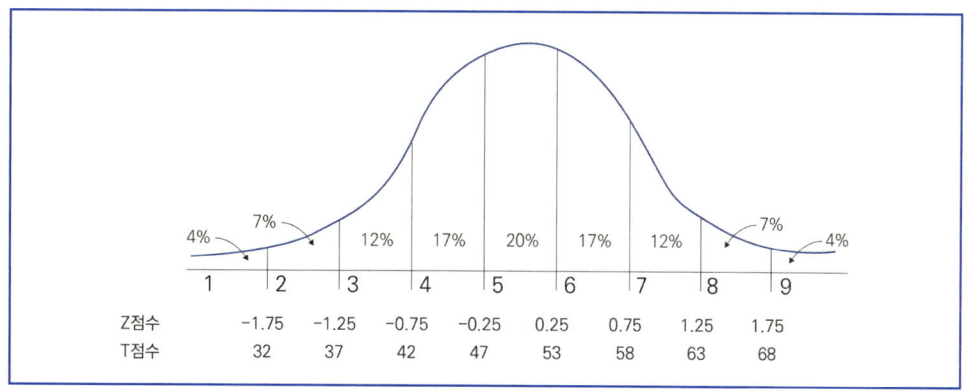

참고

백분위(점수)

백분위, 또는 백분위 점수는 백분율에서 %를 없앤 것으로 누적된 백분율을 말하는 것으로 P점수(percentile)라고도 한다.

예를 들어, 총 사례수가 100인 분포에서 70점 미만까지의 누계 사례수가 50인 경우, 즉 점수가 70점 미만인 학생들의 총 수가 50명일 경우, 이는 전체의 50%를 차지하는 것이므로 백분율은 50%이고, 백분위는 50이 된다.

[형성평가] 교육평가

01 CIPP 모형의 의사결정 유형

　1) 계획된 의사결정(planning decisions)

　2) 구조적 의사결정(structuring decisions)

　3) 수행적 의사결정(implementing decisions)

　4) 재순환 의사결정(recycling decisions)

02 CIPP 모형의 평가유형
   1) 상황평가(Context evaluation)

   2) 투입평가(Input evaluation)

   3) 과정평가(Process evaluation)

   4) 산출평가(Product evaluation)

03 Scriven의 탈목표 평가 모형의 판단의 준거
   1) 내재적 준거

2) 외재적 준거

04 수행평가의 정의

05 수행평가의 일반적 특징 3가지
1)

2)

3)

06 블룸의 인지적 교수목표

1) 지식

2) 이해

3) 적용

4) 분석

5) 종합

6) 평가

07 블룸의 정의적 교수목표

1) 감수(receiving)

2) 반응(responding)

3) 가치화(valuing)

4) 조직화(organization)

5) 인격화(characterization)

08 선택형(객관식) 문항
   1) 정의

   2) 장점 2가지

   3) 단점 2가지

09 선다형(multiple-choice item)
   1) 정의

   2) 선다형 문항 제작 원리 3가지

10 서답형(주관식) 문항
  1) 정의

  2) 장점 2가지

  3) 단점 2가지

11 논문형 문항의 제작 원리 3가지

12 타당도
  1) 정의

2) 예언타당도(predictive validity)

3) 공인타당도(concurrent validity)

4) 결과타당도(consequential validity)

13 신뢰도
1) 정의

2) 재검사 신뢰도

3) 동형검사 신뢰도

4) 반분 신뢰도

5) 문항내적 신뢰도

14 문항난이도(item difficulty)

15 문항변별도(item discrimination)

CHAPTER 5 형성평가 정답

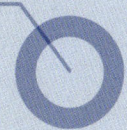

01 교육행정 형성평가 정답

01 동기요인(만족요인, satisfiers)의 개념

작업 자체로부터 도출되는 것으로 성장에 대한 개인적 욕구를 충족시켜주므로 동기요인이라고 한다. 성취감, 일에 대한 인정, 작업 자체, 책임감, 개인의 발전 등이 이에 해당한다.

02 위생요인(불만족요인, dissatisfiers)의 개념

작업환경에서 생기는 외적·물리적인 것들로, 제거했을 경우 불만족을 없애주므로 위생요인이라고도 한다. 급여, 인간관계, 지위, 근무조건, 직업적 안정, 정책과 행정, 감독 등이 이에 해당된다.

03 피들러(Fiedler)의 리더십 상황론(contingency theory)에서 상황을 구성하는 변인 3가지와 상황의 호의성 개념

1) 상황의 호의성
    상황이 지도자로 하여금 집단에 대하여 영향력을 발휘할 수 있도록 하는 정도를 의미한다.

2) 지도자-구성원 관계
    지도자와 구성원 간 관계의 질을 말한다. 이는 지도자가 가지고 있는 구성원에 대한 신뢰, 지도자에 대한 구성원의 존경도 등에 의하여 평가된다.

3) 과업구조
    과업의 특성을 말하는데, 과업이 명확하게 규정되고 수행 방법이 체계화되어 있으면 구조화되었다고 하며, 그렇지 않은 경우에는 비구조화되었다고 한다.

4) 지위 권력
    지도자가 합법적·보상적·강압적 권력을 가지고 구성원의 행위에 영향을 줄 수 있는 능력을 소유한 정도를 말한다.

04 허쉬와 블랜차드(Hersey & Blanchard)의 상황적 지도성에서 제시하는 지도성 유형 4가지

1) 지시형(directing)
    구성원들의 동기와 능력이 모두 낮은 경우로, 일방적인 과업설명이 요구되는 상황이어서 높은 과업행위와 낮은 관계성 행위가 적합하다.

2) 지도형(coaching)

구성원들의 동기는 높으나 능력이 낮은 경우로, 능력을 높여 주기 위한 높은 과업행위와 고양된 동기를 계속 유지하기 위한 높은 관계성 행위가 요구된다.

3) 지원형(supporting)

구성원들이 높은 능력은 갖고 있으되 동기가 낮은 경우, 동기를 높여 줄 수 있는 높은 관계성 행위가 요구되며 일방적 지시인 과업행위는 낮추어야 한다.

4) 위임형(delegating)

구성원들의 능력과 동기 모두 높은 경우로, 과업과 관계성 행위 모두 줄이고 권한을 대폭 위임하는 것이 바람직하다.

05 변혁적 지도성

지도자에 대한 구성원들의 신념에 기초한 지도성으로, 이러한 신념은 지도자의 윤리적이고 도덕적인 행동과 헌신에서 비롯되어 구성원들에게 큰 영향력을 미치게 된다. 지도자는 새로운 비전을 창출하고 구성원들이 이에 헌신하게 하며, 그들의 직무를 새로운 관점에서 생각하도록 자극한다. 구성원에 대한 진지한 관심을 갖고 있는 지도자는 구성원들의 능력과 잠재력을 증진시켜 동기를 유발한다.

06 야생조직과 사육조직

1) 야생조직

조직과 고객이 독자적인 선택권을 갖고 있는 조직으로 사립학교와 대학교, 개인병원, 공공복지기관 등이 여기에 속한다. 이 조직은 살아남기 위하여 경쟁을 하지 않으면 안 되기 때문에 야생조직(wild organization)이라 한다.

2) 사육조직

조직이나 고객이 선택권을 갖지 못하는 조직으로 공립학교, 정신병원, 형무소 등이 여기에 속한다. 이 조직은 법적으로 존립을 보장받고 있어 사육조직(domesticated organization)이라고도 한다.

07 전문적 관료제

학교는 교무분장조직, 교사자격증 제도, 규정을 통한 행동 규제와 같은 관료제적인 특성을 갖는다. 그러나 학교조직의 관료제는 구성원인 교사가 고도의 교육을 받은 전문가라는 점에서 다른 일반적인 관료제와 구별된다. 교사들은 독립적인 한정된 교실에서 각기 다른 배경의 학생을 가르치면서 상당한 자유 재량권을 행사한다. 다른 관료조직의 구성원과는 달리 교사는 감독이나 직무수행의 통일된 표준을 갖기 어렵다. 또한 학교는 다른 관료제 조직과는 달리 엄격한 감독을 받지 않고 있다. 따라서 학교에서는 교사들이 전문가임을 인정하고, 의사결정에서 교사들의 보다 많은 참여를 보장하고 있다. 그렇기 때문에 학교조직의 특성은 단순한 관료제만으로는 설명이 불가능하며, 관료제와 전문직제의 혼합적인 조직 형태로 전문적 관료제라고 설명하는 것이 바람직하다.

08 조직화된 무질서 조직의 특징 3가지

1) 불분명한 목표
교육조직의 목표는 구체적이지 못하고 분명하지 않다. 교육조직의 목표는 수시로 변하며, 대립적인 목표들이 상존하며, 구성원들마다 다르게 규정한다.

2) 불확실한 기술
교육목표를 달성하는 데 이용할 수 있는 기술도 분명치가 않다. 특히 어떤 방법과 자료를 활용해야 학습자들로 하여금 요구된 목표에 도달하게 할 수 있는지에 대해 교사와 행정가, 장학담당자들의 합의된 견해가 없다.

3) 유동적 참여
교사와 행정가, 학생들은 수시로 이동하며, 학부모와 지역사회 관계자도 필요시에만 참여한다.

09 약식장학

단위학교 교장이나 교감이 간헐적으로 짧은 시간(5~10분) 동안 비공식적으로 학급순시나 수업참관을 통하여 교사들의 수업 및 학급경영 활동을 관찰하고 이에 대해 교사들에게 지도와 조언을 제공하는 과정을 의미한다.

10 학교 컨설팅(컨설팅 장학)

학교교육을 개선하기 위해서 일정한 전문성을 갖춘 사람들이 학교와 학교 구성원의 요청에 따라 제공하는 독립적인 자문활동으로서, 경영과 교육의 문제를 진단하고, 대안을 마련하며, 문제해결 과정을 지원하고, 교육훈련을 실시하며, 문제해결에 필요한 인적·물적 자원을 발굴하여 조직화하는 일이다.

11 의사결정 모형

1) 합리성 모형
이 모형은 인간과 조직의 합리성 및 지식과 정보의 가용성을 전제한 가정과 선택원리를 바탕으로 한다. 의사결정자의 전지전능, 최적 대안의 합리적 선택, 목표의 극대화, 합리적 경제인을 전제로 전개되는 이상론적, 낙관론적 모형이다.

2) 점증주의 모형
이 모형은 정책결정에서 선택되는 대안들이 대체로 기존 정책들의 문제점을 개선해 나가는 것이라고 전제한다. 의사결정은 현재 추진되고 있는 기존의 정책대안과 경험을 기초로 약간의 점진적인 개선을 도모할 수 있는 제한된 수의 대안만을 검토하여 현실성 있는 정책을 선택하려 한다고 본다.

3) 최적 모형
이 모형은 합리성 모형에 초합리적인 요소를 추가한 모형이다. 즉, 의사결정이 합리적인 고려만으로 이루어지는 것이 아니라, 의사결정 과정에는 초합리적인 것, 즉 직관적 판단, 통찰, 상상력, 창의력 등과 같은 잠재의식이 개입된다는 것이다. 따라서 초합리적인 과정을 정책결정에서 불가결한 역할로 파악하는 비정형적 의사결정 유형이다.

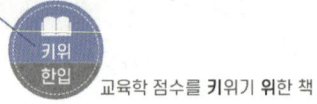

4) 쓰레기통 모형(비합리적 의사결정)

교육조직을 '조직화된 무질서 조직'으로 보는 Cohen과 Olsen 등이 주장한 모형이다. 교육의 목표, 목표를 달성하는 기술 등이 분명치 않고, 구성원들의 이동이 많은 조직에서 문제, 해결책, 선택기회, 참여자의 네 가지 요소가 독자적으로 움직이다가 우연히 마주치게 될 때 의사결정이 이루어진다는 것이다. 의사결정이 합리적이고 체계적으로 이루어지는 것이 아니라 주먹구구식으로 이루어진다고 본다.

02 교수학습 형성평가 정답

01 유의미 학습
언어적 매개에 의하여 의미 있는 학습재료를 수용함으로써 학습하는 것이다.

02 선행조직자
수업의 도입단계에 주어지는 언어적 설명을 말하는 것으로, 새로운 과제를 공부할 때 인지구조의 기능을 확대하기 위해 미리 제공하는 것이다.

03 유의미 학습과제
논리적 유의미가를 가진 학습과제를 말하는데, 이는 실사성과 구속성이 있는 과제를 말한다. 실사성은 그 명제를 어떻게 표현하더라도 그 명제의 의미가 변하지 않는 것을 말한다. 구속성은 인위적으로 맺어진 관계가 굳어져 그 관계를 변경할 수 없는 것을 말한다.

04 포섭
기존에 가지고 있는 정착지식이나 이미 학습한 명제, 개념표상 안에 새롭게 제시된 학습내용을 포함시키는 것을 말한다.

05 종속 포섭의 유형 2가지

1) 파생적 포섭(derivative subsumption)
   기존에 가지고 있는 개념이나 아이디어에 새로운 개념이나 아이디어를 단순하게 추가하는 종류의 포섭을 말한다.

2) 상관적 포섭(correlative subsumption)
   기존의 개념이나 아이디어를 수정, 확대, 정교화하는 방식의 포섭을 말한다.

06 가네의 학습 외적 요인 3가지

1) 강화의 원리
   새로운 행동의 학습은 그 행동에 대해 보상이 주어질 때 잘 일어난다는 원리이다.

2) 접근의 원리
   학습자가 반응해야 할 자극사태와 적절한 반응이 시간적으로 접근되어 있으면 학습이 더 잘 된다는 원리이다.

3) 반복의 원리
   자극사태나 그에 따른 반응을 되풀이하거나 연습을 하게 되면 학습이 증진되고 파지가 확실해진다는 원리이다.

07 가네의 학습 내적 요인 3가지

1) 선행학습
   학습이 이루어지기 위해서 이전에 그에 필요한 여러 가지 정보를 학습할 필요가 있다.

2) 학습동기
   학습이 성공적이 되기 위해서는 학습 초기에 학습하고자 하는 동기가 있어야 한다.

3) 자아개념
   학습에 대한 자신감, 즉 긍정적 자아개념이 있어야 학습이 잘 이루어진다.

08 가네의 5가지 학습 영역

1) 지적기능(intellectual skill)
   무엇을 하는 방법을 아는 것으로 기호나 상징을 사용하여 환경과 상호작용하는 능력을 지적 기능이라 한다.

2) 언어정보
   인간은 구두 언어, 문장, 그림 등을 사용해서 일련의 사실이나 사태를 진술하거나 말하는 것을 학습한다. 이와 같이 아이디어를 진술할 수 있는 학습된 능력을 언어정보라고 한다.

3) 인지전략
   학습자의 내적 사고 과정을 통제해주는 기능을 인지전략이라 한다.

4) 태도(attitudes)
   학습자는 자신의 행동선택에 영향을 주는 정신적 상태를 획득하게 된다. 즉, 학습을 통해 인간의 내적, 정신적 경향성을 획득한다. 이처럼 특정한 수행이라기보다는 학습자의 선택이라고 할 수 있는 경향성을 태도(attitudes)라 한다.

5) 운동기능(motor skills)
   학습자는 바느질이나 공 던지기 등과 같은 수많은 조직된 운동행위의 동작수행을 학습한다. 이러한 단위적 행위를 운동기능(motor skills)이라 한다.

09 가네의 9가지 수업사태

1) 주의집중 획득
   수업을 시작할 때 우선적으로 이루어져야 하는 일로, 주의집중은 자극을 신속하게 변화시킴으로써 가능하다.

2) 목표제시
   학습이 끝났을 때의 조건이 무엇인지에 대해 기대감을 주어 동기화하는 단계이다.

3) 선수학습 회상
   이 단계는 학습자가 새로운 정보를 습득하는 데 필요한 기능을 숙달하는 것이다.

4) 자극 제시
   이 단계는 학습자에게 학습할 내용, 즉 새로운 내용을 제시하는 것이다.

5) 학습안내 제공

학습할 과제의 모든 요소들을 통합시키는 데 필요한 방법을 제시하는 것이다. 학습자들이 과제를 적절히 수행할 수 있도록 모든 관련된 정보를 사용할 수 있는 규칙이나 모델을 제공하는 것이다.

6) 학습자 수행유도

이는 통합된 학습의 요소들이 실제로 학습자에 의해 실행되는 단계이다. 학습자들이 배운 것을 진술하거나, 질문에 대답하거나, 실습하는 기회를 제공함으로써 유발된다.

7) 피드백 제공하기

이 단계는 수행이 얼마나 성공적이었고 정확했는지에 대한 결과를 알려준다. 성공적인 수행에는 긍정적인 피드백이 제공되며, 그것은 과제의 수행에 대한 강화의 기능을 한다.

8) 수행 평가

이 단계는 다음 단계의 학습이 가능한지 결정하는 평가를 실시한다. 학습자들에게 배운 것을 시연하도록 한다. 이는 단순한 암기가 아니라 이해가 이루어졌는지를 점검하기 위한 것으로, 이전에 주어진 상황과 유사한 문제사태를 제공해야 한다.

9) 파지와 전이 증진

새롭게 배운 학습이 다른 상황으로 일반화되거나 적용할 수 있는 경험을 제공해야 한다.

10 인지적 도제이론

초보자가 실제 장면에서 전문가의 과제수행을 직접 관찰, 모방하여 지식과 기능을 연마하는 방법으로 창의력, 반성적 사고, 문제해결과 같은 고등정신기능을 학습하는 데 적합하도록 재구성한 교수-학습방법이다.

11 인지적 도제이론의 단계

1) 시연단계(modeling)

실제 과제의 문제해결 전 과정을 전문가가 시범해 보이는 단계이다.

2) 코칭(coaching)

학습자가 과제를 수행하면 교사는 학습자에게 코멘트를 해주고 피드백을 준다.

3) 교수적 도움의 단계(scaffolding) 및 점진적 제거(fading)

문제해결을 위한 인지적 틀을 제시하는 단계이다. 교사는 학습자와 공동으로 과제를 수행하며 학습에 도움을 주는 역할을 한다. 점진적 제거는 학습자들이 다른 사람의 도움을 받지 않고 과제를 수행할 수 있는 능력을 갖추게 되면 도움을 줄여나가 스스로 문제를 해결하고 학습을 하도록 도움을 주는 방법이다.

4) 명료화(articulation)

학습자가 자신이 구성한 지식과 기능을 실행하여 습득한 지식, 기능, 이해 등을 종합적으로 연계하도록 한다.

5) 반성적 사고(reflection)
   학습자는 자신이 수행하는 문제해결과정을 전문가와 비교하여 반성적으로 검토한다.

6) 탐구(exploration)
   학습자는 자신의 지식과 기능, 태도를 자유롭게 사용할 수 있는 전략을 탐색한다.

12 인지적 융통성 이론

지식은 단순한 일차원적 개념으로 표현될 수 있는 것이 아니고 복잡한 다차원적 개념으로 형성되어 있다. 따라서 복잡하고 다원적인 개념의 지식을 제대로 재현할 수 있도록 하기 위해서는 '상황의존적인 스키마의 연합체'를 형성하는 것을 중시하는 교수학습 이론이다.

13 정황교수이론(앵커드 수업, anchored instruction)

앵커를 활용하여 지식을 습득할 뿐만 아니라, 습득된 지식이 단편적이고 비활성적인 지식으로 머물지 않고, 새로운 문제 해결 상황에서 앵커로 활용되어 다양한 지식을 받아들이고 문제 해결과 같은 고차원적인 지적활동이 가능하도록 하기 위한 수업 환경을 제공하는 것을 말한다.

14 상보적 교수(Reciprocal Teaching)

사회적 구성주의에 기초한 사회적 학습(social learning) 의 하나로 교사와 학생 사이(또는 학생과 학생 사이)의 대화 형태로 학습 과정이 전개되는 수업 형태이다.

15 상보적 교수의 4가지 전략

1) 예측하기
   주어진 제재를 읽고 말하는 이가 다음에는 무엇을 논의하고자 하는지 예측하도록 하는 것이다. 예측하기는 다양한 학습 활동을 촉진시키는 역할을 한다.

2) 명료화하기
   다시 읽어보게 하거나 어휘의 정확한 뜻을 사전이나 질문을 통해 밝혀내는 전략이다.

3) 질문 만들기
   학습자들로 하여금 주어진 내용을 확실히 이해하고 있는지를 알 수 있는 전략이다. 질문 만들기에서는 학생들의 독해 수준이 쉽게 드러나는데 단순 사실의 확인부터 이해, 적용, 분석, 종합, 평가에 이르기까지 다양한 수준의 질문을 만들 수 있도록 해야 한다.

4) 요약하기
   학생들이 이해한 그대로를 자신들의 용어를 써서 표현하도록 한다. 요약하기는 주어진 제재를 읽고 그 안에 들어 있는 가장 중요한 정보를 찾아내고 단어와 단어 사이, 문장과 문장 사이, 문단과 문단 사이의 관계를 정립할 수 있는 기회를 제공한다.

16 자기주도학습

학습자가 스스로 자신의 학습요구를 진단하고 학습목표를 설정하고 학습에 필요한 인적, 물적 자원을 파악하고 적절한 학습전략을 선택, 실행하고 학습결과를 평가하는 과정을 말한다.

17 자기조절학습

학습을 위해 학습자 스스로 다양한 인지방략과 학습전략들을 사용하면서 진행해가는 학습이다. 자기조절학습은 다양한 심리적 변인들이 작용되는데 이는 인지변인, 동기변인, 행동변인으로 나누어 볼 수 있다.

18 협동학습

협동학습은 학습능력이 각기 다른 학습자들이 동일한 학습목표를 향하여 소집단내에서 함께 활동하는 학습방법이다. 협동학습에서는 서로 협동하여 과제를 수행하기에 동료에게서 배우는 학습효과 뿐만 아니라 사회응집성과 협동기술을 촉진시킬 수 있다. 또한, 협동학습에서는 구성원 사이의 긍정적 상호의존성을 강조하면서도 분명한 개별적인 책무성이 존재한다.

19 Dick & Carey의 체제적 교수설계모형 단계

1) 교수목적·목표의 확인

   수업이 완결되는 시점에 즈음하여 학습자들이 '할 줄 알게'되기를 바라는 바가 무엇인지를 결정하는 단계로, 수업에 대한 요구 분석이 필요하다.

2) 교수분석

   교수목표가 정해진 뒤에 그 목표의 유형을 결정하고, 그 목표를 성공적으로 학습하기 위해서 학습자가 학습해야 하는 하위 기능을 분석하고, 그 기능들이 어떤 절차로 학습되어야 하는지를 밝히는 단계다. 즉, 목표 분석과 하위기능 분석을 한다. 목표분석은 교수프로그램에 담을 내용을 찾는 방법으로서 교수목표를 달성했을 때, 학습자가 보여 줄 구체적인 성취행동 단계를 그림으로 표현한 것이다. 하위기능 분석은 목표의 각 단계에 대한 선수하위 기능을 분석하는 것이다.

3) 학습자와 환경의 분석

   학습자의 특성을 비롯하여, 그들이 기능들을 배우게 될 맥락(상황, 배경), 그리고 이 기능들을 사용하게 될 맥락상황(환경)들에 대한 분석 작업을 한다.

4) 성취목표의 진술

   학습자들이 수업이 끝날 때에 할 줄 알게 되기를 기대하는 것이 무엇인지를 구체적이고 가시적인 수행 행동용어로 진술하는 일을 한다. 명세목표는 반드시 행동동사를 사용하도록 하고, 각 하위 기능별로 2~3개의 명세목표를 작성하고, 한 시간의 수업분량으로 2~3개의 하위 기능을 포함한다. 따라서 한 시간에 다룰 수 있는 명세목표의 수는 4~9개 정도가 되도록 한다.

5) 준거지향검사 문항 개발

   설정·진술한 목표를 기초로 하여 학습자들이 성취하여 수행할 수 있어야 하는 능력을 측정·검사하는 평가문항을 작성한다.

6) 교수전략의 개발

   종착점 목표를 성취하기 위해 교수·학습 행위에서 사용할 전략을 확인하고 개발한다. 교수전략에는 수업 전 사전활동사항(동기유발, 목표제시, 출발점 행동 확인)을 비롯하여, 정보와 지식의 제시(교수계열, 교수단위의 크기, 자료 제시, 보기 및 예시), 학습자 참여(실행연습과 피드백), 시험과 검사(사전검사, 학습증진 검사, 사후검사), 그리고 추후활동(교정학습, 심화학습) 등이 포함된다.

7) 교수자료 개발 및 선정

전 단계의 교수전략에 근거하여 교수 자료를 제작·선정하는 단계다. 교수자료에는 학습자 매뉴얼, 교수·학습자료, 검사, 교사용 안내서 등이 포함되며, 새로운 프로그램의 개발 여부는 학습의 유형, 기존 관련 자료의 유무, 개발에 필요한 자원의 가용성 등을 고려하여 결정한다.

8) 형성평가의 설계 및 수행

교수 프로그램의 초고 개발이 완성되면, 수업을 개선하는 데 필요한 자료 수집을 위한 일련의 평가 작업이 이어진다. 전문가 검증, 학습자 개별 평가(일대일 평가), 소집단 평가 및 현장평가 등 세 가지 유형의 형성 평가가 실시된다.

9) 수업 프로그램의 개정

형성평가에서 수집한 자료를 종합한 다음, 이 결과를 바탕으로 어떤 목표를 학습하는 데 어떤 어려움을 겪고 있는지를 파악하여 해결해 주어야 한다. 목표-검사-전략-매체의 일관성과 효과성 및 효율성을 검토하고 그에 따라 수정·보완하는 단계다.

10) 총괄평가

수업의 효능에 대한 총체적 평가가 이루어진다. 총괄평가는 제3자에 의해 수행되는 것으로, 결과에 따라 프로그램이 수정·보완되는 활동은 아니다.

20 하인니히의 ASSURE 모델의 절차

1) 학습자 분석(Analyze leaners)
   학습자의 일반적 특성, 구체적인 출발점 능력, 학습 유형을 분석한다.

2) 목표 제시(State objective)
   학습자가 달성해야 할 학습 목표를 구체적으로 설정하여 학습의 결과로 습득하게 될 새로운 지식과 경험에 대한 것을 명확하게 진술한다.

3) 교수매체와 자료의 선정(select media & material)
   학습 과제에 적합한 방법을 선택하고, 방법을 수행하기에 적절한 매체를 선택한다. 선정된 매체를 위해 기존 자료를 선택하거나 수정하거나 새로운 자료를 제작한다.

4) 매체와 자료의 활용(Utilize media & material)
   교수매체를 효과적으로 활용하려면 자료의 사전 검토, 환경 정비, 학습을 위한 사전 준비를 한다. 모든 준비가 완료되면 교사는 의사소통 능력을 발휘하여 자료를 제시한다.

5) 학습자의 참여 요구(Require learner participation)
   학습자의 적극적 반응을 유도한다. 교사가 간단한 퀴즈, 토의, 연습문제 등을 제공하거나 교수매체 활용 후에 과제를 부여한다.

6) 평가와 수정(Evaluation & revise)
   교수 활동이 끝나면 학습자의 성취도 평가, 매체와 방법에 대한 평가, 교수-학습과정에 대한 평가를 하고, 평가 결과가 만족스럽지 않은 부분에 대해서는 수정을 한다.

03 교육과정 형성평가 정답

01 교과중심 교육과정

교과중심 교육과정에서는 '교수요목', '학년별 교과별 교수내용의 체계'를 교육과정으로 본다. 교사 중심의 교육과정으로 문화유산의 전달, 즉 지식이 교육내용이 된다.

02 경험중심 교육과정

경험중심 교육과정에서는 '학교의 지도하에 학생들이 갖게 되는 모든 경험의 총체'를 교육과정으로 본다. 교육과정의 중점을 학습자에 두고, 아동의 성장을 조성하는 학습을 강조한다.

03 중핵 교육과정

교과중심 교육과정의 문제점인 단편적인 지식화와 경험중심 교육과정의 문제점인 지나친 현실만족을 시정·보완하기 위하여 연구된 교육과정이다. 중핵 교육과정의 기본구조는 중심학습(생활학습)과 주변학습(계통학습)으로 구성된다.

04 학문중심 교육과정

학문중심 교육과정에서는 '일련의 구조화된 의도적인 학습결과', '지식의 기본구조'가 교육과정이라 본다. 이 교육과정에서는 이성 개발, 탐구 학습, 나선형 교육과정을 중시한다.

05 인간중심 교육과정

인간중심 교육과정에서는 '학생들이 학교생활을 하는 동안에 갖게 되는 모든 경험의 총체'를 교육과정으로 본다. 따라서 자아실현을 목표로 설정하고 잠재적 교육과정을 표면 교육과정과 똑같이, 경우에 따라서는 더 중시한다.

06 잠재적 교육과정

학교에서는 가르치려고 의도하지 않았으나, 학교의 물리적 조건, 제도, 사회심리적 상황을 통하여 학생들이 은연중에 배우게 되는 경험의 총체로 학교의 문화풍토와 관련이 있다.

07 영 교육과정

겉으로 확인할 수 없는 무형의 형태로 존재하는 교육과정으로 가르치는 교사의 마음속에 계획되어 있는 교육과정을 의미한다. 학교에서 소홀히 하거나 공식적으로 가르쳐지지 않는 교과나 지식, 사고방식을 일컬으며, 학생들이 공식적 교육과정을 배우는 동안에 놓치게 되는 기회학습 내용이라 할 수 있다.

08 Tyler 모형에서 제시하는 학습경험 선정의 원칙

1) 기회의 원칙

학생들이 교육목표 달성에 필요한 학습경험을 할 수 있는 기회를 제공하라는 원칙이다.

2) 만족의 원칙
학생들이 학습함에 있어서 만족을 느끼는 경험이어야 한다.

3) 학습가능성의 원칙
학습경험은 학생들이 현재 수준에서 경험이 가능한 것이어야 한다.

4) 일 목표 다 경험의 원칙
하나의 목표를 달성하기 위해서는 여러 가지 경험을 할 수 있는 학습경험을 선정한다.

5) 일 경험 다 성과의 원칙
동일한 학습경험을 통해 여러 가지의 교육 목표를 도달할 수 있는 학습경험을 선정한다.

09 Tyler 모형에서 제시하는 학습경험 조직의 원칙

1) 계속성
중요한 교육과정 요소를 시간을 두고 연습하고 개발할 수 있도록 여러 차례에 걸쳐 반복적으로 기회를 주는 것이다(동일내용의 반복).

2) 계열성
계속성과 관련되지만 학습내용이 단계적으로 깊어지고 높아지도록 조직하는 것을 의미한다(수준을 높인 동일내용의 반복).

3) 통합성
교육과정의 요소들을 수평적으로 연관시키는 것이다.

10 Pinar가 제시한 Currere의 개념

Pinar는 교육과정의 의미로서 영어의 어원인 라틴어 'currere'가 갖는 본래의 의미, 즉 '교육에 대한 개인적 경험이 갖는 본질적인 의미'를 제안하고 있다. 'currere'는 경주에서 각각의 말들이 코스를 따라 달리는 개인적인 경험을 지칭하는 것이기도 한다. 'currere'는 외부로부터 미리 마련되어 교육 속에서 아동들에게 일방적으로 주어지는 내용이 아니다. 그것은 교육활동 속에서 아동들 각자의 개인이 갖는 경험의 본질인 것이다.

11 자서전적 접근

자서전적 접근은 학교지식, 생애사, 지적 발달 사이의 관계를 다룰 수 있는 방법을 정교화한 것이다. 전통적 관점에서의 교육과정 연구는 교육과정의 문제를 보다 효율적으로 해결할 수 있는 최소한의 단계를 마련하는데 관심을 두는 접근방법이지만, 자서전적 접근은 달리는 과정에서 학습자가 주관적으로 경험하는 내용을 강조하는 연구방법이다.

12 쿠레레의 방법론

학습자가 교육경험을 분석하여 자신의 실존적 의미를 찾는 작업이다. 즉, 학습자들 각자가 학교교육 속에서 갖게 된 자신의 경험을 분석함으로써 궁극적으로 현재의 교육 상황에 대한 이해를 높이고자 한다.

13 쿠레레의 방법론의 단계

1) 회귀(regressive)
이 단계에서는 우선 정신분석학적 기법인 자유연상을 통해 과거를 회상하고 기억해낸다. 여기서는 과거로 돌아가 '있는 그대로'를 기억하는 활동을 주로 한다.

2) 전진(progressive)
이 단계에서는 아직은 존재하지 않지만 현재에 스며있는 미래에 주목한다. 자기 성찰을 통해 심사숙고하는 학생은 이 단계에서 가능한 미래를 상상할 수 있다.

3) 분석(analytical)
이 단계에서는 과거와 현재를 함께 검토한다. 분석의 순간에는 미래가 어떻게 과거 안에 존재하며, 또 어떻게 미래 안에 과거가 존재하는지, 아울러 어떻게 과거와 미래 안에 현재가 존재하는가라는 질문을 한다.

4) 종합(synthetical)
이 단계에서 학생은 생생한 현실로 돌아가 자기 자신의 목소리를 주의 깊게 듣고 현재의 의미가 무엇인지를 자문한다.

14 스킬벡(M. Skilbeck)의 학교중심 교육과정 모형의 단계

1) 상황분석
상황을 구성하고 있는 요인들을 분석한다. 문화적, 사회적 변화, 교육제도, 교과의 성격 등과 같은 외적 변화와 학생의 적성, 능력, 학교풍토 등 내적인 변화를 모두 검토, 분석해야 한다.

2) 목표설정
목표는 교육활동이 나아가야 할 방향에 대해 선호성, 가치, 판단 등을 암시, 진술한다.

3) 프로그램 구성
교수학습활동의 설계, 수단-자료, 적절한 연구 장면의 설계, 인사발령과 역할 분담, 학습시간표 및 규정 등을 구성한다.

4) 해석과 실행
교육과정 변화를 야기시키는 문제들을 미리 예측하고 경험의 회고, 관련 있는 이론의 분석, 최신의 이론 등을 통해 문제를 해결한다.

5) 모니터링, 피드백, 평가, 재구성
조정 및 의사소통체제의 설계, 평가 계획 등을 조절하고 유지한다.

15 교육내용 조직의 요소 4가지

1) 범위(scope)
교육내용의 폭과 깊이를 말한다. 일반적으로, 학교교육이 수준이 높아짐에 따라 교육과정의 범위, 즉 내용의 폭과 깊이는 확대되고 심화된다.

2) 계열(sequence)
계열은 교육내용을 조직하는 종적 방식이다. 계열은 내용이 가르쳐지는 순서와 무엇이 다른 학습 내용 뒤에 와야 하는지에 관심이 있다.

3) **수직적 연계성**(vertical articulation)
   수직적 연계성은 이전에 배운 내용과 앞으로 배울 내용의 관계에 초점을 둔 것으로, 특정한 학습의 종결점이 다음 학습의 출발점과 잘 맞물리도록 교육내용을 조직하는 것을 말한다.

4) **통합성**(integration)
   통합성은 교육내용들의 관련성을 바탕으로 교육내용들을 하나의 교과나 단원으로 묶는 것을 의미한다. 즉, 수업의 효과를 높이기 위하여 관련 있는 내용을 동시에 혹은 비슷한 시간대에 배열하는 것을 말한다.

04 교육평가 형성평가 정답

01 CIPP 모형의 의사결정 유형

1) 계획된 의사결정(planning decisions)
   의도된 목적, 혹은 목표를 선정·결정하는 데 관련된 의사를 결정한다.

2) 구조적 의사결정(structuring decisions)
   설정한 목표를 달성하기 위한 적절한 전략과 절차에 대해 결정한다.

3) 수행적 의사결정(implementing decisions)
   설정된 설계, 방법, 전략을 실행에 옮기는 것에 대해 결정한다.

4) 재순환 의사결정(recycling decisions)
   실제로 달성된 목표를 판단·반영하고, 그 활동 혹은 프로그램 전체를 계속할 것인지, 변경할 것인지, 그만둘 것인지를 결정한다.

02 CIPP 모형의 평가유형

1) 상황평가(Context evaluation)
   목표를 결정하는 계획적 의사결정에 필요한 정보를 제공한다. 다시 말해 목표결정을 위한 합리적인 이유를 제공하며, 프로그램 운영의 맥락을 규정하여 준다.

2) 투입평가(Input evaluation)
   목표달성을 위한 절차를 설계하는 구조적 의사결정에 필요한 정보를 제공하며, 목표달성을 위하여 어떻게 자원을 활용할 것인가를 결정하는 데 필요한 정보를 제공한다.

3) 과정평가(Process evaluation)
   실제로 사용되는 절차·전략·방법을 사용, 통제, 개선하는 수행적 의사결정을 도우며, 정기적인 피드백의 사용을 필요로 한다.

4) 산출평가(Product evaluation)
   실제로 달성된 목표를 판단하고 반영하는 재순환 의사결정을 하는 데 필요한 정보를 제공한다.

03 Scriven의 탈목표 평가 모형의 판단의 준거

1) 내재적 준거
   의도한 목표나 효과를 얼마나 달성했는가를 중심으로 평가하는 것을 말한다.

2) 외재적 준거
   의도된 효과뿐만 아니라 의도되지 않은 부수 효과까지 포함하여 평가하는 것을 말한다.

04 수행평가의 정의

교사가 학생이 학습과제를 수행하는 과정이나 그 결과를 보고, 그 학생의 지식이나 기능, 태도 등에 대해 전문적으로 판단하는 평가 방식

05 수행평가의 일반적 특징 3가지

1) 추구하고자 하는 교육목표의 달성여부를 가능한 실제 상황에서 파악하고자 하는 방식이다.
2) 학생의 학습과정을 진단하고, 개별학습을 촉진하려는 노력을 중시하는 방식이다.
3) 측정에 있어서 타당도는 높으나 신뢰도가 낮다

06 블룸의 인지적 교수목표

1) 지식
   학생들이 교육과정 속에서 경험한 아이디어나 현상을 기억했다가 재생하는 것을 의미한다.

2) 이해
   이해는 학생이 의사전달을 받게 되면 전달되는 내용을 알게 되고, 거기에 포함된 자료나 아이디어를 이용할 수 있는 능력이다. 이해력의 하위목표로는 번역, 해석, 추론이 있다.

3) 적용
   적용은 특수한 사태, 구체적인 사태에 추상적인 개념을 사용하는 능력이다.

4) 분석
   분석력은 주어진 자료를 하위요소로 분해하고 요소들 간의 관계와 그것이 조직되어 있는 방법을 발견하는 능력이다.

5) 종합
   종합력은 여러 개의 요소나 부분을 전체로서 하나가 되도록 묶는 방법, 능력을 의미한다.

6) 평가
   평가력은 판단력, 비판력이라고도 할 수 있는 것으로, 어떤 목적을 갖고 아이디어, 작품, 방법, 소재 등에 대해 가치판단을 하는 능력이다.

07 블룸의 정의적 교수목표

1) 감수(receiving)
   감수는 어떤 자극에 대해 주의나 관심을 기울이는 것을 의미한다.

2) 반응(responding)
   반응은 현상에 대해 단순한 관심을 기울이는 데서 한 걸음 더 나아간 것으로, 이 단계에는 자신이 선택한 어떤 활동이나 대상에 대해 선호의 감정과 싫증을 가지게 된다.

3) 가치화(valuing)
   자신이 좋아하거나 싫어하는 것에 대한 감정을 행동으로 나타내는 단계이다.

4) 조직화(organization)
   어떤 가치를 개념화하여 그것을 사물이나 현상, 활동을 판단하는 기초로 사용하는 단계이다.

5) 인격화(characterization)
   이 단계는 완전히 체계화된 인생철학, 가치관이 확립되어 그것이 일관적인 체계를 가지고 모든 사물, 사건, 행동에 적용되는 단계이다.

08 선택형(객관식) 문항

1) 정의

지시문이나 문두와 함께 여러 개의 답지 또는 선택지중에서 적합한 답지를 선택하도록 하는 문항 형식이다.

2) 장점 2가지

㉠ 채점의 객관성과 신뢰성이 높다.
㉡ 일정한 시간에 여러 내용과 많은 문제를 실시할 수 있다.
㉢ 채점이 객관적이고 쉽고 빠르며, 결과도 쉽고 의미 있고 통계처리와 해석이 가능하다.

3) 단점 2가지

㉠ 단순한 기억력 또는 정보지식의 측정에 치우칠 위험이 있다.
㉡ 제작시간이 많이 걸린다.
㉢ 추측요인을 완전히 제거하는 것이 불가능하다.

09 선다형(multiple-choice item)

1) 정의

문두와 그에 따른 여러 개의 답지로 구성하여 응답자로 하여금 정답지를 고르도록 하는 형식이다.

2) 선다형 문항 제작 원리 3가지

㉠ 작성된 검사의 이원분류표에 의거하여 문항이 제작되어야 한다.
㉡ 문항은 사소한 내용을 피하고, 중요한 학습 내용을 포함해야 한다.
㉢ 하나의 문항은 하나의 내용(개념, 원리, 사실)만 묻도록 제작되어야 한다.

10 서답형(주관식) 문항

1) 정의

문두만을 제시하여 응답자로 하여금 답을 생각해서 쓰도록 하는 형식의 문항이다.

2) 장점 2가지

㉠ 학생들의 자유반응을 허용할 수 있다.
㉡ 고등정신능력 측정이 가능하다.
㉢ 태도 측정에 용이하다.
㉣ 추측으로 정답을 맞힐 가능성을 최소화할 수 있다.

3) 단점 2가지

㉠ 채점이 주관적이고 어렵다.
㉡ 채점의 객관도가 낮다.

11 논문형 문항의 제작 원리 3가지

㉠ 수험자의 입장에서 문항이 제작되어야 한다.
㉡ 주관식 검사문항의 제작에서는 '평가목표와의 관련'에 특히 유의해야 한다.

ⓒ 질문이 명료해야 한다. 요구하는 응답의 범위와 답을 작성 또는 표현하는 방식을 구체적으로 제시해야 한다.

12 타당도

1) 정의

    검사 또는 평가 도구가 측정하려고 하는 것을 어느 정도로 측정하고 있느냐의 정도를 말한다.

2) 예언타당도(predictive validity)

    어떤 평가도구가 목적하는 준거를 정확히 예언하는 힘으로 예언 능률의 정도에 의해 표시되는 타당도를 말한다.

3) 공인타당도(concurrent validity)

    어떤 검사점수가 '현재' 시점에서 다른 검사 점수와 어느 정도 일치되느냐의 정도를 말한다. 공인타당도는 새로 제작된 검사의 점수와 타당성을 검증받은 기존 검사 점수 간의 상관계수에 의하여 추정된다.

4) 결과타당도(consequential validity)

    검사나 평가를 실시하고 난 다음의 결과에 대한 가치판단으로 검사가 원래 검사자가 의도한 것을 제대로 측정했는지, 학생들에게 긍정적인 변화를 주었는지, 검사 이후의 결과에 관심을 가진다.

13 신뢰도

1) 정의

    측정하고자 하는 현상을 일관성 있게 측정하는 능력으로 안정성, 일관성, 예측가능성, 정확성 등으로 표현할 수 있는 것을 의미한다.

2) 재검사 신뢰도

    동일한 피검사자 집단에 같은 검사 X를 일정 시간간격을 두고 두 번 실시하여 얻은 두 개 검사 점수 사이의 상관계수로 표시된다. 즉, 검사를 두 번 실시했을 때 점수들의 상대적인 서열이 어느 정도 안정성이 있는가를 분석하는 데 주안을 두고 있다.

3) 동형검사 신뢰도

    두 개의 동형검사를 같은 집단에 거의 연속적으로 실시하여 얻은 검사점수 사이의 상관계수를 의미한다. 동형검사는 문항의 표현 자체는 다르지만 측정내용, 곤란도, 문항수 등이 동일한 검사를 가리킨다.

4) 반분 신뢰도

    검사를 실시한 다음 그것을 동형검사가 되도록 두 개의 하위검사로 나누었을 때 두 부분 사이의 상관계수로 표시된다. 이 계수는 두 개로 구분한 검사의 점수들의 내적 합치도, 즉 점수들이 어느 정도 일관성을 갖고 있는가를 나타낸다.

5) 문항내적 신뢰도

    검사에 포함된 문항 하나하나를 독립된 검사로 간주하여 문항에 대한 반응(정답-오답)의 일관성을 종합하려는 방법이다.

14 문항난이도(item difficulty)
문항이 쉽고 어려운 정도를 나타내는 지수이다. 문항곤란도라고도 한다.

15 문항변별도(item discrimination)
개개 문항이 한 시험 또는 검사에서 총점이 낮은 학생과 높은 학생을 구분해 줄 수 있는 변별력을 말한다.

교육학박사 **김 현**

약력
- 숙명여자대학교 교육학과, 숙명여자대학교 대학원 교육학과 졸업
- 교육학 학사, 교육학 석사, 교육학 박사 학위 취득
- 숙명여대, 서울보건대, 고려대, 세종대, 명지대, 한국체육대학, 한남대, 목원대 등 다수 대학에서 교육학 및 교직과목 강의
- 前 을지대학 교직과 교수
- 前 아모르임용고시학원 교육학 전임교수
- 前 숙명여대 교육대학원 강사
- 現 교원임용 희소고시학원 교육학 전임교수

논문
- 석사학위논문 : 통신인 문화와 그 교육적 의미의 연구
- 박사학위논문 : 청소년 문제 담론을 통한 주체형성 과정에 관한 연구

키위한입
[교육학 키위 한달에 입문하기]

초판발행	2018년 5월 8일
3판발행	2024년 1월 31일
지은이	김 현
펴낸이	김대명
펴낸곳	나우퍼블리셔
등록번호	2020년 1월 20일 (제2020-000005호)
주소	서울특별시 성동구 한림말5길 11 덕성빌딩
전화	010-9133-5272	팩스 02-6305-3639
전자우편	nowpublisher@daum.net
홈페이지	www.nowpublisher.co.kr
ISBN	979-11-7102-028-7 93370

정가 13,000 원

잘못된 책은 구입하신 곳에서 교환해 드립니다.
저자와 출판사의 허락 없이 내용의 전부 또는 일부를 인용하거나 발췌하는 것을 금합니다.
무단으로 배포나 복제할 경우 법적 처벌을 받을 수 있습니다.